2.50

Elisabeth Kübler-Ross
David Kessler

GEBORGEN IM LEBEN

Elisabeth Kübler-Ross
David Kessler

GEBORGEN IM LEBEN
Wege zu einem erfüllten Dasein

Aus dem Amerikanischen
von Susanne Schaup

Kreuz

Für
Sylvia Anna,
mein erstes Enkelkind.
Ein Geschenk
meiner Tochter Barbara.
– *Elisabeth*

Für
meine Söhne
Richard und David.
– *David*

Danksagungen

Für Joseph, der es mir ermöglicht hat, ein neues Buch zu schreiben; für Ana, die meinen Haushalt besorgt und mir dadurch die Möglichkeit gibt, zu Hause zu bleiben, statt in ein Pflegeheim zu gehen; und für meine Kinder Barbara und Kenneth, die mich am Leben erhalten.

Elisabeth

Zunächst und vor allem gehört mein herzlicher Dank Elisabeth dafür, dass ich dieses Buch mit ihr zusammen schreiben durfte. Ihre Weisheit, Authentizität und Freundschaft machten dies zu einer bemerkenswerten Erfahrung meines Lebens. Außerdem danke ich Al Lowman von Authors and Artists dafür, dass er diese Arbeit für wichtig hielt. Sein Rat, seine Unterstützung und Freundschaft sind ein wahres Geschenk in meinem Leben.

Meine Dankbarkeit möchte ich auch Caroline Sutton von Simon & Schuster aussprechen für ihr Verständnis, ihre Betreuung und meisterhafte Redaktion. Außerdem danke ich Dr. Elaine Chaisson, B. G. Dilworth, Barry Fox, Linda Hewitt, Christopher London, Marianne Williamson, Charlotte Patton, Berry Perkins, R. N., Jaye Taylor, Dr. med. James Thommes und Steve Uribe, M. F. T., die auf ihre je besondere Weise zu diesem Buch beigetragen haben.

David

INHALT

Eine Botschaft von Elisabeth — 9
Eine Botschaft von David — 11
Eine Vorbemerkung an die LeserInnen — 14

Lektion 1 – Authentizität — 15
Lektion 2 – Liebe — 37
Lektion 3 – Beziehungen — 59
Lektion 4 – Trauer — 79
Lektion 5 – Macht — 103
Lektion 6 – Schuldgefühle — 115
Lektion 7 – Zeit — 129
Lektion 8 – Angst — 143
Lektion 9 – Zorn — 161
Lektion 10 – Spielen — 175
Lektion 11 – Geduld — 191
Lektion 12 – Anheimgeben — 203
Lektion 13 – Vergebung — 221
Lektion 14 – Glück — 231

Die letzte Lektion — 247

Eine Botschaft von Elisabeth

Wir alle haben in der Zeitspanne, die wir das »Leben« nennen, bestimmte Lektionen, die wir lernen müssen. In der Arbeit mit Sterbenden tritt dies besonders klar zutage. Sterbende lernen am Ende ihres Lebens sehr viel, doch meistens ist es zu spät, diese Lehren umzusetzen.

Nachdem ich 1995 in die Wüste von Arizona gezogen war, erlitt ich am Muttertag dieses Jahres einen Schlaganfall, der mich halbseitig lähmte. Die folgenden Jahre brachte ich an der Schwelle des Todes zu. Manchmal meinte ich, dass der Tod mich in wenigen Wochen ereilen würde. Oft war ich enttäuscht, dass er nicht kommen wollte, denn ich war bereit dazu. Ich starb jedoch nicht, weil ich die Lektionen des Lebens, meine letzten, noch zu lernen habe. Sie enthalten die endgültige Wahrheit über unser Leben; sie sind selbst das Geheimnis des Lebens. Ich wollte noch ein Buch schreiben, nicht über Tod und Sterben, sondern über das Leben und wie man leben soll.

Jeder von uns hat, symbolisch gesprochen, einen Gandhi und einen Hitler in sich. Mit »Gandhi« meine ich das Beste in uns, die größte Barmherzigkeit, mit »Hitler« das Schlechteste, unsere negativen Seiten, das Niedrige in uns. In den Lektionen unseres Lebens geht es darum, dass wir an unserer Niedrigkeit arbeiten, dass wir unsere Negativität loswerden und in uns selbst und anderen das Beste finden. Diese Lektionen sind die Stürme des Lebens; sie machen uns zu den Menschen, die wir sind. Wir sind dazu da, einander und uns selbst heil zu machen. Unter dieser Heilwerdung ist nicht eine physische Wiederherstellung zu verstehen, sondern eine Heilung auf einer viel tieferen Ebene – die Heilung unseres Geistes und unserer Seele.

Wenn wir also sagen, dass wir unsere Lektionen lernen oder unsere Hausaufgaben machen, dann sagen wir damit, dass wir unsere unerledigten Dinge loswerden wollen. Unerledigte Dinge haben nichts mit dem Tod zu tun, sondern mit dem Leben. Sie berühren das, was uns am wichtigsten ist, wie z.B. die Frage: »Ja, ich habe recht gut verdient, aber habe ich mir je die Zeit genommen, wirklich zu *leben*?« Manche Menschen haben existiert, doch sie haben nie gelebt. Und sie haben enorm viel Energie dafür verausgabt, ihre unerledigten Dinge zu verdrängen.

Da unsere unerledigten Angelegenheiten das größte Lebensproblem sind, haben wir es vor allem mit diesem Thema zu tun, wenn wir dem Tod ins Auge sehen. Die meisten von uns scheiden mit sehr viel unerledigten Dingen. Viele von uns haben zumindest einige davon. Es gibt so viele Lektionen, die man im Leben lernen muss, dass es unmöglich ist, alle innerhalb eines einzigen Lebens zu bewältigen. Doch je mehr wir lernen, desto mehr Unerledigtes schaffen wir aus der Welt, und desto voller leben wir – das wirkliche Leben. Und egal, wann wir sterben, wir können trotzdem sagen: »Mein Gott, ich habe gelebt!«

Eine Botschaft von David

Ich habe viel Zeit mit Menschen verbracht, die am Rande ihres Lebens standen. Diese Arbeit hat mich bereichert und mein Leben erweitert. Einen großen Teil meiner psychischen, emotionalen und spirituellen Entwicklung führe ich auf meine Arbeit mit Sterbenden zurück. Obgleich ich den Menschen, mit denen ich gearbeitet habe und die mich so vieles gelehrt haben, zutiefst dankbar bin, haben meine Hausaufgaben nicht mit ihnen begonnen. Nein, sie begannen bereits mit dem Tod meiner Mutter vor vielen Jahren, und sie setzen sich bis heute fort, wenn ich Menschen verliere, die ich liebe.

Während der letzten Jahre habe ich mich auf den Abschied von einer Frau eingestellt, die mir Lehrmeisterin, Mentorin und enge Freundin war – Elisabeth. Ich habe viel Zeit mit ihr verbracht, und sie lehrte mich die letzten Lektionen. Nachdem sie mir so viel beigebracht hatte für meine Arbeit mit Sterbenden, stand sie nun in ihrem eigenen Leben dem Tod gegenüber. Sie teilte mir ihre Gefühle – sehr oft Zorn – und ihre Lebensauffassung mit. Sie vollendete ihr letztes Buch *Das Rad des Lebens*, und ich schrieb mein erstes, *The Needs of the Dying* (»Die Rechte des Sterbenden«). Selbst in dieser schwierigen Zeit ihres Lebens war sie mir eine unerhörte Hilfe und gab mir Ratschläge in Verlagsangelegenheiten, hinsichtlich meiner Patienten und des Lebens selbst.

Oft fiel es mir ungeheuer schwer, ihr Haus zu verlassen.

Eine Botschaft von David

Wir nahmen Abschied voneinander und dachten beide, dass wir uns wohl zum letzten Mal gesehen hätten, und ich ging in Tränen fort. Es ist so schwer, einen Menschen zu verlieren, der einem so viel bedeutet hat, aber sie sagte, sie sei bereit. Doch Elisabeth starb nicht; sie erholte sich allmählich. Sie war noch nicht fertig mit dem Leben, und offensichtlich war auch das Leben noch nicht fertig mit ihr.

Vor Urzeiten gab es in der Gemeinschaft der Menschen Versammlungsplätze, wo Kinder und Erwachsene hörten, wie die alten Männer und Frauen Geschichten über das Leben und seine Herausforderungen erzählten und welche Lehren man daraus ziehen kann, wenn das Leben zu Ende geht. Die Menschen wussten, dass unsere größten Lektionen uns manchmal auch den größten Schmerz bereiten. Und sie wussten, dass es wichtig für die Sterbenden wie für die Lebenden war, diese Lehren weiterzugeben. Das ist es, was ich tun möchte: einige der Lehren weitergeben, die ich selbst empfangen habe. In diesem Tun liegt die Gewähr, dass der beste Teil derer, die verstorben sind, weiterleben wird.

Wir finden viele Dinge auf dieser langen, bisweilen seltsamen Reise, die wir als unser Leben betrachten, doch hauptsächlich finden wir uns selbst: Wer wir wirklich sind, was uns am wichtigsten ist. Wir lernen von den Höhen und Tiefen, was Liebe und Beziehungen wirklich bedeuten. Wir fassen den Mut, durch unseren Zorn, unsere Tränen und Ängste durchzustoßen. Im Geheimnis dieser Dinge wurde uns alles geschenkt, was wir brauchen, um im Leben zurechtzukommen – um das Glück zu finden. Kein vollkommenes Leben, keine Geschichte wie aus dem Bilderbuch, aber ein authentisches Leben, das unser Herz weit macht, weil es einen Sinn hat.

Es war mir vergönnt, einige Monate vor ihrem Tod eine

Zeit bei Mutter Teresa zu verbringen. Sie sagte mir, dass ihre Arbeit mit den Sterbenden für sie am wichtigsten sei, denn sie hielte das Leben für so kostbar. »Ein Leben ist eine Leistung«, sagte sie, »und das Sterben setzt dieser Leistung ein Ende.« Nicht nur betrachten die meisten von uns den Tod nicht als eine Leistung, wir erblicken auch keine in unserem Leben – und doch ist es so.

Sterbende waren immer große Lehrmeister, denn wenn wir an den Rand des Lebens gestoßen werden, sehen wir das Leben am klarsten. Indem sie uns mitteilen, was sie gelernt haben, lehren die Sterbenden uns, wie kostbar das Leben ist. In ihnen finden wir den Helden, jenen Teil von uns, der alles *transzendiert*, was wir durchgemacht haben, und der uns zu all dem entbindet, was wir zu *tun* und zu *sein* vermögen; damit wir nicht nur lebendig sind, sondern uns auch lebendig *fühlen*.

Eine Vorbemerkung an die LeserInnen

Dieses Buch ist das Ergebnis einer engen Zusammenarbeit zwischen Elisabeth Kübler-Ross und David Kessler. Die Fallgeschichten und persönlichen Erfahrungen stammen aus ihren Vorträgen, Workshops und Gesprächen mit Patienten und deren Familien. Manchmal ist David der Ansprechpartner, manchmal Elisabeth und manchmal beide. Um der Klarheit willen verwenden wir durchweg das Pronomen »wir« für die Stimme Elisabeths und Davids, außer in den Fallgeschichten und persönlichen Erfahrungen, die durch die Initialen »E K R« bzw. »D K« als ein Beitrag Elisabeths bzw. Davids gekennzeichnet sind.

Die Lektion der Authentizität

Stephanie, eine Frau von Anfang Vierzig, teilte uns anlässlich eines Vortrags folgende Geschichte mit:
»Vor einigen Jahren, an einem Freitagnachmittag, war ich einmal von Los Angeles nach Palm Springs unterwegs. Das ist nicht gerade die günstigste Verkehrszeit für die Autobahn von Los Angeles, aber ich hatte es eilig, in die Wüste hinaus zu kommen, wo ich ein erholsames Wochenende bei Freunden verbringen wollte.

An der Peripherie von Los Angeles kamen die Autos vor mir zum Stillstand. Als ich hinter einer langen Schlange von Autos anhielt, entdeckte ich durch einen Blick in den Rückspiegel, dass das Auto hinter mir nicht bremste, sondern mit ungeheurer Geschwindigkeit auf mich zugerast kam. Ich merkte, dass der Fahrer nicht aufpasste, dass er unweigerlich auf mich drauffahren würde, und zwar mit voller Wucht. Ich wusste, dass ich bei dem Tempo, das er drauf hatte, und angesichts der Tatsache, dass ich an das Auto vor mir unmittelbar anstieß, in großer Gefahr war. In dem Augenblick begriff ich, dass ich sterben könnte.

Ich blickte auf meine Hände nieder, die sich um das Lenkrad klammerten. Ich hatte sie nicht bewusst angespannt. Das war mein natürlicher Zustand, so verbrachte ich mein ganzes Leben. Da beschloss ich, dass ich so nicht weiter leben wollte und dass ich auch nicht so sterben wollte. Ich schloss die Augen, atmete durch und ließ die

Hände seitlich herunterfallen. Ich ließ los. Ich stellte mich dem Leben und dem Tod anheim. Dann gab es einen gewaltigen Zusammenstoß.

Als die Bewegung und das Getöse aufhörten, machte ich die Augen auf. Es ging mir gut. Das Auto vor mir war ein Wrack, das Auto hinter mir in Trümmern. Mein eigenes Auto war zusammengequetscht wie eine Ziehharmonika.

Die Polizisten sagten, es sei mein Glück gewesen, dass ich mich entspannt hatte, denn eine Muskelanspannung erhöht die Wahrscheinlichkeit einer ernsthaften Verletzung. Ich ging mit dem Gefühl weg, dass ich ein Geschenk bekommen hatte. Dieses bestand nicht nur darin, dass ich unverletzt davongekommen war, sondern es ging um etwas Größeres. Ich sah, wie ich mein Leben gelebt hatte, und bekam nun die Gelegenheit, etwas daran zu ändern. Ich hatte das Leben mit geballter Faust festgehalten, doch jetzt begriff ich, dass ich es in meiner offenen Hand halten konnte, als wäre es eine Feder, die auf meiner Handfläche ruht. Ich erkannte, dass ich jetzt in der Lage war, mein Leben wirklich zu genießen, wenn ich mich genügend entspannen konnte, um im Angesicht des Todes meine Angst loszulassen. In diesem Augenblick fühlte ich mich mehr im Einklang mit mir selbst als je zuvor.«

Wie vielen anderen Menschen am Rande ihres Lebens wurde Stephanie eine Lehre zuteil – nicht über den Tod, sondern über das Leben und wie man leben soll.

Tief im Inneren wissen wir alle, dass es einen Menschen gibt, der wir sein sollen. Wir spüren, wenn wir im Begriff sind, diese Person zu werden. Ebenso gilt das Umgekehrte. Wir wissen, wenn etwas nicht stimmt und wir nicht der Mensch sind, als der wir gemeint sind.

Bewusst oder unbewusst sind wir alle auf der Suche

Authentizität

nach Antworten und versuchen, die Lektionen des Lebens zu lernen. Wir ringen mit Angst- und Schuldgefühlen. Wir streben nach Sinn, Liebe und Macht. Wir versuchen, Angst, Verlust und Zeit zu verstehen. Wir möchten herausfinden, wer wir sind und wie wir wirklich glücklich werden können. Manchmal suchen wir diese Dinge im Gesicht geliebter Menschen, in der Religion, in Gott oder an anderen Orten, wo sie anzutreffen sind. Allzu oft jedoch suchen wir sie im Geld, im Status, im »perfekten« Job oder an anderen Orten und müssen erkennen, dass diesen Dingen der Sinn fehlt, den wir in ihnen zu finden hofften, und dass sie uns sogar Kummer machen. Wenn wir diesen falschen Spuren ohne ein tieferes Verständnis ihrer Bedeutung folgen, bleiben wir unweigerlich mit einem Gefühl der Leere zurück und denken, dass das Leben wenig oder gar keinen Sinn habe, dass Liebe und Glück einfach Illusionen seien.

Manche finden den Sinn durch Studium, Aufklärung oder Kreativität. Andere entdecken ihn, wenn sie dem Unglück oder selbst dem Tod unmittelbar ins Auge sehen. Vielleicht haben die Ärzte ihnen gesagt, dass sie Krebs haben oder nur noch sechs Monate zu leben haben. Vielleicht haben sie mit ansehen müssen, wie nahestehende Menschen um ihr Leben kämpften oder von Erdbeben oder anderen Katastrophen heimgesucht wurden.

Sie befanden sich in einer Grenzsituation. Sie standen außerdem am Rande eines neuen Lebens. Indem sie dem »Monster unmittelbar ins Auge« blickten und den Tod direkt, vollständig und zur Gänze konfrontierten, ergaben sie sich ihm – und ihre Lebensanschauung veränderte sich dauerhaft, als sie eine Aufgabe des Lebens lernten. Diese Menschen hatten in finsterer Verzweiflung die Entscheidung zu treffen, was sie mit dem Rest ihres Lebens anfangen wollten. Nicht alle diese Lektionen sind ange-

AUTHENTIZITÄT

nehm, aber jeder Mensch erfährt, dass sie das Leben reicher machen. Warum also bis ans Lebensende warten, um das zu lernen, was wir jetzt lernen können?

Was sind das für Lektionen, die das Leben uns verpasst? Wenn wir mit Sterbenden und Lebenden arbeiten, wird klar, dass die meisten von uns von denselben Lektionen herausgefordert werden: der Lektion der Angst, der Schuldgefühle, des Zorns, der Vergebung, des Anheimgebens, der Zeit, der Geduld, der Liebe, der Beziehungen, des Spielens, der Trauer, der Macht, der Authentizität und des Glücks.

Wenn man diese Lektionen lernt, ist das ein bisschen so, wie wenn man volljährig wird. Man ist nicht mit einem Schlag glücklicher, wohlhabender oder mächtiger, aber man versteht die Welt um sich besser und ist mit sich im Frieden. Wenn man die Lektionen des Lebens lernt, geht es nicht darum, das Leben vollkommen zu machen, sondern es so zu sehen, wie es gemeint war. Wie ein Mann uns sagte: »Ich habe jetzt meine Freude an den Unvollkommenheiten des Lebens.«

Wir werden auf diese Erde gestellt, um unsere eigenen Hausaufgaben zu machen. Niemand kann Ihnen sagen, worin diese bestehen; sie zu entdecken, gehört zu Ihrer persönlichen Lebensreise. Auf dieser Reise wird uns vielleicht eine Menge oder nur ein kleines bisschen der Dinge zugeteilt, mit denen wir uns auseinandersetzen müssen, aber niemals mehr, als wir schaffen können. Jemand, der etwas über Liebe zu lernen hat, kann mehrmals heiraten oder gar nicht. Einer, der mit der Lektion des Geldes ringen muss, bekommt vielleicht überhaupt kein Geld oder so viel, dass er es nicht zählen kann.

Wir wollen in diesem Buch das Leben und die Frage, wie man leben soll, betrachten und herausfinden, wie das Leben an seinem äußersten Rand aussieht. Wir werden lernen, dass wir nicht alleine sind, sondern erkennen, dass wir alle miteinander verbunden sind, dass die Liebe wächst, dass Beziehungen uns reicher machen. Es ist zu hoffen, dass wir die Wahrnehmung, schwach zu sein, korrigieren werden, wenn wir erkennen, dass wir nicht nur Macht haben, sondern die geballte Kraft des Universums in uns tragen. Wir werden die Wahrheit über unsere Illusionen und über das Glück erfahren und wie großartig das ist, was wir wirklich sind. Wir werden lernen, dass uns alles geschenkt wurde, was wir brauchen, damit in unserem Leben alles wunderbar läuft.

In der Auseinandersetzung mit Trauer haben die Menschen, mit denen wir gearbeitet haben, erkannt, dass die Liebe das Einzige ist, was zählt. Liebe ist wirklich das Einzige, was wir besitzen, behalten und mitnehmen können. Diese Menschen haben aufgehört, nach dem Glück »da draußen« zu suchen. Statt dessen haben sie gelernt, Reichtum und Sinn in den Dingen zu finden, die sie bereits besitzen, die sie bereits sind, und die vorhandenen Möglichkeiten tiefer auszuschöpfen. Kurz gesagt, sie haben die Mauern durchbrochen, die sie vor der Fülle des Lebens »bewahrten«. Sie leben nicht mehr für morgen, indem sie auf die aufregende Nachricht hinsichtlich ihres Jobs, der Familie, der Gehaltserhöhung oder des Urlaubs warten. Statt dessen haben sie den Reichtum des *Heute* erfahren, denn sie haben gelernt, auf ihr Herz zu hören.

Das Leben stellt uns Aufgaben, universelle Wahrheiten, die uns Grundlegendes über die Liebe, Angst, Zeit, Macht, Trauer, Glück, Beziehungen und Authentizität lehren. Wir sind heute nicht unglücklich, weil das Leben so kompliziert ist. Wir sind unglücklich, weil wir die ihm zugrundeliegende Einfachheit verfehlen. Die wahre Herausforderung besteht darin, die reine Bedeutung dieser Aufgaben herauszufinden. Viele von uns meinen, es sei uns etwas über die Liebe beigebracht worden. Dennoch finden wir keine Erfüllung in der Liebe, weil es keine Liebe ist. Es ist ein von Angst, Unsicherheiten und Erwartungen verdunkelter Schatten der Liebe. Wir gehen miteinander über die Erde und fühlen uns trotzdem einsam, hilflos und beschämt.

Wenn wir dem Schlimmsten gegenüberstehen, das in irgendeiner Situation passieren kann, dann wachsen wir innerlich. Wenn die Umstände am bedrohlichsten sind, kann es geschehen, dass wir das Beste in uns finden. Wenn wir die wahre Bedeutung dieser Aufgabe entdecken, dann finden wir auch zu einem glücklichen, sinnvollen Leben – keinem vollkommenen, aber einem authentischen. Dann können wir das Leben aus der Tiefe leben.

Vielleicht ist dies die erste und am wenigsten naheliegende Frage: Wer ist es, der oder die diese Lektionen lernt? *Wer bin ich?*

Wir stellen uns diese Frage im Laufe unseres Lebens immer und immer wieder. Wir wissen mit Sicherheit, dass es zwischen Geburt und Tod eine Erfahrung gibt, die wir Leben nennen. Aber bin ich die Erfahrung oder der Erfahrende? Bin ich dieser Körper? Bin ich meine Fehler? Bin ich diese Krankheit? Bin ich eine Mutter, ein Banker, ein Angestellter oder ein Sportfan? Bin ich ein Produkt meiner Erziehung? Kann ich mich wandeln – und noch immer ich sein –, oder bin ich aus Stein gehauen?

Sie sind nichts von alledem. Unzweifelhaft haben Sie Fehler, aber diese sind nicht Sie. Sie mögen eine Krankheit haben, aber Sie sind nicht Ihre Diagnose. Sie mögen reich sein, aber Sie sind nicht Ihre Kreditfähigkeit. Sie sind nicht Ihr Resümee, Ihre Wohngegend, Ihre Zensuren, Ihre Fehler, Ihr Körper, Ihre Rollen oder Titel. All das sind nicht Sie, weil diese Dinge veränderlich sind. Sie

Authentizität

selbst dagegen haben etwas an sich, das undefinierbar und unwandelbar ist, das nicht verloren geht oder sich mit dem Alter, einer Krankheit oder den Umständen verändert. Es ist etwas Authentisches in Ihnen, womit Sie geboren wurden, mit dem Sie gelebt haben und mit dem Sie sterben werden. Sie sind einfach *wunder-voll* Sie selbst.

Wenn man Menschen beobachtet, die mit einer schweren Krankheit ringen, dann wird ersichtlich, dass wir alles ablegen müssen, was nicht authentisch ist, um das zu sein, was wir wirklich sind. Wenn wir Sterbende sehen, nehmen wir nicht mehr ihre Fehler, Irrtümer oder Krankheiten wahr, die zuerst in unserem Blickfeld waren. Nun sehen wir bloß *sie*, denn am Ende ihres Lebens werden sie echter, aufrichtiger, mehr sie selbst – wie Kinder und Säuglinge.

Können wir nur am Anfang und am Ende des Lebens sehen, was wir wirklich sind? Offenbaren nur extreme Situationen die ganz gewöhnlichen Wahrheiten? Sind wir sonst blind für unser wahres Selbst? Dies ist die Hauptaufgabe des Lebens: unser authentisches Selbst zu finden und das Authentische in anderen zu sehen.

Michelangelo, der große Künstler der Renaissance, wurde einmal gefragt, wie er Skulpturen wie die *Pietà* oder den *David* schaffe. Er erläuterte, dass er sich die Statue einfach als bereits in dem rohen Marmorblock vorhanden vorstelle und dann das Überflüssige weghaue, um das Bild enthüllen, das schon immer da gewesen sei. Die wunderbare Statue, bereits geschaffen und ewig gegenwärtig, wartet darauf, enthüllt zu werden. So ist auch die große Persönlichkeit bereits in Ihrem Inneren vorhanden und bereit zur Enthüllung. *Jeder* trägt in sich den Keim von Größe. »Große« Menschen besitzen nicht etwas, das ein anderer nicht besitzt; sie haben einfach viele der Dinge beseitigt, die ihrem besten Selbst im Wege stehen.

AUTHENTIZITÄT

Unglücklicherweise verbergen unsere inneren Gaben sich oft hinter Schichten von Masken und Rollen, die wir angenommen haben. Diese Rollen – als Vater oder Mutter, Arbeiter, Stütze der Gesellschaft, Zyniker, Trainer, Außenseiter, Animateur, netter Kerl, Rebell oder liebevolles Kind, das sich um seine gebrechlichen Eltern kümmert – können zu »Steinen« werden, die unser wahres Selbst begraben.

Manchmal werden uns Rollen aufgedrängt: »Ich erwarte von dir, dass du fleißig lernst und ein Arzt wirst, wenn du groß bist.« – »Sei damenhaft.« – »Hier in der Firma musst du tüchtig und fleißig sein, wenn du vorankommen willst.«

Manchmal übernehmen wir bereitwillig eine Rolle, weil sie nützlich, erhebend oder lukrativ ist oder uns so erscheint: »Mama hat es immer so gemacht, daher ist das vermutlich das Richtige.« – »Alle Führer der Pfadfinder sind edel und opferbereit, daher will auch ich edel und opferbereit sein.« – »Ich habe keine Freunde in der Schule. Die Kinder, die bei den anderen beliebt sind, sind Surfer, daher werde ich ein Surfer.«

Manchmal übernehmen wir bewusst oder unbewusst neue Rollen, wenn die Umstände sich verändern, und werden vom Resultat verletzt. So sagt zum Beispiel ein Ehepaar: »Es war so herrlich, bevor wir heirateten. Sobald wir geheiratet hatten, ist etwas schief gegangen.« Als das Paar vorher zusammen war, ging es nur um das Sein. In dem Augenblick, als sie heirateten, übernahmen sie die Rollen, die ihnen beigebracht worden waren, und versuchten, ein »Ehemann« und eine »Ehefrau« zu sein. Auf einer unbewussten Ebene »wussten« sie, wie ein Ehemann oder eine Ehefrau sein sollte, und versuchten, sich entsprechend zu verhalten, statt sie selbst zu sein und herauszufinden, was für Ehepartner sie eigentlich sein wollten. Oder wie ein Mann erklärte: »Ich war ein so prächtiger Onkel, und jetzt bin ich enttäuscht, was für ein schlechter Vater ich geworden bin.« Als Onkel setzte er sich von seinem Herzen aus zu Kindern in Beziehung. Als er Vater wurde, meinte er, er müsse eine bestimmte Rolle übernehmen, aber diese Rolle stand dem im Wege, was er eigentlich war, seinem authentischen Selbst.

EKR

Es ist nicht immer leicht, herauszufinden, was man wirklich ist. Wie einige von Ihnen wissen, bin ich als Drilling zur Welt gekommen. In der damaligen Zeit wurden Drillinge ganz gleich angezogen, bekamen das gleiche Spielzeug, wurden in dieselben Aktivitäten eingespannt, und so fort. Die Leute reagierten auf uns nicht als individuelle Menschen, sondern als eine Gruppe. Und wenn wir noch so gut in der Schule waren, so bekam ich doch schnell heraus, dass ich immer eine Drei kriegen würde, ganz egal, wie sehr ich mich bemühte. Eine von uns hätte vielleicht eine Eins verdient und eine andere eine Fünf, aber die Lehrer verwechselten uns immer, und daher gingen sie auf Nummer sicher und gaben uns allen eine Drei. Manchmal, wenn ich auf dem Schoß meines Vaters saß, wusste ich, dass er nicht wusste, welche von uns ich war. Können Sie sich vorstellen, wie sich das auf die eigene Identität auswirkt? Heute wissen wir, wie wichtig es ist, das Individuum anzuerkennen, und dass jeder von uns verschieden ist. Heute, da Mehrfachgeburten Routine geworden sind, haben Eltern gelernt, ihre Kinder nicht identisch anzuziehen und zu behandeln.

Damit, dass ich ein Drilling war, begann meine Suche nach Authentizität. Ich habe immer versucht, ich selbst zu sein, auch dann, wenn ich mich damit nicht sonderlich

AUTHENTIZITÄT

beliebt machte. Aber ich halte nichts davon, unecht zu sein, aus welchem Grund auch immer.

Während meines ganzen Lebens, in dem ich lernte, mein wahres Selbst zu sein, entwickelte ich eine Fähigkeit, Menschen zu erkennen, die authentisch waren. Man riecht es nicht mit der Nase, sondern man »riecht« mit allen Sinnen, ob jemand echt ist oder nicht. Ich habe gelernt, Menschen bei einer Begegnung zu beschnuppern, und wenn sie echt riechen, gebe ich ihnen ein Signal, näher zu kommen. Wenn nicht, signalisiere ich, dass sie weggehen sollen. Wenn man mit Sterbenden arbeitet, entwickelt man ein feines Gespür für Authentizität.

In manchen Zeiten meines Lebens war das Unauthentische nicht so offenkundig, zu anderen Zeiten dagegen sehr. So möchten zum Beispiel manche als »nette Leute« gelten, indem sie mich zu meinen Vorträgen fahren und mich im Rollstuhl auf die Bühne schieben. Aber danach bin ich oft in Verlegenheit, wie ich wieder nach Hause komme. In solchen Situationen erkannte ich, dass ich von diesen Leuten nur benützt wurde, um ihr Ego aufzublähen. Wenn sie wirklich nette Menschen wären und diese Rolle nicht nur spielten, würden sie auch dafür sorgen, dass ich gut nach Hause komme.

Viele von uns spielen während ihres Lebens viele Rollen. Wir haben gelernt, von einer Rolle in eine andere zu schlüpfen, aber wir sind oft nicht in der Lage, dahinter zu blicken. Die Rollen, die wir übernehmen – als Ehepartner, Eltern, Chef, netter Mensch, Rebell usw. –, sind nicht unbedingt schlecht und können uns in Situationen, die uns nicht vertraut sind, ein nützliches Verhaltensmodell geben. Es ist unsere Aufgabe, die Rollen zu finden, die zu uns passen, und diejenigen, die nicht zu uns passen. Das ist, wie wenn man Zwiebeln schält und eine Schicht um

Authentizität

die andere abträgt, also eine Aufgabe, die einem Tränen entlocken kann.

So tut es zum Beispiel weh, die Negativität in uns anzuerkennen und Wege zu finden, sie nach außen zu verlagern. Jeder von uns besitzt das Potenzial, alles zu sein von Gandhi bis Hitler. Den meisten geht die Vorstellung, dass wir einen Hitler in uns haben, gegen den Strich; wir wollen nichts davon hören. Aber wir alle haben eine negative Seite oder ein Potenzial für Negativität. Dieses zu verleugnen, ist allerdings das Gefährlichste, was wir tun können. Es ist beunruhigend, wenn manche Menschen die potenziell dunkle Seite ihres Selbst vollkommen leugnen und darauf beharren, dass sie starker negativer Gedanken und Handlungen nicht fähig seien. Es ist entscheidend, dass wir zugeben, die Fähigkeit zur Negativität zu haben. Wenn wir das zugegeben haben, können wir daran arbeiten und es loslassen. Und während wir unsere Aufgaben lernen, streifen wir oft Schichten von Rollen ab, mit denen wir nicht glücklich sind. Das heißt nicht, dass das, was wir sind, unser Wesen, schlecht ist. Es heißt nur, dass wir eine Fassade hatten, die wir nicht erkannten. Wenn Sie draufkommen, dass Sie nicht ein supernetter Mensch sind, ist es Zeit, dass Sie dieses Image ablegen und zu der Person werden, die Sie wirklich sind, denn wenn Sie jeden Augenblick Ihres Lebens ein supernetter Mensch sein wollen, dann ist das unecht. Viele Male muss das Pendel ganz nach der anderen Seite schwingen (dann werden Sie zum Miesepeter), bevor es sich in der Mitte einpendeln kann, wo Sie dahinterkommen, wer Sie wirklich sind – jemand, der aus Mitgefühl nett ist, statt jemand, der gibt, um etwas dafür zu kriegen.

Eine noch größere Herausforderung besteht darin, Mechanismen der Verteidigung loszulassen, die uns in der Kindheit geholfen haben zu überleben. Wenn diese Strategien nämlich nicht mehr gebraucht werden, können sie sich gegen uns richten. So lernte eine Frau als Kind, sich von ihrem alkoholsüchtigen Vater abzugrenzen: Sie wusste, dass es am besten war, sich der Situation zu entziehen und das Zimmer zu verlassen, wenn sie überfordert war. Das war die einzige Strategie, die einem sechsjährigen Mädchen zu Gebote stand, wenn ihr Vater betrunken war und wild herumbrüllte. Sie half ihr, eine schwierige Kindheit zu überstehen, aber jetzt, da sie selbst Mutter ist, schadet ein solcher Rückzug ihren Kindern. Eine Strategie, die keine Funktion mehr hat, muss losgelassen werden. Wir sollen ihr dankbar sein und sie ablegen. Und manchmal kommt es vor, dass Menschen um den Teil von sich trauern müssen, den es nie geben wird. Diese Mutter musste um die normale Kindheit trauern, die ihr nie gewährt wurde.

Manchmal sind diese Rollen uns sehr nützlich, aber wenn wir reifer werden, erkennen wir, dass wir einen Preis dafür zahlen. Ab einem bestimmten Punkt wird dieser Preis unerträglich hoch. Manche Menschen erkennen erst, wenn sie schon in mittleren Jahren sind, dass ihre Rolle in der Familie immer darin bestand, »für andere zu sorgen und Frieden zu stiften«. Wenn sie das begreifen, sagen sie, dass sie sicher nett seien, aber in ihrer Familie wurde das eben übertrieben. Ohne sich klar zu machen, was da ablief, übernahmen sie die Verantwortung dafür, dass ihre Eltern und Geschwister immer glücklich waren. Sie schlichteten jeden Streit, liehen jedem Geld und halfen ihnen, einen Job zu finden. Irgendwann erkennt man vielleicht, dass diese beschwerliche Rolle nicht man selbst ist, und lässt sie fallen. Sie sind noch immer ein netter Mensch, fühlen sich jedoch nicht verpflichtet, dafür zu sorgen, dass alle anderen glücklich sind.

Es ist nun einmal so auf der Welt, dass nicht alle Bezie-

hungen funktionieren. Es muss auch Unstimmigkeiten und Enttäuschungen geben. Wenn Sie sich verpflichtet fühlen, jedes Problem zu lösen, werden Sie das teuer bezahlen, weil es eine unmögliche Aufgabe ist.
Wie reagieren Sie auf das neue Ich?
- Sie erkennen vielleicht, dass die Rolle eine Bürde war: »Es ist großartig, dass ich mich nicht mehr dafür verantwortlich fühle, dass jeder glücklich ist.«
- Sie erkennen vielleicht, dass sie andere täuschten: »Ich habe alle manipuliert, um sie dazu zu bringen, mich mehr zu mögen, indem ich nett war.«
- Sie erkennen vielleicht, dass Sie liebenswert sind, so wie Sie eigentlich sind.
- Sie finden vielleicht heraus, dass Ihre Handlungen einer Angst entspringen: der Angst, nicht gut zu sein; der Angst, nicht in den Himmel zu kommen; der Angst, nicht geliebt zu werden.
- Sie erkennen vielleicht, dass Sie die Rolle benützt haben, um Trophäen zu erwerben: »Ich dachte immer, dass ich der Mensch geworden bin, den jeder liebte und bewunderte, aber ich bin nur ein Mensch wie jeder andere.«
- Sie erkennen vielleicht, dass andere Leute Probleme haben dürfen und auf dem Weg sind, herauszufinden, wer sie wirklich sind.
- Sie erkennen vielleicht, dass Sie andere schwächen, damit Sie sich umso stärker fühlen können.
- Sie erkennen vielleicht, dass Sie Ihr Augenmerk auf das richten, was bei anderen »kaputt« ist, damit Sie sich vor dem drücken können, was bei Ihnen ansteht.

Die meisten von uns haben keine Verbrechen begangen, aber wir müssen uns mit den dunkleren Anteilen unserer Persönlichkeit beschäftigen. Was Schwarz und Weiß ist, liegt auf der Hand; es sind die grauen Anteile, die wir oft

AUTHENTIZITÄT

verstecken und leugnen: den »netten« Kerl, den Einzelgänger, das Opfer, den Märtyrer. Das sind die grauen Anteile unseres Schattenselbst. Wir können nicht an der tiefverwurzelten Negativität arbeiten, wenn wir nicht zugeben können, dass wir negative Seiten haben. Wenn wir alle unsere Gefühle anerkennen, können wir unser *ganzes Selbst* werden.

Wir mögen um den Verlust dieser Rollen trauern, aber Sie werden feststellen, dass es Ihnen besser geht, weil Sie echter geworden sind.

Was Sie sind, ist ewig. Es hat sich nie geändert und wird sich nie ändern.

Wir sind viel mehr als unsere Lebensumstände, ob großartig oder bescheiden, auch wenn wir die Tendenz haben, uns durch unsere Lebensumstände zu definieren. Wenn der Tag sich prächtig anlässt – wenn das Wetter schön ist, die Aktien steigen, das Auto vor Sauberkeit blitzt, die Kinder gute Zeugnisse heimbringen, das Abendessen mit anschließender Show gut über die Bühne geht –, dann fühlen wir uns toll. Wenn das nicht so ist, empfinden wir uns als wertlos. Wir richten uns nach den Ereignissen, von denen wir manche kontrollieren können, andere nicht. Doch was wir wirklich sind, ist viel beständiger. Es wird nicht durch diese Welt oder unsere Rolle darin definiert. Das sind Illusionen, Mythen, die uns nicht viel bringen. Hinter den Umständen unseres Lebens, hinter allen Situationen steht eine große Persönlichkeit. Wir entdecken unsere wahre Identität und Größe, wenn wir alle Illusionen von Identität loslassen und unser wahres Selbst entdecken.

Wir lassen uns oft von anderen definieren. Wenn andere schlecht gelaunt sind, lassen wir uns davon beeinträchtigen. Wenn andere befinden, dass wir Unrecht haben, setzen wir uns zur Wehr. Aber wer wir sind, das ist

AUTHENTIZITÄT

jenseits von Angriff und Verteidigung. Wir sind heil, vollständig und wertvoll, so wie wir sind, reich oder arm, alt oder jung, ob wir bei den Olympischen Spielen eine Goldmedaille gewinnen oder ob wir eine Beziehung beginnen oder beenden. Ob wir am Anfang oder am Ende unseres Lebens sind, auf der Höhe des Ruhms oder in den Niederungen der Verzweiflung, wir sind trotzdem immer die Menschen hinter unseren Lebensumständen.

Sie sind, was Sie sind, und nicht Ihre Krankheit oder Ihre Tätigkeit. Im Leben geht es darum, was man ist, nicht was man tut.

DK

Ich fragte eine Frau, die im Sterben lag: »Wer sind Sie jetzt?«

Sie antwortete: »In allen Rollen, die ich spielte, kam ich mir so gewöhnlich vor. Ich empfand, dass ich ein Leben geführt hatte, das viele andere auch hätten führen können. Worin unterschied mein Leben sich von dem irgendeines anderen? Was ich durch meine Krankheit erfahren habe, hat mir die Augen geöffnet: Ich bin wahrhaftig ein einzigartiger Mensch. Niemand hat die Welt je in genau der Weise gesehen oder erfahren wie ich. Und es wird auch nie einen anderen geben. Von Anbeginn der Zeit bis zum Ende aller Zeiten wird es nie mehr ein solches Ich geben.«

Das gilt ebenso für Sie wie für diese Frau. Niemand hat die Welt in genau derselben Weise erlebt wie Sie, mit Ihrer besonderen Geschichte und den Dingen, die Ihnen widerfahren sind. Was Sie sind, ist in seiner Einmaligkeit nicht zu fassen. Doch erst wenn wir entdecken, wer wir wirklich sind, können wir beginnen, unsere Einmaligkeit zu feiern.

Authentizität

Viele erleiden einen ernsten Zusammenbruch, wenn sie erkennen, dass sie nicht wissen, wer sie sind. Der erste Versuch, sich selbst zu erkennen, ist eine entmutigende Aufgabe. Man erkennt, dass man nicht weiß, wie man mit seinem Selbst umgehen soll im Unterschied zu dem Menschen, für den man sich gerne hielt.

Wer von einer lebensbedrohlichen Diagnose betroffen ist, muss vielleicht erst einmal herausfinden, wer er ist. Wenn wir uns die Frage stellen: »Wer ist es, der stirbt?«, erhalten wir zumeist die Antwort, dass ein Teil von uns nicht stirbt, sondern fortbesteht und immer existiert hat. Wenn der Tag kommt, an dem wir krank werden und nicht mehr der Banker oder Reisende, der Arzt oder Trainer sein können, müssen wir uns einer wichtigen Frage stellen: »Wenn ich dies alles nicht bin, was bin ich dann?« Wenn Sie nicht mehr der nette Kerl im Büro, der selbstsüchtige Onkel, der hilfsbereite Nachbar sind, was sind Sie dann?

Unser Selbst entdecken und ihm gegenüber authentisch sein, herausfinden, was wir tun möchten und was wir nicht tun möchten – das tun wir, indem wir uns auf unsere eigenen Erfahrungen einlassen. Wir müssen alles tun, weil es uns Freude und Frieden bringt, angefangen von dem Job, den wir haben, bis zu den Kleidern, die wir tragen. Wenn wir etwas tun, um uns in den Augen anderer einen Wert zu geben, sehen wir nicht den Wert in uns selbst. Es ist verblüffend, dass wir uns so viel mehr danach richten, was wir tun *sollten*, als nach dem, was wir tun *möchten*.

Geben Sie hin und wieder dem Drang nach, den Sie normalerweise unterdrücken würden, etwas »Ausgefallenes« oder Neues zu tun. Sie erfahren dabei vielleicht, wer Sie wirklich sind. Oder fragen Sie sich, was Sie tun würden, wenn niemand Ihnen zuschaut. Wenn Sie alles tun

AUTHENTIZITÄT

könnten, was Sie möchten, ungeachtet der Folgen, was wäre das? Ihre Antwort auf diese Frage gibt eine Menge Aufschluss darüber, wer Sie sind, oder zumindest darüber, was Ihnen im Wege steht. Ihre Antwort deutet vielleicht auf eine negative Selbsteinschätzung oder eine Aufgabe, an der Sie arbeiten müssen, bevor Sie Ihr Wesen entdecken können.

Wenn Sie sagen, dass Sie stehlen möchten, dann fürchten Sie wahrscheinlich, dass Sie nicht genug besitzen.

Wenn Sie sagen, dass Sie lügen möchten, dann fühlen Sie sich vermutlich nicht sicher, wenn Sie die Wahrheit sagen.

Wenn Sie sagen, dass Sie jemanden lieben möchten, den Sie jetzt nicht lieben, dann haben Sie vielleicht Angst vor der Liebe.

DK

In meinem Urlaub rannte ich immer herum, stand morgens zeitig auf, machte untertags so viele Besichtigungen und tat so viel wie nur möglich und kehrte spät abends erschöpft in mein Hotel zurück. Als ich schließlich begriff, dass mein Urlaub mir nie Vergnügen machte, dass er immer voll Stress war, fragte ich mich, was ich tun würde, wenn niemand hersähe. Die Antwort lautete, dass ich ausschlafen, ohne Hetzjagd ein paar Sehenswürdigkeiten anschauen und mindestens eine Stunde pro Tag auf der Veranda oder am Strand sitzen und ein gutes Buch lesen oder gar nichts tun würde. Die Rolle des »enthusiastischen Urlaubers, der absolut alles besichtigt«, passte gar nicht zu mir. Ich tat das alles, weil ich dachte, dass ich es tun sollte, aber ich war viel glücklicher, als ich erkannte, dass ich mehr Vergnügen hatte und mehr lernte, wenn ich das Besichtigen von Sehenswürdigkeiten mit Entspannung verband.

Authentizität

Was würden Sie tun, wenn Ihre Eltern, die Gesellschaft, Ihr Chef, Ihr Lehrer nicht da wären? Wie würden Sie sich definieren? Wer steht hinter all dem Zeug? Das ist Ihr wahres Ich.

Im Alter von sechzig Jahren erlitt Tim, der Vater dreier Töchter, einen Herzinfarkt. Er war dem nun erwachsenen Trio, das er allein aufgezogen hatte, ein guter Vater gewesen. Nach dem Herzinfarkt begann er sein Leben zu überprüfen. »Ich erkannte, dass nicht nur meine Arterien sich verhärtet hatten«, erläuterte er. »Ich selbst war hart geworden. Das geschah vor Jahren, als meine Frau starb. Ich musste stark sein. Ich wollte, dass die Mädchen so aufwachsen, dass auch sie stark werden. Daher legte ich ihnen gegenüber Härte an den Tag. Jetzt ist diese Aufgabe vorbei. Ich bin sechzig, und mein Leben wird bald zu Ende sein. Ich will nicht mehr den Harten spielen. Die Mädchen sollen wissen, dass sie einen Vater haben, der sie sehr liebt.«

In seinem Krankenzimmer sprach er zu seinen Töchtern von seiner Liebe. Sie hatten es immer gewusst, aber dass er jetzt so milde war, trieb allen die Tränen in die Augen. Er musste nicht mehr ein Vater sein, »wie es sich gehört«, wie es damals vielleicht nötig war. Statt dessen konnte er jetzt der Mensch sein, der er innerlich war.

Wir sind nicht alle Genies wie Einstein oder die großen Athleten, aber wenn wir »das Überflüssige weghauen«, wird es uns möglich sein, in der einen oder anderen Weise zu glänzen, je nach unseren Gaben.

Was Sie sind, ist die reinste Liebe, die großartigste Vollkommenheit. Sie sind hier, um heil zu werden und sich daran zu erinnern, was Sie immer gewesen sind. Das ist Ihr Licht, das Ihnen in der Finsternis den Weg weist.

Wenn Sie erkennen wollen, wer Sie sind, werden Sie zu

dem Werk geführt werden, das Sie vollbringen sollen, den Lektionen, die Sie lernen sollen. Wenn unser inneres und äußeres Wesen eins ist, brauchen wir uns nicht mehr zu verstecken, nichts mehr zu fürchten oder uns vor etwas zu schützen. Wir sehen das, was wir sind, als etwas, das unsere Lebensumstände transzendiert.

DK

Einmal sprach ich spät abends mit einem Mann in einem Hospiz. Er litt an »ALS« (Muskellähmung mit tödlichem Ausgang). »Was ist für Sie das Schwierigste in dieser Situation?«, fragte ich ihn. »Das Liegen im Krankenhaus, die Krankheit selbst?«

»Nein«, antwortete er. »Das Schwerste ist, dass jeder mich in der Vergangenheit sieht. Als etwas, das ich einmal war. Egal, was mit meinem Körper geschieht, ich bin immer noch ein ganzer Mensch. Es gibt einen Teil von mir, der nicht definierbar ist und sich nicht verändert, den ich nicht verlieren werde und der nicht dem Alter oder der Krankheit anheimfällt. Es gibt einen Teil von mir, an dem ich festhalte. Das ist der, der ich bin und der ich immer sein werde.«

Der Mann entdeckte, dass das Wesen dessen, der er war, weit über das hinaus ging, was mit seinem Körper geschah, wie viel Geld er verdient hatte oder wie viele Kinder er gezeugt hatte. Wenn wir diese Rollen ablegen, bleiben *wir* übrig. In jedem von uns ist ein Potenzial unvorstellbarer Güte, der Fähigkeit, zu geben, ohne nach Lohn zu fragen, zuzuhören, ohne zu urteilen, bedingungslos zu lieben. Dieses Potenzial ist unser Ziel. Wir können uns ihm jede Minute des Tages auf großen und auf kleinen Wegen nähern, wenn wir uns Mühe geben.

Viele, die von einer Krankheit betroffen sind und andere Menschen berühren möchten, haben an ihrem inneren Wachstum gearbeitet. Sie sind auf dem Wege, ihre unerledigten Dinge zu bereinigen, und sind jetzt in der Lage, ein Licht für andere anzuzünden.

Wir selbst zu sein heißt, die Integrität unseres menschlichen Selbst zu ehren. Das schließt manchmal jene dunklen Anteile unseres Wesens ein, die wir oft zu verbergen suchen. Wir denken manchmal, dass wir nur vom Guten angezogen werden, aber in Wirklichkeit werden wir von dem angezogen, was authentisch ist. Wir mögen Menschen, die echt sind, lieber als diejenigen, die ihr wahres Selbst unter den Schichten einer künstlichen Nettigkeit verbergen.

EKR

Vor Jahren hatte ich an der Medizinischen Fakultät der University of Chicago einmal das Glück, zur »beliebtesten Professorin« gewählt zu werden. Das war eine der größten Ehren, die uns Professoren widerfahren konnten, denn wir alle wollten von unseren Studenten anerkannt werden. An dem Tag, als verkündet wurde, dass ich gewonnen hatte, benahmen die Kollegen sich alle sehr nett zu mir wie gewöhnlich, aber keiner sagte ein Wort über die Auszeichnung. Ich spürte etwas hinter ihren lächelnden Mienen, etwas, das sie nicht aussprachen. Gegen Abend wurde ein prachtvoller Blumenstrauß in meinem Sprechzimmer abgegeben von einem meiner Kollegen, einem Kinderpsychiater. Auf der Karte stand: »Mordsmäßig eifersüchtig, dennoch Glückwünsche!« Von dem Augenblick an wusste ich, dass ich diesem Mann trauen konnte. Ich mochte ihn, weil er so echt, so authentisch war. Mein Gefühl sagte mir, dass ich immer wissen würde, wie ich mit ihm dran war und dass ich mich in seiner Nähe sicher fühlen könnte, weil er mir sein wahres Selbst gezeigt hatte.

Die größte Vollkommenheit unseres Wesens schließt ein, dass wir bezüglich unserer dunklen Seiten, unserer Unvollkommenheiten ehrlich sind. Wir sind angenehm berührt, wenn wir wissen, wer ein anderer ist. Und es ist ebenso wichtig, dass wir die Wahrheit über uns selbst erfahren, die Wahrheit über den Menschen, der wir wirklich sind.

Ein Mann erzählte die Geschichte seiner Großmutter, die mit Ende siebzig schwer erkrankt war. »Es fiel mir so schwer, sie gehen zu lassen«, erklärte er. »Schließlich nahm ich meinen Mut zusammen und sagte zu ihr: ›Nana, ich glaube nicht, dass ich dich gehen lassen kann.‹ Ich weiß, dass das selbstsüchtig klingt, aber das empfand ich eben.«

»Mein lieber Junge, antwortete sie, ich habe mein Leben vollendet, es war voll, ein Ganzes. Ich weiß, dass du mich so sehen musst, als wäre nicht mehr viel Leben in mir, aber ich versichere dir, ich habe viel Leben auf meine Reise gebracht. Wir sind wie ein Kuchen: ein Stück davon geben wir unseren Eltern, ein Stück unseren Geliebten, ein Stück unseren Kindern, und ein Stück geben wir unserer Karriere. Am Ende des Lebens haben manche Menschen kein Stück für sich selbst übrig – und wissen nicht einmal, was für ein Kuchen sie gewesen sind. Ich weiß, was für ein Kuchen ich bin; das ist etwas, das jeder für sich herausfindet. Ich kann dieses Leben verlassen mit dem Bewusstsein, wer ich bin.«

»Als ich diese Worte hörte: ›Ich weiß jetzt, wer ich bin‹, konnte ich sie gehen lassen. Das war der springende Punkt. Es klang so vollendet. Ich sagte ihr, wenn meine

Authentizität

Zeit käme zu sterben, würde ich hoffen, so zu sein wie sie, und wissen, wer ich bin. Sie neigte sich zu mir, als wollte sie mir ein Geheimnis anvertrauen, und sagte: ›Du musst nicht warten, bis du stirbst, um herauszufinden, was für ein Kuchen du bist.‹«

Die Lektion der Liebe

Die Liebe, die zu beschreiben uns so schwer fällt, ist die einzig wirkliche und bleibende Erfahrung unseres Lebens. Sie ist das Gegenteil von Angst, der Kern von Beziehungen, das Wesen der Kreativität, die Gnade der Macht – ein komplexer Teil dessen, was wir sind. Sie ist die Quelle der Glückseligkeit, die Energie, die uns verbindet und die in uns lebt.

Liebe hat nichts zu tun mit Wissen, Bildung oder Macht; sie ist jenseits von Verhaltensweisen. Sie ist zudem das einzige Geschenk im Leben, das man nicht verlieren kann. Letztlich ist sie das Einzige, das wir einem anderen wahrhaft geben können. In einer Welt der Illusionen, einer Welt der Träume und der Leere ist die Liebe die Quelle der Wahrheit.

Trotz all ihrer Macht und Größe ist sie jedoch schwer zu fassen. Manche verbringen ihr ganzes Leben damit, die Liebe zu suchen. Wir fürchten, dass wir ihrer nie habhaft werden, dass wir sie, wenn wir sie finden, wieder verlieren oder als eine Gegebenheit betrachten werden, und fürchten, dass sie nicht dauern wird.

Wir denken, wir wüssten, wie die Liebe aussieht, da wir uns in unserer Kindheit ein Bild von ihr gemacht haben. Das gewöhnlichste Bild ist das romantische Ideal: Wenn wir diesem besonderen Menschen begegnen, werden wir uns plötzlich als ein Ganzes fühlen, alles wird wunderbar, und wir werden hinfort in Glückseligkeit leben. Natürlich bricht es uns das Herz, wenn wir im wirklichen Leben einige nicht so romantische Einzelheiten hinzufügen müssen, wenn wir herausfinden, dass der Großteil der Liebe, die wir geben und empfangen, bedingt ist. Sogar die Liebe zu und von unseren Angehörigen und Freunden beruht auf Erwartungen und Bedingungen. Diese Erwartungen und Bedingungen werden unweigerlich nicht erfüllt, und die Einzelheiten des wirklichen Lebens reihen sich zu einem Faden, der einen Alptraum hervorruft. Wir befinden uns in lieblosen Freundschaften und Beziehungen. Aus unseren romantischen Illusionen erwachen wir in einer Welt, der die Liebe fehlt, auf die wir als Kinder gehofft hatten. Nun betrachten wir die Liebe aus dem Blickwinkel des Erwachsenen und sehen alles klar, realistisch und verbittert.

Glücklicherweise *ist* wahre Liebe möglich, wir *können* die Liebe fühlen, auf die wir gehofft hatten. Sie existiert, aber nicht in unserer Auffassung von Liebe. Sie lebt nicht in dem Traum, dass wir einen vollkommenen Partner oder den besten Freund finden werden. Die Ganzheit, die wir suchen, ist hier, mit und in uns, jetzt, in der Wirklichkeit. Wir müssen uns das nur klarmachen.

Die meisten von uns ersehnen die bedingungslose Liebe, eine Liebe, die sich auf das gründet, was wir sind, nicht auf das, was wir tun oder nicht tun. Wenn wir Glück haben, viel Glück, haben wir in unserem Leben einige Minuten davon erfahren. Es ist traurig, dass der Großteil der Liebe, die wir in diesem Leben erfahren, sehr bedingt ist. Wir werden geliebt um der Dinge willen, die wir für andere tun, wie viel wir verdienen, wie lustig wir sind, wie wir unsere Kinder behandeln oder unseren Haushalt führen und so fort. Es fällt uns schwer, die Menschen so zu lieben, wie sie sind. Es ist beinahe so, als würden wir uns nach einem Vorwand umschauen, um andere nicht zu lieben.

EKR

Eine sehr adrette Frau kam einmal nach einem Vortrag zu mir. Sie wissen, was unter *adrett* zu verstehen ist: tadellose Frisur, perfekt abgestimmte Kleidung und so fort. »Im vergangenen Jahr nahm ich an einem Ihrer Workshops teil«, sagte sie. »Auf dem Heimweg konnte ich an nichts anderes denken als an meinen achtzehnjährigen Sohn. Jeden Abend, wenn ich nach Hause komme, hockt er auf der Küchentheke, in dem grässlichen, verwaschenen T-Shirt, das ihm eine seiner Freundinnen geschenkt hat. Ich fürchte immer, dass die Nachbarn denken, wir können unsere Kinder nicht anständig kleiden, wenn sie ihn in dem Zeug sehen. Er hockt nur da herum mit seinen Freunden.« Und als sie »Freunde« aussprach, verzog sie angewidert das Gesicht.

»Jeden Abend, wenn ich heimkomme, schimpfe ich mit ihm, angefangen bei dem T-Shirt. Eins kommt zum andern und ... Also, so ist unsere Beziehung.

Ich habe über die Sterbeübung nachgedacht, die wir im Workshop gemacht haben. Ich erkannte, dass das Leben ein Geschenk ist, das ich nicht immer haben werde. Und auch die Menschen, die ich liebe, werden nicht immer um mich sein. Ich machte mir Gedanken darüber, was geschähe, wenn. Wenn ich morgen stürbe, wie würde ich heute mein Leben betrachten? Ich kam zu der Erkenntnis, dass ich mit meinem Leben einverstanden bin, obwohl die Beziehung zu meinem Sohn nicht die beste war. Dann dachte ich, wenn mein Sohn morgen stürbe, was würde ich von dem Leben halten, das ich ihm gegeben habe?

Ich erkannte, dass ich einen ungeheuren Verlust empfinden würde und, was unsere Beziehung betrifft, in einen tiefen Konflikt geraten würde. Als ich das schreckliche

Szenario im Geiste durchspielte, dachte ich an sein Begräbnis. Ich würde ihn nicht in einem Anzug beerdigen wollen. Er war kein Junge, der sich etwas aus Anzügen machte. Nein, ich würde ihn in dem verdammten Hemd begraben, das er so liebte. Damit würde ich ihn und sein Leben ehren.

Dann wurde mir klar, dass ich ihm im Tod das Geschenk machen würde, ihn für das zu lieben, was er ist und was er gern hat, aber nicht bereit war, ihm dieses Geschenk im Leben zu machen.

Plötzlich begriff ich, dass dieses T-Shirt eine enorme Bedeutung für ihn hatte. Es war sein Lieblingshemd, aus welchem Grund auch immer. Als ich an dem Abend nach Hause kam, sagte ich ihm, dass er von mir aus dieses T-Shirt so oft tragen könne, wie er wollte. Ich sagte ihm, dass ich ihn so liebte, wie er war. Es war ein so gutes Gefühl, die Erwartungen loszulassen, nicht mehr an ihm rumzunörgeln und ihn einfach zu lieben, wie er ist. Und jetzt, da ich nicht mehr versuche, an ihm herumzuerziehen, finde ich, er ist sehr liebenswert, so wie er ist.«

Wir können nur Frieden und Glück in der Liebe finden, wenn wir die Bedingungen loslassen, die wir an unsere Liebe zu einander knüpfen. Und wir stellen gewöhnlich denjenigen die härtesten Bedingungen, die wir am meisten lieben. Die Liebe zu Konditionen hat man uns eingetrichtert – wir wurden buchstäblich darauf konditioniert –, und es ist ein schwieriger Prozess, das zu verlernen. Als menschlichen Wesen ist es uns nicht möglich, zu einer *vollkommen* bedingungslosen Liebe zu einander zu finden, aber wir können mehr haben als die paar Minuten, die wir normalerweise in einem ganzen Leben bekommen.

Zu den wenigen Menschen, bei denen wir bedingungslose Liebe finden können, zählen unsere Kinder, wenn sie noch sehr klein sind. Unser Tagesablauf, unser Geld, unsere Leistungen sind ihnen gleichgültig. Sie lieben uns einfach. Mit der Zeit bringen wir ihnen bei, Bedingungen für ihre Liebe zu stellen, wenn wir sie dafür belohnen, dass sie lächeln, gute Noten heimbringen und so sind, wie wir sie haben wollen. Aber wir können noch immer viel von der Art und Weise lernen, wie Kinder uns lieben. Wenn wir unsere Kinder nur ein wenig länger und bedingungsloser lieben würden, könnten wir uns eine ganz andere Lebenswelt schaffen.

Liebe zu Bedingungen belastet unsere Beziehungen. Wenn wir diese Bedingungen loslassen, können wir Liebe auf vielen Wegen finden, die wir nie für möglich gehalten hätten.

Eines der größten Hindernisse für bedingungslose Liebe ist die Angst, dass unsere Liebe vielleicht nicht erwidert wird. Wir begreifen nicht, dass das Gefühl, das wir suchen, im Geben liegt, nicht im Empfangen.

Wenn wir die empfangene Liebe messen, werden wir uns nie geliebt fühlen. Statt dessen empfinden wir uns als zu kurz gekommen. Nicht weil das wirklich so ist, sondern weil der Akt des Messens kein Akt der Liebe ist. Wenn Sie sich ungeliebt fühlen, dann nicht deshalb, weil Sie keine Liebe bekommen, sondern weil Sie selbst Liebe vorenthalten.

Wenn Sie mit geliebten Menschen streiten, glauben Sie, dass Sie sich wegen etwas aufregen, das diese getan oder nicht getan haben. In Wahrheit regen Sie sich auf, weil Sie Ihr Herz verschlossen, Ihre Liebe entzogen haben. Und es wäre nie die richtige Antwort, die Liebe vorzuenthalten, bis die anderen sich gebessert haben. Was geschieht, wenn diese das nicht tun, wenn sie es nie tun? Werden Sie dann Ihre Mutter, Ihren Freund, Ihren Bruder nie mehr lieben? Doch wenn Sie sie lieben trotz der Dinge, die sie getan haben, werden Sie Veränderungen bemerken, Sie werden die ganze entfesselte Kraft des Universums sehen können. Sie werden sehen, wie Ihre Herzen schmelzen und sich öffnen.

DK

Eine Frau teilte uns mit, dass sie Flugbegleiterin für TWA sei. »Ich war mit einem Mitglied der Belegschaft des Fluges 800 befreundet. Ich hatte meine Freundin angerufen, weil ich an sie gedacht hatte. Wir hatten seit einiger Zeit nicht mehr miteinander gesprochen, und ich vermisste sie. Ich hinterließ eine Nachricht für sie mit der Bitte, mich anzurufen. Einige Tage vergingen, und ich war zunehmend irritiert, dass ich nichts von ihr hörte. Mein Mann sagte, ich solle doch noch einmal anrufen oder auf ihren Anrufbeantworter sprechen. Ich wusste, dass sie wahrscheinlich viel zu tun hatte und nur auf einen freien Augenblick wartete, um mich anzurufen. Obwohl ich das wusste, wurde ich immer ärgerlicher. Ich hielt meine Liebe zurück, ich verschloss mein Herz ihr gegenüber. Am nächsten Tag stürzte ihr Flugzeug ab. Ich bereue tief, dass ich meine Liebe nicht frei verschenkt habe. Ich hatte mit der Liebe ein Spiel getrieben.«

Ich sagte der Frau, dass sie nicht so streng mit sich selbst sein sollte, dass ihre Freundin aufgrund ihrer jahrelangen Freundschaft wusste, dass sie geliebt wurde. Die Frau musste sich selbst vergeben und erkennen, dass sie sich dasselbe antat, was sie ihrer Freundin mit dem Anruf angetan hatte: dass sie die Liebe nach einem Augenblick, einer Tat bemaß und dann ihr Herz verschloss. Wir müssen versuchen, die Liebe in einem größeren Rahmen zu sehen, nicht als eine Einzelheit. Eine Einzelheit wie ein Telefonanruf kann von der wirklichen Liebe ablenken. Die

LIEBE

Geschichte dieser Frau ist ein Beispiel, wie die Regeln, die Spiele und das Maßnehmen den Ausdruck unserer Liebe zu einander behindern. Diese Lektion ist schwer zu erlernen.

Um unser Herz wieder zu öffnen, müssen wir für eine andere Art des Sehens offen sein. Wenn wir unser Herz verschließen, wenn wir intolerant sind, geschieht das oft, weil wir nicht wissen, was mit der anderen Person los ist. Wir verstehen die anderen nicht; wir wissen nicht, warum sie nicht zurückrufen oder warum sie so laut sind, und daher lieben wir sie nicht. Wir sind so schnell bereit, über unsere Verletzung, unseren Schmerz zu reden und welches Unrecht uns geschehen ist. Die Wahrheit ist, dass wir uns gegenseitig verraten, wenn wir unser Lächeln, unser Verständnis, unsere Liebe nicht frei verschenken. Wir vorenthalten uns die größten Gaben, die wir von Gott bekommen haben. Unser Akt des Vorenthaltens wiegt viel schwerer als das, was die andere Person uns angetan haben könnte oder nicht getan hat.

Eines späten Abends sprach eine neunzigjährige Frau einmal über das Leben und die Liebe. »Ich wurde von einer Mutter erzogen, die Männern misstraute. Sie waren nur dazu da, um als finanzieller Rückhalt zu dienen. Ich geriet meiner Mutter nach und ließ die Liebe nie in mein Leben ein. Warum sollte ich mir das aufbürden? Der einzige Mann, den ich je gern gehabt hatte und dem ich vertraute, war mein Bruder. Er war alles für mich: mein großer Bruder, mein Freund, mein Beschützer. Er heiratete eine wunderbare Frau. Als ich Ende zwanzig war, wurde er schwer krank. Wir saßen zusammen im Krankenhaus, und irgendwie wussten wir beide, dass er sterben würde. Ich sagte ihm, dass ich in einer Welt ohne ihn nicht leben wollte. Er sagte mir, wie viel das Leben ihm bedeutet habe, und wenn es jetzt aus wäre, würde er gar nichts daran ändern. Abgesehen von mir. Er sagte: ›Ich fürchte, dass du das Leben, dein Leben, verfehlen und die Liebe versäumen wirst. Versäum' sie nicht. Jeder Mensch auf dieser Reise, die wir das Leben nennen, sollte eine Erfahrung der Liebe machen. Letzten Endes ist es gleichgültig, wen oder wann oder wie lange du liebst. Es zählt nur, dass du es tust. Versäum' es nicht. Mach die Reise nicht ohne sie.‹

Dank dieser Botschaft meines Bruders habe ich ein Leben gehabt. Ich hätte Männern weiterhin misstrauen können, ich hätte weniger Frau, weniger Person sein können. Aber ich kämpfte mich durch mein Misstrauen und meine Ängste hindurch. Ich habe versucht, das Leben zu führen, das er für mich wollte. Er hatte ja so Recht. Diese Zeit, dieses Leben zu haben und nicht die Liebe, würde bedeuten, das Leben nicht voll gelebt zu haben.«

Vielen von uns wird »Liebe«, oder vielmehr: uns vor der Liebe zu »schützen«, so beigebracht wie dieser Frau. Wir lernten früh, Männern, Frauen, der Ehe, Eltern, Schwiegereltern, Mitarbeitern, unseren Vorgesetzten und sogar dem Leben selbst zu misstrauen. Das wurde uns von wohlmeinenden Menschen gelehrt, die glaubten, nur zu unserem Besten zu handeln. Sie merkten nicht, dass sie uns im Gegenteil programmierten, die Liebe zu verfehlen.

Doch im Herzen wissen wir, dass wir dazu bestimmt sind, das Leben aus der Fülle zu leben, aus der Fülle zu lieben und uns auf große Abenteuer im Leben einzulassen. Vielleicht ist dieses Gefühl tief in unserem Inneren verborgen, aber es ist da und wartet nur darauf, durch eine Tat oder ein Ereignis, vielleicht durch das Wort eines anderen Menschen ans Licht gebracht zu werden. Unsere Lektionen können uns von unerwarteter Seite erteilt werden, etwa von Kindern.

LIEBE

EKR

Vor einigen Jahren kannte ich einen kleinen Jungen, der nur eines wollte: Liebe verbreiten und das Leben finden, obwohl er am Ende des seinigen war. Von den neun Jahren seines Lebens hatte er sechs mit Krebs verbracht. Im Krankenhaus sah ich mit einem Blick, dass er aufgegeben hatte zu kämpfen. Er war am Ende. Er hatte die Wirklichkeit seines Todes akzeptiert. An dem Tag, als er nach Hause entlassen wurde, ging ich hin, um mich von ihm zu verabschieden. Zu meiner Überraschung bat er mich, mit ihm nach Hause zu kommen. Als ich einen verstohlenen Blick auf meine Uhr warf, versicherte er mir, dass es nicht lange dauern würde. Und so fuhren wir vor sein Haus und parkten. Er bat seinen Vater, das Fahrrad herunterzuholen, das seit drei Jahren unbenützt in der Garage hing. Sein größter Traum war, einmal um den Häuserblock zu fahren – aber er hatte das noch nie tun können. Er bat seinen Vater, die Stützräder an sein Fahrrad zu montieren. Das erfordert ziemlich viel Mut von einem Jungen, denn es ist demütigend, mit Stützrädern gesehen zu werden, wenn seine Altersgenossen schon rasante Kunststücke auf ihren Rädern vollführen. Mit Tränen in den Augen erfüllte der Vater diesen Auftrag.

Dann sah der Junge mich an und sagte: »Sie müssen meine Mama festhalten.«

Sie wissen, wie die Mütter sind, sie wollen einen ständig beschützen. Sie wollte ihn die ganze Fahrt um den Häuserblock festhalten, aber das hätte ihn um seinen großen Sieg gebracht. Seine Mutter hatte Verständnis. Sie wusste, dass es eines der letzten Dinge war, die sie ihrem Sohn zuliebe tun konnte, sich nicht an ihn zu hängen, als er seine letzte große Herausforderung bestand.

Wir warteten, als er davon gefahren war. Es kam uns

wie eine Ewigkeit vor. Dann kam er um die Ecke, kaum noch in der Lage, das Gleichgewicht zu halten. Er sah schrecklich angespannt und blass aus. Niemand hätte gedacht, dass er auf einem Rad fahren könnte. Aber er fuhr strahlend auf uns zu. Dann ließ er seinen Vater die Stützräder abnehmen, und wir trugen das Rad und ihn nach oben. »Wenn mein Bruder von der Schule nach Hause kommt, schickt ihn bitte zu mir«, bat er.

Zwei Wochen danach erzählte uns sein kleiner Bruder, ein Erstklässler, dass sein Bruder ihm das Fahrrad zum Geburtstag geschenkt hatte, da er wusste, dass er seinen Geburtstag nicht mehr erleben würde. Als er nur noch wenig Zeit und Energie hatte, lebte dieser tapfere Junge seine letzten Träume aus, indem er auf seinem Fahrrad um den Block fuhr und es dann seinem jüngeren Bruder schenkte.

In uns allen stecken Träume von Liebe, Leben und Abenteuer. Aber traurigerweise sind wir auch voll von Gründen, warum wir nicht versuchen, sie zu verwirklichen. Diese Gründe wollen uns scheinbar beschützen, aber in Wahrheit halten sie uns in einem Gefängnis fest. Sie halten das Leben auf Distanz. Das Leben ist schneller vorüber, als wir denken. Wenn wir Fahrräder haben, auf denen wir fahren, und Menschen, die wir lieben können, sollten wir das jetzt tun.

EKR

Als ich mir die Lektion der Liebe durch den Kopf gehen ließ, dachte ich an mich selbst und mein eigenes Leben. Wie alle Menschen, mit denen ich je gearbeitet habe, muss ich lernen, mich selbst mehr zu lieben. Ich betrachte mich noch immer als eine Schweizer Hinterwäldlerin, und wenn ich das Wort *Selbstliebe* höre, stelle ich mir zugegebenermaßen eine Frau vor, die in einer Ecke sitzt und masturbiert. Offensichtlich habe ich aus diesem Grund diesem Begriff nie viel abgewinnen können.

In meinem persönlichen Leben sowie durch meine Arbeit all die Jahre hindurch empfand ich, dass mir viel Liebe von anderen Menschen geschenkt wurde. Es wäre anzunehmen, dass man, wenn man von so vielen geliebt wird, sich selbst lieben könnte. Aber dies ist nicht immer der Fall. Für die meisten von uns gilt das wohl nicht. Ich habe es im Leben und Sterben von Hunderten von Menschen erfahren, und jetzt erfahre ich es auch an mir selbst. Wenn Liebe überhaupt kommt, muss sie von innen kommen. Und so weit bin ich noch nicht.

Wie können wir lernen, uns selbst zu lieben? Das ist eine unserer größten Aufgaben, weil sie uns so schwer fällt. Die meisten von uns haben nie gelernt, sich als Kinder selbst zu lieben. Meistens wird uns beigebracht, dass es etwas Schlechtes sei, sich selbst zu lieben, denn Selbstliebe wird mit Selbstbezogenheit und Egoismus verwechselt. Daher denken wir, die Liebe bestehe darin, dass wir einem Märchenprinzen oder irgendjemandem begegnen würden, der uns »genau richtig« behandelt. Das hat nichts mit Liebe zu tun.

Die meisten von uns haben Liebe nie erfahren. Wir haben Belohnungen erfahren. Wir lernten als Kinder, dass wir »geliebt« werden würden, wenn wir höflich wären, gute Noten bekämen, die Oma anlächelten oder unsere Hände oft genug wuschen. Wir gaben uns jede Mühe, geliebt zu werden, und begriffen nicht, dass dies eine an Bedingungen geknüpfte, also eine falsche Liebe war. Wie sollen wir lieben können, wenn dazu so viel Billigung seitens anderer nötig ist? Wir können beginnen, indem wir unsere Seele pflegen und uns selbst gegenüber barmherzig sind.

Pflegen Sie Ihre Seele, geben Sie ihr Nahrung? Tun Sie etwas, das Ihnen ein besseres Selbstwertgefühl gibt, etwas, das getan zu haben Sie freut? Wenn wir uns lieben, dann füllen wir unser Leben mit Tätigkeiten, die uns ein Lächeln ins Gesicht zaubern. Das sind die Dinge, die unser Herz und unsere Seele singen lassen. Das ist nicht immer das »Gute«, das zu tun man uns gelehrt hat – es sind Dinge, die wir einfach für uns selbst tun. Sich selbst pflegen könnte heißen, dass Sie am Samstag länger schlafen, statt aufzustehen und »produktiv« zu sein. Und uns selbst pflegen heißt, die Liebe einzulassen, die überall um uns ist.

Während Sie das tun, seien Sie ein wenig barmherzig mit sich selbst. Lassen Sie es gut sein. So viele Menschen beschimpfen sich als dumm oder sagen, sie könnten nicht fassen, dass sie diese Tat begangen haben, oder nennen sich Idioten. Wenn jemand anders einen Fehler gemacht hat, sagten Sie: »Mach dir nichts draus, das kann jedem passieren, nicht der Rede wert.« Aber wenn wir denselben Fehler machen, bedeutet das für uns, dass wir wertlos und Versager sind. Die meisten von uns gehen milder mit anderen Menschen um als mit sich selbst. Üben wir, so freundlich und nachsichtig mit uns selbst umzugehen wie mit anderen.

DK

Caroline ist eine große, attraktive Frau Ende Vierzig, die gelernt hat, ihre Seele zu pflegen. Sie hat auffallend schönes schwarzes Haar und das natürlichste Lächeln, das Ihnen je untergekommen ist. Wir haben uns kennengelernt, als wir zusammen an einem Projekt arbeiteten, und ich hielt sie für einen der glücklichsten Menschen, die mir je begegnet sind. Sie stand im zweiten Jahr einer wunderbaren Beziehung zu einem klugen, gütigen, geistreichen Zahnarzt. Sie trafen die letzten Vorbereitungen für ihre Hochzeit, die in einigen Monaten stattfinden sollte, und sondierten die Möglichkeit, ein Kind zu adoptieren.

Sich mit Caroline in der Öffentlichkeit zu bewegen, war ein geradezu erhebendes Erlebnis. Kein Mensch ist ein Fremder für sie, sie spendet allen Freundlichkeit und Nähe – den Rezeptionisten, der Kellnerin, der Person, die in einer Schlange vor dem Kino neben uns steht. An einem Abend sagte ich beim Essen, dass sie Glück in der Liebe habe. Sie lachte und sagte, dass es nicht Glück sei, und erzählte mir ihre Geschichte.

Sechs Jahre zuvor hatte sie einen Knoten in ihrer Brust entdeckt. Als der Knoten untersucht wurde, meinte der Arzt, das sähe merkwürdig aus. Aber sie müsste drei Tage auf den Befund warten, ob es Krebs sei und schon gestreut hätte.

»Ich dachte mir, jetzt ist alles aus«, sagte Caroline. »Das ist vielleicht das Ende. Mein ganzes Unglück kam hoch. Diese drei Tage waren die längsten meines ganzen Lebens. Ich fühlte mich wahrhaft gesegnet, als der Befund kam, der besagte, dass es nicht Krebs war. Trotz dieser wunderbaren Nachricht beschloss ich, dass ich diese drei Tage nicht einfach als sinnlos abhaken wollte. Ich wollte nicht mehr dasselbe Leben führen wie vorher.

Die Feiertage kamen heran, und ich bekam die üblichen Einladungen zu Partys. Vergangene Weihnachten war ich verzweifelt einsam und allein gewesen. Ich ging zu so vielen Partys wie nur möglich und suchte nach Liebe. Ich wollte, dass mich jemand liebte und mir all die Liebe schenkte, die ich mir selbst nicht gab. Ich ging auf eine Party, hielt rasch Ausschau nach einem Märchenprinzen,

Liebe

und wenn er nicht da war, raste ich zur nächsten Party. Nachdem ich so von einer Party zur anderen gerannt war, kehrte ich verzweifelt in meine Wohnung zurück, einsamer als zu Beginn des Abends.

Ich beschloss, es in diesem Jahr anders zu machen. Es musste einen anderen Weg geben. Ich beschloss, mir die Erfahrung zu gestatten, zu lieben und geliebt zu werden. So entschloss ich mich, mit dem Suchen aufzuhören. Ich ging in Gesellschaft, aber wenn der Märchenprinz nicht da war, so waren andere Leute da, wunderbare Menschen, mit denen ich reden konnte. Ich würde nur mit ihnen sprechen und mich gut unterhalten. Ich würde bereit sein, sie um ihrer selbst willen gern zu haben oder zu lieben, komme was wolle.

Ich weiß, Sie denken jetzt, dass diese Geschichte damit endet, dass ich in diesem Jahr dem Märchenprinzen begegnete. Aber das geschah nicht. Doch am Ende des Abends fühlte ich mich nicht mehr einsam oder verzweifelt, weil ich wirklich mit Menschen gesprochen hatte. Jedesmal, wenn ich an diesem Abend lächelte oder lachte, war es echt. All die Liebe, die ich empfand, war aufrichtig. Ich unterhielt mich glänzend und spürte, dass mir mehr Liebe von anderen entgegenkam, und zu meiner Überraschung mochte ich mich selbst viel lieber.

»Das tat ich das ganze Jahr hindurch, nicht nur auf Partys, sondern auch bei der Arbeit, in einem Laden, in jeder möglichen Situation. Je mehr Liebe ich schenkte, desto mehr Liebe spürte ich. Je mehr Liebe ich empfand, desto leichter wurde es, mich selbst zu lieben. Meinen Freunden bin ich so nahe gekommen wie noch nie, und ich lernte einige wunderbare neue Menschen kennen. Ich wurde ein glücklicherer Mensch, jemand, den man gerne kennenlernen möchte. Ich war nicht mehr die verzweifelt suchende Person. Ich erfuhr jeden Tag Liebe.«

Liebe

Uns selbst lieben heißt, die Liebe zu empfangen, die immer um uns ist. Uns selbst lieben heißt, alle Barrieren abzubauen. Es ist schwer, die Barrieren zu sehen, die wir um uns errichten, aber sie sind da, und sie spielen in alle unsere Beziehungen hinein.

Wenn wir Gott begegnen, wird Er uns fragen: »Hast du dir selbst und anderen Liebe geschenkt und Liebe empfangen?« Wir können lernen, uns selbst zu lieben, indem wir anderen erlauben, uns zu lieben, und indem wir sie lieben. Gott hat uns unbegrenzte Möglichkeiten gegeben, zu lieben und geliebt zu werden. Sie umgeben uns überall, wir brauchen sie nur zu ergreifen.

EKR

Ein achtunddreißigjähriger Mann erhielt einmal die Diagnose, dass er Prostatakrebs hatte. Er berichtete mir, dass er während der Behandlungen, denen er sich alleine unterzog, angefangen hatte, Rückschau zu halten auf sein Leben. Während wir sprachen, war sein Gesicht voll Trauer über sein einsames Leben. Ich stellte die naheliegende Frage: »Sie scheinen intelligent zu sein, Sie sind attraktiv und nett, und Sie hätten offenbar gerne jemanden hier bei sich. Warum haben Sie keine Frau oder Freundin?«

»Ich habe kein Glück in der Liebe«, antwortete er. »Ich habe versucht, Frauen zu lieben und sie glücklich zu machen. Aber nach einiger Zeit enttäuschte ich sie immer. Wenn ich einsah, dass ich sie nicht glücklich machen konnte, ging ich weg. Es machte mir nichts aus, weil ich noch einmal von vorne anfangen konnte und weil immer eine andere da war. Jetzt ist mein halbes Leben vorüber, und es könnte noch schneller vorbei sein, als ich dachte. Ich begreife langsam, dass ich vielleicht überhaupt nie geliebt habe. Aber ich weiß, dass ich einer Frau nicht das gebe, was sie haben möchte, wenn ich sie nicht glücklich machen kann. Es ist leichter, einfach abzuhauen.«

Ich stellte ihm eine Frage, über die er offensichtlich noch nie nachgedacht hatte: »Und wenn die Liebe gar nicht das ist, was eine Frau glücklich macht? Wenn wir Liebe statt dessen so definieren, dass wir für jemanden da sind? Wie wäre es, wenn Ihr Maßstab gar nicht stimmt, wenn es eine Frau auf lange Sicht glücklich machen würde, dass einfach jemand da ist?«

Das Leben hat seine Höhen und Tiefen. Wir können nicht alle Probleme der Menschen lösen, die wir lieben, aber normalerweise können wir für jemanden da sein. Ist das nicht über Jahre hinweg das größte Zeichen von Liebe?

»Wie Sie so im Krankenhaus liegen mit Prostatakrebs und eine Therapie über sich ergehen lassen, könnte wahrscheinlich keine Frau – oder irgendein Mensch – Sie glücklich machen«, sagte ich zu dem Mann. »Aber würde es nicht viel für Sie bedeuten, wenn ein spezieller Mensch jetzt bei Ihnen wäre, während Sie das durchmachen?«

DK

Ich beende meine Vorträge oft mit der Geschichte einer jungen Mutter und ihrer Tochter Bonnie, die außerhalb von Seattle wohnten. Sie veranschaulicht, dass sogar ein fremder Mensch die Macht hat, Trost zu spenden. Eines Tages gab die Mutter die sechsjährige Bonnie bei ihren Nachbarn ab, während sie zur Arbeit ging. Später am Tag, als Bonnie auf dem Rasen vor dem Haus der Nachbarn spielte, raste ein außer Kontrolle geratenes Auto um die Ecke. Es preschte auf den Rasen und fuhr in das kleine Mädchen hinein, das dadurch auf die Straße geschleudert wurde.

LIEBE

Man rief die Polizei, die schnell zur Stelle war. Als der erste Polizist zu dem kleinen Mädchen eilte, sah er, wie schwer verletzt sie war. Da er nichts tun konnte, um sie zu retten, hob er das kleine Mädchen einfach auf und hielt es in seinen Armen.

Als die Sanitäter kamen, hatte sie bereits aufgehört zu atmen. Sie begannen unverzüglich mit lebensrettenden Maßnahmen und brachten sie schleunigst in ein Krankenhaus. Auf der Unfallstation bemühte das Team sich über eine Stunde um sie, aber es war vergeblich.

Eine der Krankenschwestern, die verzweifelt versucht hatte, Bonnies Mutter an ihrem Arbeitsplatz zu erreichen, musste der armen Frau mitteilen, dass das kleine Mädchen, das sie am Morgen noch liebevoll geküsst hatte, jetzt tot war. Die Krankenschwester brachte ihr diese schreckliche Nachricht so behutsam wie nur möglich bei. Obwohl das Krankenhaus der Mutter anbot, sie abholen zu lassen, bestand sie darauf, die lange Strecke selbst zu fahren.

Schließlich betrat sie das Krankenhaus, in stoischer Ruhe, bis sie ihr Töchterchen leblos auf dem Tisch liegen sah. Dann brach sie völlig zusammen.

Die Ärzte setzten sich zu ihr und erklärten ihr, welche Verletzungen ihre Tochter erlitten hatte und was sie alles getan hatten, um ihr Leben zu retten. Aber das half der Mutter nicht. Dann setzten sich die Schwestern mit ihr hin und erklärten, wie sie alles Menschenmögliche getan hatten, um das kleine Mädchen zu retten. Die Mutter aber blieb untröstlich und war so aufgelöst vor Kummer, dass das Pflegepersonal dachte, sie müssten sie ins Krankenhaus aufnehmen. Dann ging die Frau durch den Raum der Notfallstation zu einem Münztelefon, um ihre Verwandten anzurufen. Als der Polizist, der fast vier Stunden da gesessen hatte, sie sah, stand er auf. Er war als erster am Schauplatz erschienen und hatte die kleine Bonnie in seinen Armen gehalten. Er trat zu der Mutter hin und erzählte ihr, was geschehen war, und fügte hinzu: »Sie sollen nur wissen, dass sie nicht alleine war.«

Die Mutter war so dankbar, zu hören, dass ihre Tochter in ihren letzten Augenblicken auf dieser Erde in einem Arm gehalten und geliebt worden war. Schließlich fühlte die Mutter sich getröstet, weil sie wusste, dass ihre Tochter am Ende ihres Lebens Liebe gespürt hatte, auch wenn diese von einem Fremden kam.

EKR

Für einen Menschen da sein ist alles in der Liebe, im Leben wie im Sterben. Vor vielen Jahren fiel mir in einem Krankenhaus ein interessantes Phänomen auf. Viele der sterbenden Patienten begannen sich großartig zu fühlen, nicht so sehr körperlich als psychisch. Das geschah nicht meinetwegen, sondern weil die Putzfrau da war. Jedesmal, wenn diese in das Zimmer einer meiner todkranken Patienten trat, geschah etwas. Ich hätte eine Million Dollar gegeben, um das Geheimnis dieser Frau zu erfahren.

Eines Tages sah ich sie auf dem Gang und fragte sie ziemlich barsch: »Was stellen Sie mit meinen sterbenden Patienten an?«

»Ich putze nur das Zimmer«, sagte sie abwehrend.

Da ich entschlossen war, in Erfahrung zu bringen, wie sie es anstellte, dass die Menschen sich so wohl fühlten, folgte ich ihr. Aber ich bekam nicht heraus, ob sie etwas Besonderes tat. Nachdem ich einige Wochen so hinter ihr her geschnüffelt hatte, nahm sie mich beiseite und zog mich in einen Raum hinter dem Schwesternstützpunkt. Da erzählte sie mir, wie eines ihrer sechs Kinder vor einiger Zeit im Winter schwer erkrankt war. Sie brachte ihren sechsjährigen Sohn mitten in der Nacht auf die Notfallstation, wo sie – das Kind auf dem Schoß – stundenlang saß und wartete, dass ein Arzt kam. Aber es kam niemand, und sie musste mitansehen, wie ihr kleiner Junge in ihren Armen an Lungenentzündung starb. Sie teilte mir ihren Schmerz und ihre Qual ohne Groll, ohne Zorn oder Negativität mit.

»Warum erzählen Sie mir das?«, fragte ich sie. »Was hat das mit meinen sterbenden Patienten zu tun?«

»Der Tod ist mir nicht mehr fremd«, antwortete sie. »Er ist wie ein alter Bekannter. Manchmal, wenn ich in die Zimmer Ihrer Patienten komme, sehe ich ihnen an, welche Angst sie haben. Dann kann ich nicht anders, ich muss zu ihnen hingehen und sie berühren. Ich sage ihnen, dass ich den Tod gesehen habe, und wenn es so weit ist, wird es ihnen gut gehen. Und dann bleibe ich einfach bei ihnen. Vielleicht möchte ich weglaufen, aber ich tue es nicht. Ich versuche, für den anderen Menschen da zu sein. Das ist Liebe.«

Diese Frau, die nicht in Psychologie und Medizin geschult war, wusste um eines der größten Geheimnisse des Lebens: Liebe heißt, da zu sein und sich um einen Menschen zu kümmern.

Manchmal ist es uns durch Umstände, die wir nicht kontrollieren können, nicht möglich, physisch anwesend zu sein. Aber das heißt nicht, dass wir nicht in der Liebe verbunden sind.

DK

Im vergangenen Jahr war ich eingeladen worden, auf einer Tagung für Ärzte und Krankenschwestern in New Orleans ein Referat zu halten und danach einen Kurs für

Sozialarbeiter an der Tulane University. Es würde eine lohnende berufliche Erfahrung sein, aber sicher keine Vergnügungsreise. Als das Flugzeug landete, kamen Emotionen in mir hoch: Dies würde für mich immer der Ort sein, wo ich meine Mutter zum letzten Mal lebend gesehen hatte. Nachdem ich die berufliche Arbeit erledigt hatte, beschloss ich, zu dem Krankenhaus zu fahren, wo meine Mutter gestorben war.

Meine Mutter konnte in dem Spital unseres Ortes nicht versorgt werden und wurde daher in dieses größere Krankenhaus überführt, das zwei Autostunden von unserem Haus entfernt war. Ich war damals erst dreizehn Jahre alt. Die Vorschriften des Krankenhauses schrieben ein Mindestalter von vierzehn Jahren für Besucher vor. So saß ich viele Stunden vor der Intensivstation und wartete auf eine Gelegenheit, hineinzuschlüpfen und mit meiner Mutter zu sprechen, sie zu berühren oder einfach bei ihr zu sein.

Nicht genug damit, Howard Johnson's Hotel, wo mein Vater und ich abgestiegen waren und das ganz in der Nähe des Krankenhauses lag, musste plötzlich evakuiert werden. Mein Vater und ich befanden uns im Foyer und wollten gerade meine Mutter besuchen gehen, als mehrere Polizeiautos mit kreischenden Bremsen vor dem Hotel hielten. Beamte stürzten herein und schrien, dass wir das Hotel räumen sollten, und schoben uns hinaus. Als wir aus dem Gebäude rannten, hörten wir Schüsse. Auf dem Dach des Hotels stand ein Scharfschütze und schoss auf Passanten. Mein Vater und ich wollten direkt ins Krankenhaus zu meiner Mutter eilen, aber man ließ uns nicht, sondern bestand darauf, dass wir in das Gebäude neben dem Krankenhaus gingen. Schließlich hatte die Polizei die Situation einigermaßen unter Kontrolle, und wir konnten ins Krankenhaus gehen. Der Scharfschütze wurde später von der Polizei getötet.

Liebe

Als ich mit meinen dreizehn Jahren dringend zu meiner Mutter wollte, musste ich aus einem Hotel rennen, während ein Scharfschütze auf Leute schoss, und wurde von einem Gebäude in ein Nachbarhaus evakuiert. Während dieser Momente hatte ich den verzweifelten Wunsch, ein paar kostbare Minuten mit meiner Mutter zu verbringen und mich von ihr zu verabschieden.

Jetzt, sechsundzwanzig Jahre später, überquerte ich die kleine Grünanlage vor dem Hotel und sah auf das Krankenhaus. All die Aufregung und Verwirrung jenes Tages kamen mir ins Gedächtnis. Ich stand vor der Tür der Intensivstation, wo meine Mutter die letzten beiden Wochen ihres Lebens verbracht hatte, und blickte durch dasselbe Fenster, durch das ich – ein kleiner Junge, der nur den Wunsch hatte, bei seiner Mutter zu sein – vor sechsundzwanzig Jahre gespäht hatte.

Eine Krankenschwester kam um die Ecke und fragte mich, ob ich jemanden besuchen wolle. Ich antwortete: »Nein, danke«, und konnte nicht umhin, daran zu denken, wie paradox es war, dass die Schwestern mich damals vor Jahren nicht hineingelassen hatten.

»Sind Sie sicher?«, beharrte sie. »Sie können hinein gehen, wenn Sie wollen.«

»Nein«, antwortete ich, »die Person, die ich sehen möchte, ist nicht mehr hier, aber haben Sie vielen Dank.«

Jetzt, nach vielen Jahren und vielen Lektionen weiß ich, dass meine Mutter in meinem Herzen und meinem Bewusstsein sowie in den Worten dieses Berichts fortlebt. Ich denke auch, dass sie an einem anderen Ort existiert, wenngleich auf eine andere Art. Ich kann sie nicht sehen oder berühren, aber ich spüre sie. Sogar in der Trauer um sie und in der Trennung ist mir klar, dass ich in ihren letzten Tagen bei meiner Mutter war, obwohl ich physisch nicht bei ihr sein konnte.

LIEBE

Und dann gibt es Zeiten, wenn vielleicht ein anderer für die uns Nahestehenden da ist. Wenn solche Menschen, die im Gesundheitswesen tätig sind – oder auch nur freundliche Fremde –, ganz einfach da sind, selbst wenn sie den Namen der Person, bei der sie sind, nicht kennen, ist das ein starker Akt der Liebe.

Eine Putzfrau, eine Mutter, ein Freund, ein Polizist, der ein kleines Mädchen in den Arm nahm, das er vorher nie gesehen hatte – unsere Lektionen der Liebe kommen in jeglicher Form, von allen möglichen Menschen und Situationen. Es spielt keine Rolle, wer wir sind, was wir tun, wie viel Geld wir verdienen, wen wir kennen. Wir alle können lieben und geliebt werden. Wir können da sein, wir können unser Herz der Liebe öffnen, die uns umgibt, wenn wir Liebe zurückgeben und entschlossen sind, dieses große Geschenk nicht zu verfehlen.

Die Liebe ist immer in unserem Leben, in allen wunderbaren Erfahrungen – und selbst in unseren Tragödien. Es ist die Liebe, die unseren Tagen ihre tiefe Bedeutung verleiht; sie ist es, aus der wir wahrhaftig gemacht sind. Wie immer wir es nennen – Liebe, Gott, Seele –, die Liebe lebt und ist in uns allen spürbar und lebendig. Liebe ist unsere Erfahrung des Göttlichen, des Heiligen. Liebe ist die Fülle, die überall um uns west. Wir brauchen sie nur zu ergreifen.

DIE LEKTION DER BEZIEHUNGEN

Eine vierzigjährige Frau erinnerte sich an einen ereignislosen Abend, den sie und ihr Mann einige Monate davor verbracht hatten. Sie verzehrten eine einfache Mahlzeit, die sie zubereitet hatte, und sahen dann fern. Gegen 21 Uhr sagte er, dass ihm schlecht vom Magen sei, und er nahm ein Mittel ein gegen Magensäure. Einige Minuten später erklärte er, dass er früh zu Bett gehen wolle. Sie gab ihm einen Gutenachtkuss und sagte, dass sie etwas später nachkommen werde und dass es ihm am nächsten Morgen hoffentlich besser gehen würde. Als sie anderthalb Stunden später zu Bett ging, schlief ihr Mann bereits tief.

Sobald sie am nächsten Morgen erwachte, wusste sie, dass etwas nicht stimmte. »Ich spürte es einfach«, sagte sie. »Ich sah zu ihm hinüber und wusste, dass Kevin tot war. Er starb im Schlaf an einem Herzanfall im Alter von vierundvierzig Jahren.«

Diese erschütternde Erfahrung, sagt sie, habe sie gelehrt, Erfahrungen, Menschen oder Zeit nicht als etwas Gegebenes zu betrachten. »Nachdem Kevin gestorben war, blickte ich auf unser Leben zurück und sah alles mit anderen Augen. Da war unser letzter Kuss, unsere letzte Mahlzeit, unser letzter Urlaub, unsere letzte Umarmung und das letzte Mal, dass wir zusammen lachten. Ich begriff, dass man nie weiß, bis es geschehen ist, welches der letzte Abend war, wann wir zum letzten Mal zusammen ausgingen, zum letzten Mal Erntedank feierten. Und in jeder Beziehung gibt es solche ›letzten Male‹. Ich möchte auf alle diese Ereignisse zurückblicken und empfinden, dass ich mein Möglichstes getan habe, um ganz und nicht nur halb anwesend zu sein. Ich begriff, dass Kevin ein Geschenk war, das ich eine Weile behalten durfte, aber nicht für immer. Das gilt für jeden Menschen, dem ich begegne. Dass ich das weiß, lässt mich diese Augenblicke und Menschen viel intensiver erleben.«

Im Laufe unseres Lebens haben wir viele Beziehungen. Manche – wie Ehepartner, enge Bezugspersonen, Freunde – suchen wir uns aus, während andere, wie Eltern oder Geschwister, für uns ausgewählt werden.

Beziehungen bieten uns die beste Gelegenheit, Lektionen für das Leben zu lernen, herauszufinden, wer wir sind, wovor wir Angst haben, woher unsere Kraft kommt und was wahre Liebe ist. Die Vorstellung, dass Beziehungen die beste Gelegenheit sind, etwas zu lernen, kommt uns zunächst vielleicht seltsam vor, weil wir wissen, dass es frustrierende, herausfordernde, ja herzzerreißende Erfahrungen sein können. Aber sie können auch, und sie sind es oft, unsere größte Chance sein, zu lernen, zu wachsen, zu lieben und geliebt zu werden.

Wir denken gerne, dass wir nur zu verhältnismäßig wenigen Menschen eine Beziehung haben können, in erster Linie zu unseren Ehepartnern oder anderen wichtigen Bezugspersonen. In Wahrheit haben wir zu jedem Menschen, dem wir begegnen, eine Beziehung, ob es sich um Freunde, Verwandte, Mitarbeiter, Lehrer oder Angestellte handelt. Wir haben eine Beziehung zu den Ärzten, die wir nur einmal im Jahr sehen, und zu den ärgerlichen Nachbarn, denen wir möglichst aus dem Wege gehen. All das sind auf je eigene Art individuelle Beziehungen, und doch haben sie vieles gemeinsam, da sie von uns ausgehen. Wir sind der gemeinsame Nenner in jeder einzelnen unserer

Beziehungen, von der engsten und intensivsten bis zur entferntesten. Die innere Einstellung, die wir einer Beziehung entgegenbringen – ob positiv oder negativ, hoffnungsvoll oder hasserfüllt –, bringen wir allen entgegen. Wir haben die Wahl, ob wir wenig oder viel Liebe in unsere Beziehungen einbringen wollen.

EKR

Hillary, bereits zum vierten Mal im Krankenhaus, hatte die letzten Jahre damit verbracht, mit ihrem Krebs, ihrer Behandlung und ihren Rückfällen fertig zu werden. Ihre beste Freundin Vanessa und Vanessas Ehemann Jack teilten mir mit, sie hätten sich damit abgefunden, dass Hillary im Sterben läge. Doch Jack meinte, es sei so traurig, dass sie den ihr bestimmten, besonderen Menschen nie gefunden habe und einsam sterben würde.

Ich antwortete: »Sie wird nicht einsam sterben. Sie werden da sein.«

Bei meinem nächsten Besuch bei Hillary gingen Vanessa und ich auf den Gang hinaus, um miteinander zu reden, weil so viele Besucher im Zimmer waren. Sie sagte: »Jack dachte, es sei so traurig, dass Hillary die Liebe ihres Lebens nicht gefunden habe, aber ich beneide sie um die Fülle von Liebe in diesem Zimmer. Ich hatte keine Ahnung, wie viele Menschen sie liebten. Ich glaube, dass ich noch nie so viel reine Liebe für einen Menschen empfunden habe. Ich glaube, das ist auch für Hillary überraschend.«

Später am Abend sah Hillary sich im Zimmer um, nahm all die Gesichter wahr und sagte: »Ich kann nicht glauben, dass alle diese Menschen hier sind, um mich zu sehen. Ich habe nicht gewusst, dass ihr alle mich so lieb habt.« Das waren ihre letzten Worte.

Manche von uns mögen den für uns bestimmten, besonderen Menschen niemals finden, aber das heißt nicht, dass wir in unserem Leben keine besondere Liebe finden. Die Lektion besagt, dass wir die Liebe nicht immer erkennen, weil wir sie in Kategorien einteilen und die romantische Liebe für die einzig »wirkliche« halten. Es gibt so viele Beziehungen, so viel Liebe um uns her. Wir sollten alle das Glück haben, mit der Art von Liebe zu leben und zu sterben, von der Hillary umgeben war.

Es gibt keine unbedeutende oder zufällige Beziehung. Jedes Kennenlernen, jede Begegnung und jeder Austausch mit einem Menschen, vom Lebenspartner bis zu einer anonymen Telefonistin, egal wie kurz oder tiefgründig, wie positiv, neutral oder schmerzhaft, ist von Bedeutung. Und in einem größeren Zusammenhang ist jede Beziehung potenziell wichtig, denn selbst die trivialste Begegnung mit einem Fremden, der vorübergeht, kann uns eine Menge über uns selbst lehren. Jeder Mensch, dem wir begegnen, bringt die Möglichkeit mit sich, uns ins Glück, an einen liebevollen Ort in unserem Bewusstsein zu führen oder an einen Ort des Kampfes und des Unglücks. Alle bergen die Möglichkeit, uns eine große Liebe und eine große Beziehung zu schicken, wo wir sie am wenigsten erwarten.

Wir verlangen viel von unseren romantischen Beziehungen: Heilung, Glück, Liebe, Geborgenheit, Freundschaft, Befriedigung und Kameradschaft. Wir wollen auch, dass sie unser Leben »einrenken«, dass sie uns aus der Depression herausholen oder uns unerhörte Freude bringen. Wir stellen besonders hohe Ansprüche an diese Beziehungen und erwarten, dass sie uns in jeder Hinsicht glücklich machen. Viele von uns glauben sogar, dass jeder Aspekt unseres Lebens besser wird, wenn wir diesen speziellen Menschen finden. Wir denken dies nicht offen oder bewusst, aber wenn wir unsere Überzeugungen hinterfragen, stellen wir fest, dass dieser Gedanke vorhanden ist. Haben Sie noch nie einen Gedanken gehabt wie: »Wenn ich nur verheiratet wäre, dann wäre alles gut«?

Wir können romantische Beziehungen zwar als wunderbare, manchmal herausfordernde, jedoch wünschenswerte Erfahrungen betrachten. Sie erinnern uns an unsere einmalige Vollkommenheit und Ungebrochenheit in dieser Welt. Probleme entstehen dann, wenn wir irrigerweise annehmen, dass sie uns »einrenken« können. Beziehungen können das nicht und werden es nie tun. Wer so denkt, glaubt an ein Märchen. Trotzdem verwundert es nicht, dass viele von uns diesen Märchenglauben haben. Immerhin wachsen wir mit Märchen auf und werden oft angehalten zu glauben, dass wir nur den Märchenprinzen oder das Mädchen finden müssen, dem der gläserne Schuh passt, damit wir heil und vollständig werden. So gewinnen wir den Eindruck, dass jeder Frosch ein Prinz sein müsse. Auf subtile Weise wird uns vermittelt, dass wir nur die Hälfte einer Schale, nur der Teil eines Puzzles sind, das solange nach Vervollständigung sucht, als wir diesen speziellen Menschen nicht gefunden haben.

Der Glaube an Märchen hat etwas Magisches, er macht Spaß und hat auch seine Berechtigung. Doch wenn wir zu viel davon haben, entheben wir uns der Verantwortung, *uns selbst* glücklicher oder besser zu machen, die Probleme in unserer beruflichen Laufbahn oder mit unseren Familien sowie alle anderen Probleme des Lebens anzupacken. Statt dessen macht er uns weis, dass Ganzheit, Vollständigkeit und die Lösung unserer Probleme von diesem einen speziellen Menschen kommen.

Ein schlaksiger Bauarbeiter namens Jackson lebte, so gut er konnte, nachdem Leukämie bei ihm festgestellt worden war. Kurz nach der Diagnose begegnete er Anne und verliebte sich in sie. Nachdem er ihr kurz den Hof gemacht hatte, heirateten sie, und zwei Jahre später pflegte sie ihn, und man dachte, es sei das letzte Jahr seines Lebens.

Anne war so stolz auf die beiden Jahre, die sie zusammen verbracht hatten. Sie berichtete: »Ich hätte nie gedacht, dass ich einen Menschen so lieben könnte. Ich fürchtete mich so vor einer Bindung, aber diesmal war ich in der Lage, mich auf das Äußerste einzulassen. Ich habe eine Beziehung nie länger als ein Jahr durchgehalten, bis ich Jackson traf. Wegen seiner Krankheit konnte ich alle meine Blockierungen überwinden. In der Liebe zu Jackson empfinde ich endlich Ganzheit.«

Dann geschah etwas sehr Gutes – und sehr Schlimmes. Nachdem zahlreiche andere Therapien nichts gebracht hatten, wollte man bei Jackson eine Knochenmarktransplantation vornehmen. Diese hatte Erfolg. Von einem Todesurteil gelangte Jackson zu einer bemerkenswerten Gesundheit. Nach sechs Monaten hätte niemand gedacht, dass er je Leukämie gehabt hatte. Doch jetzt lag dafür die Beziehung schwer darnieder. Anne fühlte sich erdrückt, als wollte er Besitz von ihr ergreifen. Sie klagte, dass ihre Leidenschaft vergangen sei. Ihre Erfahrung ist nicht überraschend in Beziehungen, die eingegangen werden, wenn ein Partner schwer krank ist und nicht mehr lange zu leben hat.

Jackson bemerkte die Veränderung und konfrontierte Anne damit. »Du warst bereit, mich zu lieben und zu ehren und meine Frau zu sein, bis dass der Tod uns scheide – aber offensichtlich nur, wenn ich innerhalb von sechs Monaten sterben würde. Nun bin ich aber nicht gestorben, und jetzt ist das eine wirkliche Beziehung, eine wirkliche Ehe fürs ganze Leben. Nachdem jetzt kein Todesurteil mehr über mir schwebt, sitzen wir da mit unseren täglichen Verpflichtungen, den gewöhnlichen Problemen, wie jeder sie hat. Ich bin glücklich, dass mir das Leben geschenkt worden ist, und du benimmst dich, als wärst du lebenslänglich verurteilt worden.

Es ist gut ausgegangen wie im Märchen. Ich werde nun doch am Leben bleiben, aber in einer Ehe gibt es keine Lösungen mit dem Zauberstab. Wir müssen unsere Probleme und unsere Ehe wirklich angehen. Es ist viel schwerer, mit dem täglichen Kram zurechtzukommen, wenn dieses ›bis dass der Tod euch scheide‹ vielleicht fünfzig Jahre weit weg ist.«

Nach einem verwirrenden Kampf mit ihren Gefühlen machte Anne eine Therapie, um Klarheit zu gewinnen. Dort lernte sie, dass es leichter ist, unter Vorwegnahme eines Verlustes eine Bindung einzugehen. Sie sagte: »Jackson hatte Recht. Ich habe mir einfach etwas vorgemacht und bin wieder eine kurzfristige Bindung eingegangen. Ich habe eingesehen, dass es eine Sache ist, die Heldin zu spielen, die Frau, die am Ende von Jacksons Leben auftaucht, und etwas ganz anderes, seine Frau zu sein, wenn er am Leben bleibt. Ich erkenne jetzt, wie ich versucht habe, die Beziehung zu benützen, um mich in Ordnung zu bringen, um mir zu einer erfolgreichen Beziehung zu verhelfen. Dank Jacksons Mut, er selbst zu sein und mir die Wahrheit zu sagen, lernte ich, dass der Zauber in nichts anderem besteht als in den täglichen Erfahrungen, die wir machen, wenn wir auf lange Sicht ein Gespann sind. Jacksons Krankheit war der Anstoß, dass ich zu einer tieferen Auffassung von Bindung gekommen bin. Nach all dem, was wir durchgemacht haben, erkannte ich, dass er wirklich mein Herz besaß. Ich habe die Leidenschaft wieder gefunden, ohne das Drama von Leben und Tod.«

Die Bindung an einen anderen Menschen veranlasste Anne, tiefer in sich hinein zu blicken. Das war eine unglaubliche Lektion hinsichtlich der Teile ihres Wesens, die der Heilung bedurften. Ihr wurde in aufwühlender Weise vor Augen geführt, was das Leben wirklich ist. Sie tauschte ihre Fantasien gegen das wirkliche Leben und die wirkliche Liebe gegen Märchen und Helden.

Ganzheit und Vollständigkeit müssen aus Ihrem Inneren kommen. Den speziellen Menschen finden, das heilt nicht die Probleme von Intimität und Bindung. Er macht Sie nicht glücklicher in Ihrer Arbeit, verschafft Ihnen keine Gehaltserhöhung, lässt Ihre Zensuren nicht emporschnellen, macht die Nachbarn oder die Behörden nicht umgänglicher. Wenn Sie ein unglücklicher Single waren, werden Sie auch ein unglücklicher Ehepartner sein. Wenn Sie nicht in der Lage waren, eine berufliche Laufbahn zu ergreifen, werden Sie, wenn Sie den speziellen Menschen gefunden haben, eine Person ohne Karriere sein mit Partner. Wenn Sie ein schlechter Vater oder eine schlechte Mutter waren, werden Sie das auch in einer Beziehung sein. Wenn Sie das Gefühl haben, dass Sie ohne den Richtigen oder die Richtige nichts sind, werden diese Gefühle der Nichtigkeit allmählich auch in der Beziehung zu Tage treten. Die Ganzheit und Vollständigkeit, die Sie erstreben, sind in Ihnen selbst und warten darauf, entdeckt zu werden.

Die Suche nach Ganzheit, indem wir einen Menschen lieben, beruht auf der Vorstellung, dass wir nicht genügen, dass wir nicht vollständig sind, nicht unsere eigene Liebe hervorrufen, nicht unser eigenes Glück in unserem persönlichen, sozialen und beruflichen Leben schaffen können. Die wirkliche Antwort liegt darin, dass wir die Suche beenden und uns selbst vervollständigen sollen. Statt jemanden zu suchen, den wir lieben könnten, sollen wir uns würdiger machen, geliebt zu werden. Statt die Partner, die wir bereits haben, anzuhalten, uns mehr zu lieben, sollen wir der Liebe würdiger werden. Fragen wir uns, ob wir so viel Liebe geben, wie wir empfangen möchten, oder ob wir von den Menschen erwarten, dass sie uns von Herzen lieben, auch wenn wir selbst nicht so liebenswert sind und weniger geben. Wie ein Sprichwort sagt: Niemand wird mit Ihnen über den Ozean segeln wollen, wenn Ihr eigenes Boot nicht seetüchtig ist.

Wenn Sie Liebe suchen, denken Sie daran, dass ein Lehrer erscheinen wird, wenn Sie für die Lektion bereit sind. Wenn es Zeit für Sie ist, eine Beziehung einzugehen, wird dieser »spezielle Jemand« auftauchen. Es ist ganz in Ordnung, sich einen Lebensgefährten zu wünschen, aber es ist ein Unterschied, ob man sich eine liebevolle, freudige Beziehung wünscht oder jemanden braucht, um vollständig zu werden. Sie sind dazu bestimmt, große Freude und Glück mit anderen zu finden. Sie sind außerdem dazu bestimmt, Ganzheit und Vollständigkeit in sich selbst zu finden. Eines Tages werden Sie vermutlich diesem speziellen Jemand begegnen. Bis dahin sind Sie würdig und liebevoll, so wie Sie sind, von sich aus. Sie verdienen bereits, glücklich zu sein, ein großartiger Freund oder eine großartige Freundin zu sein, die gute Stellung zu bekommen und all die wunderbaren Dinge, die das Leben zu bieten hat.

Denken Sie immer daran, dass Sie etwas Besonderes sind, einfach weil Sie da sind. Sie sind ein kostbares, einzigartiges Geschenk für die Welt, ob Sie in einer Karriere erfolgreich sind oder nicht, ob Sie mit einem perfekten Partner oder einer Partnerin verheiratet oder alleinstehend sind. Sie brauchen nicht zu warten, bis dieses äußere Ereignis eintrifft oder Ihnen zustößt. Sie sind bereits ganz. Die Lösung liegt nicht in der Romantik. Ob Sie verheiratet sind oder nicht: Wenn Sie mehr Romantik in Ihrem Leben wollen, dann verlieben Sie sich in das Leben, das Sie haben.

Beziehungen

Menschen, die in einer intimen Beziehung leben, haben gewöhnlich dieselben Probleme, nur umgekehrt. Wenn Sie mit der Liebe kämpfen, werden Sie jemanden anziehen, der spiegelverkehrte Probleme mit der Liebe hat. Wenn ein Partner zu dominieren versucht, ist der andere möglicherweise zu passiv. Wenn ein Partner süchtig ist, dann hat der andere vielleicht das Helfersyndrom. Wenn das gemeinsame Problem die Angst ist, wird einer von beiden mit Fallschirmspringen und Klettern dagegen ankämpfen, während der andere festen Boden unter den Füßen haben will und Fahrstühle vermeidet. Gleich und gleich gesellt sich gern, in »umgekehrter« Weise.

Jemand erklärte dieses Phänomen einmal folgendermaßen: »In jeder Beziehung bäckt der eine den Pfannkuchen, und der andere isst ihn auf.« Wenn ein Problem auftaucht, will einer der Partner die Sache bezeichnenderweise aktiv angehen, darüber reden, sich einlassen und sich auseinandersetzen. Der andere dagegen möchte es anders machen, Abstand gewinnen, nachdenken, darüber reflektieren. Jeder von ihnen denkt, der andere habe ein Problem, keiner von ihnen ist einverstanden, wie der andere damit umgeht. Doch in einem echten Sinn passen sie perfekt zueinander: Ihr direkteres Zugehen auf das Problem hilft ihm auf die Sprünge, und seine »Weigerung«, sich aktiv damit zu befassen, hilft wiederum ihr.

Sie bewegen sich immer in eine Richtung, in der die inneren Wunden, die Ihnen zugefügt wurden, geheilt werden. Doch der Fortschritt vollzieht sich nicht immer sichtbar oder reibungslos. Die Liebe mutet Ihnen alles Mögliche zu, was nicht wie Liebe aussieht, damit Heilung geschehen kann. Wenn wir das Universum bitten, uns liebesfähiger zu machen, schickt es uns vielleicht an diesem Tag Menschen, die zu lieben uns schwer fällt. Während wir uns um diese Menschen bemühen, haben wir die Gelegenheit, liebevoller zu werden. Es geschieht so oft, dass genau die Menschen, zu denen wir in Beziehung gesetzt werden, uns auf die Sprünge helfen, wie es sonst niemand könnte. So sehr diese Personen uns auch frustrieren, sie können genau diejenigen sein, die wir brauchen – die »falschen« Leute können oft unsere größten Lehrer sein.

Eine starke, freimütige Frau namens Jane, die an ihrem Lebensende stand, teilte uns mit, dass sie sich als Opfer eines Vaters gefühlt habe, der sie misshandelte und alkoholsüchtig war. »Und dann wählte ich mir einen Ehemann, der – wie sich herausstellte – mich ebenfalls misshandelte und ein aktiver Trinker war. Schließlich löste ich mich aus dieser Ehe. Im Rückblick erkenne ich, dass es für mich das Beste war, diesen Mann zu heiraten, so schmerzlich es auch gewesen ist. Ich musste zurückgehen und alle diese Gefühle noch einmal durchleben, wie ich als Kind zum Opfer gemacht wurde. Vieles musste geheilt werden, und diese Ehe brachte all diese Probleme an den Tag. Jetzt bin ich zutiefst dankbar dafür.«

Das gilt auch für die Menschen in unserem Leben, die wir nicht gewählt haben, des öfteren unsere Familienangehörigen. Unsere Eltern, Geschwister und Kinder, insbesondere die halbwüchsigen Kinder, können uns auf eine Weise aufregen, wie sonst niemand es vermag. So schwierig sie manchmal auch sind, diese Beziehungen enthalten besondere Lektionen für uns, weil wir uns aus ihnen nicht so leicht befreien können wie von Freunden oder anderen Menschen, die wir uns ausgesucht haben. Wir haben oft keine andere Wahl, als einen Weg zu finden, sich mit ihnen auseinanderzusetzen. Wir stellen vielleicht fest, dass die Lösung darin liegt, sie einfach zu lieben, wie sie sind.

Die Situationen, die wir in Beziehungen vorgesetzt bekommen, bringen uns alle Lektionen, die wir lernen müssen. Wie Diamanten in einer Scheuertrommel schleifen wir in unseren Beziehungen gegenseitig unsere Ecken und Kanten ab.

Manchmal reden wir uns ein, dass wir glücklich sein werden, wenn bestimmte Dinge in unserer Beziehung sich ändern. Das wünschen wir uns, weil wir wollen, dass die Beziehung uns glücklich macht. Wir denken, wenn wir sie oder unsere Beziehung ändern, werden wir die vollkommenen Ehepartner haben und glücklich sein. Das ist Unsinn.

Unser Glück hängt nicht davon ab, dass Beziehungen sich »zum Besseren« verändern. Die Wahrheit ist, dass wir andere Menschen nicht ändern können, und das sollen wir auch nicht versuchen. Was geschieht, wenn sie sich nie ändern? Was geschieht, wenn sie sich gar nicht verändern sollen? Wenn wir die Menschen sein wollen, die wir wirklich sind, sollen wir ihnen dann nicht ebenfalls erlauben, die Menschen zu sein, die sie wirklich sind?

Unsere Beziehungen sind nicht »kaputt«. Und dass andere Menschen nicht so sind, wie wir sie haben möchten, heißt nicht, dass sie »kaputt« sind. Alle Beziehungen sind wechselseitig, und das bedeutet, dass wir die Partner unserer Beziehungen spiegeln. Da Gleiches sich anzieht, ziehen wir das an, was in uns steckt.

Charles und Kathy waren seit fünf Jahren verheiratet. Charles begriff die schlechte Nachricht, die das Spiegel-Konzept birgt. »Wenn ich in einer langweiligen Beziehung stecke, dann liegt das vielleicht daran, dass mir langweilig ist. Oder, noch schlimmer, dass ich langweilig bin.«

In der Tat, Charles hat Recht. Doch die gute Nachricht lautet, dass dieses Konzept das Problem fassbarer macht. Wenn einer sagt, dass seine Beziehung langweilig sei, so ist das nicht recht fassbar, und das Problem – die Beziehung – bleibt bestehen.

Beziehungen

Die gute Nachricht besagt, dass das Problem in uns selbst liegt, und daher kann es erreicht und bearbeitet werden. Denken Sie daran, dass es nie darum geht, anderen zu vermitteln, dass sie Unrecht haben und sich ändern sollen. Es handelt sich auch nicht darum, die andere Person zu bessern – es geht immer um Sie selbst. Sie schaffen sich Ihr eigenes Schicksal. Es ist an uns zu erkennen, welche Lektionen in den Problemen, die wir vor uns haben, enthalten sind. Allzu oft werden wir unsere Partner statt unsere Probleme los. Diese Partner bieten uns eine einmalige Gelegenheit, unsere Probleme und uns selbst zu sehen. Das heißt nicht, dass Sie in einer Beziehung, in der Sie missbraucht werden, verharren sollen. Doch bevor Sie einen Partner wegwerfen, fragen Sie sich, ob das Problem am Partner, an der Beziehung oder an Ihnen liegt.

Wenn wir auf die andere Person schauen, werden wir von der eigentlichen Arbeit in der Beziehung – uns selbst – abgelenkt. Wie das geflügelte Wort lautet: »Wie leer bin ich, um so voll von dir zu sein.« Die einzige Person, über die wir Kontrolle ausüben können, sind wir selbst. Wenn wir an dieser Person arbeiten, verändern sich die Umstände, wie wir sie gewöhnlich sehen, von allein. Das kann bedeuten, dass die Beziehung funktioniert. Oder es kann bedeuten, dass wir zum ersten Mal erkennen, dass diese Beziehung nicht funktioniert und dass es Zeit für uns ist, weiterzugehen. Es handelt sich immer um eine »inwendige« Aufgabe.

Einige Male, wenn wir Menschen fragten, ob sie sich verlieben wollten, staunten wir, wenn sie nachdrücklich und wie aus der Pistole geschossen antworteten: »Ja, auf ewig!« Oder: »Nein, niemals! Liebe würde bedeuten, meine Karriere aufzugeben, mich aufopfern und immer einem anderen Menschen gefällig sein zu müssen.«

Die erste Antwort ist liebenswürdig, wenn auch möglicherweise unrealistisch, aber die zweite ist ebenso beunruhigend. Ist ein »ungeheures Opfer« wirklich die Definition von Liebe? Oder ist es das, was diese Leute über die Liebe gelernt haben, als sie jung waren? Wir orientieren uns an den Beziehungen, die wir als Kinder erleben und studieren. Wenn wir in unserer Jugend von unglücklichen Beziehungen umgeben sind, kann das unsere Einstellung zu Liebe und Beziehung für den Rest unseres Lebens prägen.

Wir müssen unsere Beziehungen ansehen und fragen: »Beruht die Liebe, die ich gebe und empfange, darauf, wie Liebe für mich definiert war, als ich ein Kind war? Ist das die Art von Liebe, die ich geben und empfangen möchte? Ist das die Beziehung, die ich wirklich haben will?« Wenn wir die Liebe als etwas schmerzhaft Kompliziertes sehen, müssen wir uns fragen, warum das so ist.

Wenn wir meinen, Liebe bedeute Verstrickung, dann haben wir vermutlich solche Beziehungen als Kinder gesehen.

Wenn wir denken, Liebe bedeute Missbrauch, haben wir vermutlich Beziehungen erlebt, in denen Missbrauch geübt wurde.

Wenn wir denken, Liebe bedeute ein freudiges Miteinander-Teilen, dann haben wir vermutlich freudige Beziehungen dieser Art erlebt.

Wenn wir denken, Liebe bedeute, liebevoll für jemanden zu sorgen, dann haben wir vermutlich liebevolle, fürsorgliche Beziehungen erlebt.

Unglücklicherweise für manche – für allzu viele – Menschen ist das, was wir für Liebe halten, in Wirklichkeit Kontrolle oder Manipulation und manchmal sogar Hass. Aber wir brauchen nicht auf ewig in dem Wahn stecken zu bleiben, der von unseligen Definitionen geschaffen wurde. Wir können Liebe für uns neu definieren, wir können die Beziehungen schaffen, die wir haben möchten. Leider tun wir das oft nicht. Statt dessen verharren wir in unglücklichen Beziehungen und wünschen uns, dass irgendetwas wie durch ein Wunder geschehen möge. So wie manche Menschen ihren Partner wegwerfen anstelle des Problems, verharren andere in dem Problem.

Aus zwei Gründen bleiben wir in nicht-funktionierenden Beziehungen stecken. Erstens, weil wir hoffen, dass sie sich doch noch ändern, und zweitens, weil uns beigebracht wurde, dass jede Beziehung funktionieren sollte. Wie oft haben Sie Menschen gekannt oder von solchen gehört, die in alte Beziehungen zurückgingen, obwohl sie nicht funktionierten? Wie oft haben Sie schon von einer Frau gehört, die zu einem Mann zurückging, der ihr sagte, dass er sich nicht binden wolle? Wenn Sie eine Bindung suchen, warum gehen Sie zu einer Person zurück, die ein Problem mit Bindung hat? Warum gehen Sie wieder zu einem Brunnen, in dem kein Wasser ist?

Wenn Menschen in solchen Wiederholungsbeziehungen frustriert sind, dann ist das, als würden sie in einer Eisenwarenhandlung nach Milch suchen. Und wenn sie noch so oft dieselben Gänge auf und ab gehen, sie werden keine Milch finden. Wenn Sie Liebe, Zärtlichkeit und Zuneigung in Ihren Beziehungen wünschen, aber eine Person gewählt haben, die Ihnen das nicht geben kann, ist es an der Zeit, jemand anders zu wählen. Erlauben Sie keinem Menschen, mit Ihrer Liebe, Ihrem Herzen und Ihrer Zärtlichkeit rücksichtslos umzugehen. Und erlauben Sie alten Definitionen nicht, Ihr gegenwärtiges Leben zu diktieren. Sie können das Buch der Regeln umschreiben, indem Sie lernen, sich selbst und andere zu ehren, und indem Sie die alten Tonbänder überspielen. Sie können Liebe für sich neu definieren in dem Sinn, dass sie wahrhaft bedeutet, die andere Person als wertvoll und großer

Liebe und Fürsorge würdig zu behandeln. Und dieselbe Behandlung dürfen Sie auch für sich erwarten. Wie immer Ihr Leben beschaffen sein mag, es ist Ihnen überlassen, wie Sie es definieren.

Außer der Definition von Liebe müssen wir lernen, ohne Illusionen zu lieben. Wenn unsere Beziehungen rein sind, wenn wir das Universum arbeiten lassen und wenn wir die Lektionen annehmen, wie sie kommen, werden unsere Beziehungen mit der Zeit auf einem frei fließenden, gegenseitigen Anteilnehmen beruhen. Sobald wir darauf verzichten, sie verändern zu wollen, können wir die Macht der Liebe ohne Illusionen empfinden. Sie müssen nicht planen, kämpfen, streiten, manipulieren und kontrollieren. Keine Befürchtung mehr, »dass er es nicht tun wird, wenn ich ihn nicht kontrolliere«, oder: »Sie wird nicht so sein, wie ich sie haben will, wenn ich die Dinge nicht ändere.« Wir müssen lernen, unsere Wahrheiten miteinander zu teilen. Es ist in Ordnung, uns gegenseitig zu konfrontieren, wenn uns etwas nervt. Aber *Konfrontation mit einer Erwartung ist Manipulation.* Wir müssen uns mitteilen, wir müssen unsere Wahrheit aussprechen, doch nicht deshalb, damit wir die erwünschte Reaktion erzielen.

Solange wir uns an unsere Agenda und unsere Illusionen klammern, lieben wir nicht wirklich. Lassen Sie die anderen sein, wie sie sind. Wenn sie fortgehen, könnte es sein, dass sie fortgehen sollen.

Jeden Tag so zu leben, als stünden wir am Rande des Lebens, erinnert uns daran, dass wir Bilder haben, »wie es sein sollte«. Wie oft war jemand am heutigen Tag glücklich in einer Beziehung, es endete jedoch mit einem Streit über die Frage: »Wirst du in zwanzig Jahren noch da sein?« Vielleicht wird es so sein, vielleicht auch nicht; es ist uns nicht bestimmt, in die Zukunft zu blicken.

Beziehungen

Es kann schwierig sein, Menschen in der Gegenwart wahrzunehmen, statt uns an die Vergangenheit oder Zukunft zu halten. Wie oft haben wir an einer Erinnerung festgehalten an etwas, das sie vor langer Zeit getan haben? Wie oft haben wir zugelassen, dass diese unglücklichen Erinnerungen unsere Meinung über sie heute färben, obwohl sie uns um Verzeihung gebeten und sich geändert haben? Wir haben die Liste unserer Vorwürfe, wir möchten sie immer noch bestrafen oder sie dazu bringen, die Verletzung in der Vergangenheit einzusehen. Wir halten an unseren Gefühlen fest, sammeln Ressentiments und Beweise gegen die Menschen, die wir lieben. Wenn wir an vergangenen Verletzungen festhalten, haben wir nicht mehr die Absicht, diese Menschen zu lieben. Statt diese unerfreulichen Gefühle festzuhalten, müssen wir lernen, »Au!« zu sagen, wenn man uns weh tut, und zu dem Menschen, der uns weh getan hat. Dann können wir weiter gehen.

Wenn wir die Bilder der Zukunft und die Illusionen, wie die Dinge aussehen sollten, wenn wir unsere Strategien und Agenden loslassen, entfaltet die Liebe ein Eigenleben. Sie geht, wohin sie will, im Gegensatz zu unseren Versuchen, sie zu dirigieren. Wir haben ohnehin niemals wirklich Erfolg gehabt, wenn wir die Liebe dirigierten. Wenn wir loslassen, kann die Liebe uns an wunderbare und zärtliche Orte führen, die wir uns allein nie hätten vorstellen können.

Nicht alle Beziehungen sind dazu bestimmt, ein Leben lang zu dauern; manche sollen beendet werden. Manche sollen fünfzig Jahre halten, andere sechs Monate. Manche Beziehungen erfüllen sich erst dann, wenn ein Mensch stirbt, andere zu unseren Lebzeiten. Die Länge einer Beziehung oder wie sie endet, ist nie falsch. So ist einfach das Leben. Letztlich müssen wir Beziehungen daraufhin ansehen, ob sie sich erfüllt haben und wie sie am besten erfüllt werden können.

Wie wir den Tod als ein Scheitern betrachten, so halten wir Beziehungen für gescheitert, wenn sie nicht von Dauer sind. Ebenso wie wir sagen, dass das Leben nur dann vollständig und erfolgreich ist, wenn es fünfundneunzig Jahre gedauert hat, befinden wir, dass die einzig erfolgreichen und vollständigen Beziehungen diejenigen sind, die ewig währen. In Wirklichkeit gibt es aber Beziehungen, die erfolgreich sind und uns heilen, auch wenn sie nur sechs Monate dauern. Sie erfüllen das, wozu sie bestimmt sind. Wenn sie nicht mehr gebraucht werden, sind sie erfüllt und waren erfolgreich.

Unglücklicherweise wissen wir nicht immer, dass Beziehungen vollständig und erfolgreich sind. James wollte, dass jede seiner Beziehungen »funktionierte«, und schilderte, wie beunruhigt er diesbezüglich war: »Meine Freundin Beth und ich hatten eine Beziehung. Vor zwei Jahren machten wir Schluss. Ich hatte nie empfunden, dass wir zusammen sein sollten, meinte jedoch, dass wir in unserer Beziehung gescheitert waren. Ich war verletzt, zornig und traurig, und sie ebenfalls. Vor einem Monat liefen mir vier Tage hintereinander ständig Leute über den Weg, die mir sagten: ›Ich habe Beth gestern Abend gesehen.‹ Ich stieß mit ihrer Mitarbeiterin, ihrer besten Freundin, zusammen. Ich sagte mir sofort, dass dies etwas zu bedeuten hatte. Vielleicht sollte ich Beth anrufen, vielleicht sollte die Beziehung doch nicht zu Ende sein. Also rief ich sie an, und wir gingen zusammen aus. Während des Essens erwähnten wir die Möglichkeit, dass wir wieder zusammen kommen könnten, mit keinem Wort. Statt dessen redeten wir darüber, wie viel wir voneinander gelernt hatten und dass wir aufgrund der Beziehung, die wir zueinander gehabt hatten, uns in einer neuen Beziehung besser verhalten würden. Es verblüfft mich, dass ich durch diesen Abend zu einer anderen Einschätzung unserer Beziehung kam und sie nicht mehr als gescheitert, sondern als erfolgreich und vollständig betrachtete.«

Es kann vorkommen, dass dieselben Menschen noch einmal in unser Leben treten. Manchmal geschieht das, weil wir mit einer Beziehung noch nicht fertig sind und mehr Heilung brauchen. Manchmal jedoch kommen diese Menschen wieder, weil die Beziehung zwar vorbei ist, aber in unserem Bewusstsein haben wir sie noch nicht vollendet. Wir müssen noch an ihrem Ende arbeiten. Manchmal bedeutet es auch nur, dass wir unsere Wahrnehmung der Beziehung als unvollständig oder gescheitert verändern.

In Beziehungen kann gar nichts verkehrt laufen. Alles entfaltet sich nach seiner Bestimmung. Von unserer ersten Begegnung bis zu unserem letzten Lebewohl stehen wir zueinander in Beziehung. Wir lernen dadurch, unsere Seele mit ihrer reichen Landschaft wahrzunehmen und uns der Heilung zu öffnen. Wenn wir in Liebesbeziehungen auf eine vorgefasste Agenda verzichten, fragen wir nicht mehr, wen wir lieben werden und für wie lange. Wir überschreiten diese Grenzen und finden eine Liebe, die einen Zauber besitzt und von einer Kraft geschaffen wurde, die größer ist als wir, und nur für uns.

Die Lektion der Trauer

EKR

Ein Psychologiestudent, der gerade an seinem Doktorat arbeitete, litt darunter, dass er seinen schwerkranken Großvater, der ihn mit aufgezogen hatte, bald verlieren würde. Wie er berichtete, machte es ihm zu schaffen, dass er entscheiden musste, ob er sich in seinem letzten Studienjahr freistellen lassen sollte, um mehr Zeit mit seinem Großvater verbringen zu können. Andererseits fühlte er sich gezwungen, seine Ausbildung jetzt abzuschließen, da er in diesem letzten Studienjahr so viel über das Leben lernte. »Was ich jetzt auf der Uni lerne«, erklärte er, »hilft mir wirklich in meinem persönlichen Wachstum.«

Ich erwiderte ihm: »Wenn Sie als Person wahrhaft wachsen und lernen wollen, müssen Sie begreifen, dass das Universum Sie in das höhere Studienprogramm des Lebens eingeschrieben hat, das Trauer heißt.«

Einmal werden wir alles verlieren, was wir besitzen, aber das, was letztlich zählt, kann nie verloren gehen. Unsere Häuser, Autos, Stellungen, Geld, unsere Jugend und selbst die Menschen, die wir lieben, sind nur leihweise unser. Wie alles andere können wir auch unsere Nächsten nicht behalten. Doch die Einsicht in diese Wahrheit muss uns nicht traurig stimmen. Im Gegenteil, sie kann uns zu einer größeren Wertschätzung der vielen wunderbaren Erfahrungen und Dinge führen, die wir während unseres Lebens hier haben.

Trauer

Wenn das Leben eine Schule ist, ist der Umgang mit Trauer in vielerlei Hinsicht ein wichtiger Teil des Lehrplans. Wenn wir einen Verlust erleiden, erleben wir auch, dass die Menschen, die wir lieben – und manchmal sogar Fremde – sich uns zuwenden in unserer Not. Der Verlust reißt ein Loch in unser Herz, aber es ist ein Loch, das bei anderen Liebe hervorruft und die Liebe anderer tragen kann.

Wir kommen zur Welt und erleiden den Verlust des mütterlichen Schoßes, der vollkommenen Welt, aus der wir hervorgegangen sind. Wir werden hinausgestoßen an einen Ort, wo wir nicht immer gestillt werden, wenn wir hungrig sind, und nicht wissen, ob die Mutter an unsere Krippe zurückkommt. Wir freuen uns, wenn wir auf den Arm genommen werden, und dann werden wir plötzlich wieder abgesetzt. Wenn wir älter werden, verlieren wir unsere Freunde, wenn wir oder sie an einen anderen Ort ziehen, wir verlieren unser Spielzeug, wenn es zerbricht oder verloren geht, und wir verlieren die Handballmeisterschaft. Wir erleben die erste Liebe und verlieren sie wieder, und die Reihe der Verlusterfahrungen hat erst begonnen. In den darauf folgenden Jahren verlieren wir Lehrer, Freunde und die Träume unserer Kindheit.

Alles nicht Greifbare – wie unsere Träume, unsere Jugend und Unabhängigkeit – wird letztlich verblassen oder ein Ende nehmen. Alles, was wir besitzen, gehört nur leihweise uns. Haben wir wirklich jemals etwas besessen? Unsere Wirklichkeit hier ist nicht von Dauer, ebenso wenig wie irgendein Besitz. Alles ist vergänglich. Es ist unmöglich, etwas Dauerhaftes zu finden, und wir lernen schließlich, dass es keine Sicherheit bringt, alles »behalten« zu wollen. Es bringt auch keine Sicherheit, wenn wir versuchen, Verluste zu vermeiden.

Wir möchten das Leben nicht so sehen. Wir tun gerne

so, als besäßen und hätten wir das Leben und die Dinge darin für allezeit. Und wir wollen auch das nicht anschauen, was wir als den höchsten Verlust wahrnehmen, nämlich den Tod. Es ist verblüffend, welchen Schein viele Familien von Todkranken aufrecht erhalten, wenn deren Leben zu Ende geht. Sie wollen nicht von der Trauer reden, die sie durchmachen, und mit Sicherheit wollen sie das auch nicht ihren sterbenden Angehörigen gegenüber erwähnen. Das Krankenhauspersonal will seinen Patienten ebenfalls nichts sagen. Wie kurzsichtig von uns zu denken, dass diese Menschen, denen das Ende ihres Lebens bevorsteht, ihrer Situation nicht bewusst sind. Und wie dumm von uns, dass wir meinen, wir könnten ihnen damit wirklich helfen. Mehr als einmal hat ein todkranker Patient seinen Familienangehörigen einen Blick zugeworfen und sie mit Strenge ermahnt: »Versucht nicht, vor mir zu verbergen, dass ich sterbe. Wie könnt ihr mir das verschweigen? Begreift ihr nicht, dass alles Lebende mich daran erinnert, dass ich sterbe?«

Sterbende wissen, was sie verlieren und was dies wert ist. Es sind die Lebenden, die sich oft etwas vormachen.

DK

Ich lernte, was Verlust heißt, als ich einmal mitten in der Nacht aufwachte und mich vor Schmerzen krümmte. Von dem Augenblick, als der Schmerz zuschlug, wusste ich, dass es etwas Ernstes war: Diese Schmerzen im Unterleib waren mehr als ein gewöhnliches Bauchweh. Ich suchte meinen Arzt auf, der mir etwas gegen Magensäure verschrieb und meinte, wir sollten das Problem beobachten. Drei Tage später, an einem Donnerstag, wurden die Schmerzen noch viel schlimmer, und so beschloss mein Arzt, der Sache auf den Grund zu gehen. Er überwies mich für einen Tag in ein Krankenhaus, um eine Reihe von Untersuchungen durchzuführen, einschließlich einer Koloskopie, die es ihm ermöglichen sollte, festzustellen, ob im Magen-Darm-Trakt irgendetwas auffällig war.

Im Erholungsraum erklärte mir der Arzt, dass er einen Tumor gefunden habe, der eine partielle Obstruktion des Dünndarms bewirkte.

»Heißt das, dass ich operiert werden muss?«, fragte ich beunruhigt.

»Ich habe Gewebe entnommen und ins Labor geschickt«, antwortete er. »Am Montag wissen wir Bescheid.«

Obwohl ich wusste, dass der Tumor ebenso gut harmlos wie bösartig sein konnte, richteten meine Gedanken und Gefühle sich auf meinen Vater, der an Dickdarmkrebs gestorben war. Während ich vier qualvolle Tage auf den Befund wartete, trauerte ich um den Verlust meiner jugendlichen Unversehrtheit, meiner Gesundheit, ja, meines Lebens. Der Tumor erwies sich als gutartig, aber das Gefühl von Verlust und Trauer in diesen wenigen Tagen war sehr real.

Die meisten von uns kämpfen während ihres ganzen Lebens gegen Verluste an, sie wehren sich gegen sie und begreifen nicht, dass Leben Verlust bedeutet und Verlust Leben. Es gibt ein altes jüdisches Sprichwort, das besagt: »Wer auf vielen Hochzeiten tanzt, wird bei vielen Beerdigungen weinen.« Das bedeutet, dass wir, wenn wir oft anwesend sind bei einem Anfang, auch oft dabei sein werden, wenn etwas zu Ende geht. Wenn Sie viele Freunde haben, werden Sie auch Ihren Anteil an Verlusterfahrungen haben.

Wenn Sie empfinden, dass Sie einen großen Verlust erleiden, dann geschieht das deshalb, weil Sie vom Leben so reich gesegnet sind. Wir erfahren große und kleine Verluste im Lauf unseres Lebens, vom Tod eines Vaters oder einer Mutter bis zum Verlegen einer Telefonnummer. Ein Verlust kann dauerhaft sein wie ein Todesfall, oder vorübergehend, wenn Sie etwa während einer Geschäftsreise Ihre Kinder vermissen. Die fünf Stadien, die beschreiben, wie wir auf einen Verlust, nicht nur auf den Tod, reagieren, können auf jeden Verlust im Leben angewandt werden, ob groß oder klein, dauerhaft oder vorübergehend. Nehmen wir an, Ihr Kind wäre blind geboren, und Sie würden dies als einen schwerwiegenden Verlust empfinden und folgendermaßen reagieren:

- Verleugnen: Die Ärzte sagen, dass er einem Gegenstand nicht mit den Augen folgen kann. Gib ihm Zeit, dann wird er es können, wenn er älter wird.
- Zorn: Die Ärzte hätten es wissen müssen, sie hätten es uns früher sagen müssen! Warum tut Gott uns das an?!
- Verhandeln: Ich kann damit zurecht kommen, solange er lernfähig ist und solange er sich selbst versorgen kann, wenn er erwachsen ist.
- Depression: Das ist schrecklich, sein Leben wird so eingeschränkt sein.
- Einwilligen: Wir werden uns mit den Problemen befassen, wenn sie auf uns zukommen. Er kann trotzdem ein gutes Leben haben voll Liebe.

Ein trivialerer Vorfall wäre, wenn Ihnen etwa eine Haftschale auf den Boden fiele. Sie könnten auf Ihren Verlust dann so reagieren:

- Verleugnen: Ich kann nicht glauben, dass sie mir heruntergefallen ist.
- Zorn: Verdammt noch mal, ich hätte besser aufpassen sollen.

- Verhandeln: Wenn ich sie dieses Mal finde, verspreche ich, in Zukunft viel mehr achtzugeben.
- Depression: Ich bin so traurig, dass ich sie verloren habe, jetzt werde ich mir eine neue kaufen müssen.
- Einwilligen: Es ist in Ordnung, irgendwann musste es so kommen, dass ich eine Haftschale verliere. Morgen früh werde ich eine neue bestellen.

Nicht jeder macht bei jedem Verlust diese fünf Stadien durch, und die Reaktionen erfolgen nicht immer in derselben Reihenfolge. Es kommt auch vor, dass man manche Stadien mehr als einmal durchläuft. Aber wir verlieren sehr oft etwas, auf diese oder jene Weise, und wir reagieren auf unseren Verlust. Mit dem Verlust kommt die Erfahrung seines Terrains, die uns das Rüstzeug gibt, das Leben besser zu bewältigen.

Was immer Sie empfinden, wenn Sie einen Menschen oder einen Gegenstand verlieren, es ist genau das, was Sie empfinden sollen. Wir haben nie das Recht zu sagen: »Du hast dich zu lange beim Verleugnen aufgehalten, es ist jetzt Zeit für den Zorn«, oder dergleichen, denn wir wissen nicht, wie die Heilung eines anderen Menschen erfolgen soll. Wir empfinden einen Verlust so, wie wir ihn eben empfinden. Wir bleiben mit einem Gefühl von Leere, Hilflosigkeit, Erstarrung, Lähmung, Wertlosigkeit, Zorn, Trauer und Angst zurück. Wir können nicht schlafen, oder wir möchten nichts tun als immer nur schlafen. Wir haben keinen Appetit, oder wir verschlingen alles in unserer Reichweite. Wir können von einem Extrem ins andere fallen, oder wir halten uns dazwischen auf. An irgendeinem dieser Punkte oder überall zu sein, das gehört zu unserer Heilung.

Die einzige Gewissheit bezüglich eines Verlustes ist vielleicht die, dass die Zeit alles heilt. Unglücklicherweise erfolgt Heilung nicht immer unmittelbar. Sie gleicht nicht einer ansteigenden Kurve in einer graphischen Darstellung, die uns schnell und problemlos zur Ganzheit führt. Man erlebt den Prozess vielmehr als eine Berg- und Talfahrt: Man schwingt sich zur Ganzheit auf und stürzt dann plötzlich ab in die Verzweiflung. Man scheint zurückzufallen, und dann geht es wieder vorwärts; dann hat man das Gefühl, als müsste man von vorne anfangen. So geht Heilung vonstatten. Sie *werden* geheilt werden, Sie *werden* zur Ganzheit zurückfinden. Sie bekommen vielleicht nicht wieder, was Sie verloren haben, aber Sie können heil werden. Und an irgendeinem Punkt auf Ihrer Reise durch das Leben werden Sie erkennen, dass Sie diesen Menschen oder Gegenstand, um den Sie trauern, nie wirklich in der Weise besaßen, wie Sie dachten. Und Sie werden einsehen, dass Sie ihn immer haben werden, auf andere Weise.

Wir sehnen uns nach Ganzheit. Wir hoffen, dass wir Menschen und Dinge behalten können, wie sie sind, aber wir wissen, dass wir das nicht können. Mit Verlust umzugehen, ist eine der schwierigsten Aufgaben des Lebens. Wir versuchen, sie uns zu erleichtern, wir romantisieren sie sogar, doch der Schmerz der Trennung von einem Menschen oder einem Gegenstand, der uns teuer war, gehört zu den schwierigsten Erfahrungen, die wir machen können.

Es ist nicht immer so, dass »Abwesenheit die Liebe steigert«, sie macht uns auch traurig, einsam und leer.

Wie es nichts Gutes gibt ohne ein Böses, kein Licht ohne Dunkel, so gibt es auch kein Wachstum ohne Verlust. Und so merkwürdig das klingen mag, es gibt auch keinen Verlust ohne Wachstum. Dieses Prinzip ist schwer zu verstehen, und das ist vielleicht der Grund, warum es uns immer so in Erstaunen setzt.

Einige der besten Vermittler dieses Prinzips sind Eltern, die Kinder durch Krebs verloren haben. Im typischen Fall erklären die Eltern, dass diese Erfahrung für sie das Ende der Welt bedeute, und das ist nur verständlich. Jahre später berichten manche, dass sie durch diese Tragödie gewachsen seien. Natürlich hätten sie ihre Kinder lieber nicht verloren, aber sie erkannten jetzt, dass dieser Verlust ihnen auf unerwartete Weise geholfen hatte. Sie lernten, dass es besser ist, geliebt zu haben und den geliebten Menschen zu verlieren, als nie geliebt zu haben. Die Wahrheit ist, dass wir die Erfahrung, geliebte Menschen zu haben und zu verlieren, nicht dagegen tauschen möchten, sie gar nicht gehabt zu haben.

Nach einem ersten Blick auf unser Leben und unsere Verluste lässt sich vielleicht schwer erkennen, wie wir gewachsen sind. Aber wir wachsen tatsächlich. Diejenigen, die Verluste erleiden, gewinnen schließlich mehr Stärke, mehr Ganzheit.

- In mittleren Jahren mögen sich unsere Haare lichten, aber wir erkennen, dass unser Inneres ebenso wichtig ist wie unser Äußeres.
- Im Ruhestand müssen wir auf einen Teil des Einkommens verzichten, aber wir gewinnen dafür mehr Freiheit.
- Im Alter mögen wir etwas von unserer Unabhängigkeit verlieren, aber dafür bekommen wir etwas von der Liebe zurück, die wir anderen gegeben haben.
- Wenn wir die Besitztümer des Lebens verlieren, stellen wir nach der Trauer um sie oft fest, dass wir freier geworden sind, und erkennen, dass wir mit leichtem Gepäck durch diese Welt reisen sollen.
- Manchmal, wenn Beziehungen zu Ende gehen, erfahren wir, wer wir sind – nicht in Beziehung zu anderen, sondern einfach wir selbst.

- Wir mögen manche Dinge oder Fähigkeiten verlieren, aber andererseits lernen wir schätzen, was uns geblieben ist.

EKR

Wenn wir an Trauer denken, dann denken wir an große Verluste, wenn man etwa einen geliebten Menschen verliert, das Leben, die Heimat, Hab und Gut. Aber in der Lektion über Trauer stellen wir manchmal fest, dass die kleinen Dinge des Lebens die großen werden. Jetzt, da mein Leben auf das Krankenbett in meinem Wohnzimmer und den Stuhl daneben eingeschränkt ist, bin ich dankbar, dass ich einige der Dinge, die für die meisten von uns selbstverständlich sind, nicht verloren habe. Mit der Hilfe eines Leibstuhls kann ich wenigstens ohne fremde Hilfe pinkeln. Für mich wäre es ein ungeheurer Verlust, wenn ich nicht selbst auf die Toilette gehen, wenn ich nicht allein ein Bad nehmen könnte. Jetzt bin ich einfach dankbar, dass ich diese Dinge selbst verrichten kann.

Wenn wir einen geliebten Menschen durch Tod verlieren, so ist das eine Erfahrung, die einem das Herz bricht. Eine interessante Anmerkung, ohne jemandem nahezutreten, ist die, dass Leute, die einen Partner durch Scheidung oder Trennung verlieren, oft sagen, dass sie den Tod nicht als den höchsten Verlust erleben. Es ist vielmehr die Trennung von einem geliebten Menschen, die so schwer ist. Wenn man weiß, dass jemand weiterlebt, das Leben dieser Person aber nicht teilen kann, kann das viel mehr Schmerz verursachen und kann die Lösung sehr viel schwerer machen als eine dauerhafte Trennung infolge von Tod. Mit den Verstorbenen finden wir jedoch neue

Wege, an ihrem Dasein teilzuhaben, da sie in unserem Herzen und in unseren Erinnerungen weiterleben.

Von den Sterbenden haben wir einige bemerkenswerte Dinge über Trauer gelernt. Einige gewöhnliche, klare Lektionen erhalten wir von denjenigen, die klinisch tot gewesen sind, aber wieder zum Leben erweckt wurden. Als Erstes teilen sie uns mit, dass sie keine Angst vor dem Tod mehr haben. Zweitens sagen sie, dass sie jetzt wüssten, dass der Tod nur ein Abstreifen des physischen Körpers sei, nicht anders, als würde man einen Anzug ablegen, den man nicht mehr braucht. Drittens erinnern sie sich daran, dass sie im Tod ein tiefes Gefühl der Ganzheit erlebten und sich mit allen Dingen und allen Menschen verbunden fühlten und keinen Verlust empfanden. Zum Schluss teilen sie uns mit, dass sie nie alleine waren, sondern dass jemand bei ihnen war.

EKR

Ein Mann in den Dreißigern berichtete mir, dass seine Frau ihn unerwartet verlassen habe. Er war völlig am Boden zerstört. Er sprach über den Schmerz, den er durchmachte, blickte dann zu mir auf und fragte: »Fühlt man das bei einem Verlust? Viele meiner Freunde haben Menschen durch den Abbruch der Beziehungen oder Scheidung oder auch durch den Tod verloren. Sie waren traurig, und sie sagten mir, dass sie Schmerz empfänden, aber ich konnte mir keinen Begriff davon machen, wie sich das anfühlte. Jetzt, da ich weiß, wie das wirklich ist, möchte ich zu all diesen Leuten hingehen und sagen: ›Es tut mir leid, aber ich hatte keine Ahnung, was ihr durchgemacht habt.‹

Ich bin innerlich gewachsen und habe jetzt viel mehr Mitgefühl. Wenn in Zukunft Freunde einen Verlust zu bewältigen haben, werde ich eine ganz andere Person sein und kann ihnen viel besser helfen. Ich werde auf eine Weise für sie da sein, wie ich es mir nie hätte träumen lassen, und ihren Schmerz auf eine Weise verstehen, die ich mir früher nicht hätte vorstellen können.«

Dies ist ein Zweck, den ein Verlust in unserem Leben haben kann. Er macht uns eins mit anderen. Er hilft uns, mehr Verständnis für einander zu haben. Er verbindet uns auf eine Weise, wie keine andere Lektion des Lebens es vermag. Wenn wir durch die Erfahrung der Trauer verbunden sind, nehmen wir Anteil aneinander und sind auf eine neue und tiefe Weise für einander da.

Das Einzige, was ebenso schwierig ist wie ein Verlust, ist, nicht zu wissen, ob uns ein Verlust bevorsteht. Oft sagen Patienten: »Ich wünschte, es würde mir besser gehen, oder ich könnte sterben!« Oder: »Die Tage, an denen man auf Laborbefunde wartet, sind qualvoll.«

Ein Paar, das um Wiedervereinigung kämpft, klagt: »Die Trennung bringt uns um. Wir möchten es hinkriegen – oder endgültig Schluss machen.«

Das Leben zwingt uns manchmal, in einer Art Vorhölle zu leben, wenn wir nicht wissen, ob wir einen Verlust erleiden werden. Wir müssen vielleicht stundenlang warten, ehe wir erfahren, ob die Operation gut ausgegangen ist, oder einige Tage, bis die Befunde eintreffen, oder eine unbestimmte Zeitspanne, wenn ein geliebter Mensch mit einer Krankheit ringt. Wir können Stunden, Tage, Wochen oder noch länger in einer Hölle zubringen, wenn ein Kind abgängig ist. Die Familien vermisster Soldaten machen oft eine Hölle durch. Jahrzehnte später haben sie den Verlust vielleicht noch immer nicht überwunden. Solange sie nicht definitiv erfahren, dass der geliebte Mensch tot ist oder gerettet wurde, können sie es nicht. Doch diese Nachricht trifft vielleicht nie ein. Das amerikanische Volk empfand die Last dieser Vorhölle, als das Flugzeug von John F. Kennedy Jr. eine Reihe von Tagen als vermisst gemeldet wurde. Die Behörden auf lokaler, Länder- und Bundesebene setzten alles in Bewegung, um in Erfahrung zu bringen, was geschehen war, denn die Sache musste zum Abschluss gebracht werden.

Sich in der Vorhölle der Trauer um einen möglichen Verlust zu befinden, ist selbst eine Verlusterfahrung. Wie immer die Situation ausgehen mag, sie bleibt ein Verlust, der bewältigt werden muss.

DK

Ich erinnere mich gut an meinen Vater, an sein strahlendes Gesicht, seine blitzenden Augen, das warme Lächeln und die goldene Armbanduhr mit dem schwarzen Riemen, der ein Bestandteil seines Arms zu sein schien. Ich habe nie eine Zeit gekannt, in der Papa mit seiner Armbanduhr nicht in meinem Leben gewesen wäre. Mein Vater wusste, dass ich seine Armbanduhr immer geliebt hatte.

Vor Jahren, als mein Vater starb, saß ich an seinem Bett, sah ihn mit Tränen in den Augen an und sagte: »Es fällt mir so schwer, von dir Abschied zu nehmen.«

Mein Vater antwortete: »Auch mir fällt es schwer. Aber ich weiß, dass ich von dir und von allem, was ich geliebt habe, Abschied nehmen muss – von deinem Gesicht bis zu meinem Heim. Gestern sah ich zum Fenster hinaus und nahm sogar Abschied von den Sternen. Nimm meine Uhr ab«, bat er mich und deutete auf sein Handgelenk.

»Nein, Papa. Du hast sie immer getragen.«

»Aber jetzt ist es Zeit, dass ich von ihr Abschied nehme und dass du sie trägst.«

Ich nahm die Uhr sanft von seinem Handgelenk und

band sie um meines. Als ich auf sie herunter blickte, sagte Papa: »Auch du wirst eines Tages von ihr Abschied nehmen müssen.«

Seither sind Jahre vergangen, aber ich habe diese Worte nie vergessen. Die Uhr war immer eine bittersüße Mahnung an die Vergänglichkeit des Lebens. Ich nehme sie selten ab. Vor etwa einem Monat hatte ich einen hektischen Arbeitstag und ging dann mit einem Freund ins Sportzentrum. Dort nahm ich anschließend eine Dusche und ging nach Hause. Ich erledigte draußen eine Arbeit, duschte noch einmal und zog mich an, da ich am Abend ausgehen wollte. Als ich an diesem Abend zu Bett ging, bemerkte ich, dass die Uhr fort war. Während der nächsten Tage suchte ich sie überall.

Ich hatte den Verlust der Uhr zu verkraften, die so stark mit meinem Vater und meiner Kindheit verbunden war, und gleichzeitig die Lektion über den Umgang mit Trauer, die mein Vater mir erteilt hatte. Es war mir immer bewusst gewesen, dass ich diese Uhr eines Tages verlieren würde, entweder durch meinen eigenen Tod oder durch andere Umstände. Ich musste mich mit dem Gefühl und dem Wissen abfinden, dass alles, was wir besitzen, vergänglich ist und dass es wahrhaftig nur leihweise uns gehört. Mit der Zeit gewöhnte ich mich an diesen Gedanken und den unvermeidlichen Verlust, der mir widerfahren war. Statt mich ausschließlich auf die Uhr zu konzentrieren, fand ich andere Wege, mit meinem Vater und meiner Kindheit verbunden zu sein. Ich schloss Frieden mit der Mahnung meines Vaters, dass auch ich eines Tages von allem würde Abschied nehmen müssen.

Drei Monate später schüttete ich ein Glas Wasser auf meinem Nachttisch aus. Als ich mich über das Bett beugte, um es aufzuwischen, fand ich die Uhr. Sie war hinter das Bettgeländer gefallen. Jetzt trage ich sie wieder an meinem Handgelenk, aber ich habe wirklich begriffen, dass alle Gaben uns nur auf Widerruf gehören. Doch in diesem Abschiednehmen von allen Dingen entdecken wir etwas in unserem Inneren, das uns nie verloren geht.

Die meisten Dinge, die wir besitzen, bedeuten uns nicht um ihrer selbst willen etwas, sondern weil sie etwas repräsentieren – und das gehört uns für allezeit.

Verlust ist ein komplexes Phänomen. Es findet selten in einem Vakuum statt, und niemand kann vorhersagen, wie die Reaktion darauf ausfallen wird. Trauer ist etwas Persönliches. Die Gefühle können voller Konflikte, verzögert und überwältigend sein.

Ein Verlust, auch ein potenzieller, berührt das Leben vieler: Familie, Freunde, Mitarbeiter, Berufstätige im Gesundheitswesen, die den Patienten betreuen. Jeder ist davon in Mitleidenschaft gezogen, sogar die Haustiere. Jeder empfindet den Verlust. Er kann uns voneinander trennen oder uns miteinander verbinden.

Eine Teilnehmerin an unserem Seminar trauerte um den Verlust ihres Mannes, nicht weil er gestorben, sondern weil sie von ihm geschieden war. Sie erklärte, dass ihre Probleme erst begonnen hätten, als er mit einer Krebserkrankung kämpfte.

»Als er mitten in seiner Behandlung war, wachte ich nachts auf und beobachtete, wie er atmete«, erzählte sie ruhig. »Der Gedanke, ihn zu verlieren, verzehrte mich. Ich lag wach und dachte darüber nach, was ich tun würde, wenn er eines Tages aufhören würde zu atmen. Was würde geschehen, wenn ich ihn verlöre? Ich konnte den Gedanken nicht ertragen. Schließlich erlitt ich einen Nervenzusammenbruch, und am Ende löste ich aus Schuldgefühlen meine Ehe. Jetzt sind Jahre vergangen, und er ist bei bester Gesundheit. Ich habe aus der Situation gelernt, dass alle Aufmerksamkeit sich natürlich auf den konzentriert, der mit einer lebensbedrohenden Krankheit konfrontiert ist – wie es ihm geht, wie er sich fühlt, ob die Behandlung anschlägt etc. Ich wäre mir selbstsüchtig vorgekommen, meine eigenen Gefühle, meine eigenen Ängste zu haben. Nie dachte ich daran, einmal zu sagen: »Und was ist mit mir?!« Das wäre mir wie ein Unrecht vorgekommen. Ich war ja nicht der Patient. Warum sollte ich Hilfe brauchen, da doch er es war, der im Sterben lag? So hielt ich meinen Mund und drehte schließlich durch.«

Es wirkt sich deutlich auf unser Gefühl der Trauer aus, wenn ein mehrfacher Tod oder andere Umstände, wie ein Mord, eine Epidemie oder ein plötzlich eingetretener Tod, unsere Trauer komplizieren. Vielleicht fühlen wir uns durch den Zorn über die Umstände des Todes, durch den Schock über seine Plötzlichkeit und dergleichen »abgelenkt«. Ich meine tatsächlich, dass jede Trauer eine komplexe Angelegenheit ist; sie ist nur selten einfach.

DK

Vor Jahren, während der ersten Phasen der AIDS-Epidemie Anfang der achtziger Jahre, verlor Edward mehr als zwanzig Menschen, die er liebte. Doch damals dachte Edward, dass er den Verlust zu wenig tief empfand. »Ich liebte sie doch«, wiederholte er immer wieder, »wie konnte ich dann nur so wenig empfinden?«

Fünfzehn Jahre machte es ihm zu schaffen, dass er für die Menschen, die er geliebt und verloren hatte, überhaupt nichts empfand. Eines Nachts wachte er plötzlich in Panik auf und suchte frenetisch im ganzen Haus nach Fotos von diesen zwanzig Personen. Aus heiterem Himmel fiel die Trauer plötzlich wie eine Tonne von Ziegelsteinen auf ihn herab. Er war jetzt stark genug und bereit, all diese Verluste, all diese Gefühle an sich heranzulassen. Sie waren für ihn aufgespart worden, damit er sie bewältigen konnte, wenn er dazu imstande war.

Wir erleben unsere Verluste, wenn wir für sie bereit sind, und auf je eigene Weise. Die Phase des Leugnens kann uns einen gnädigen Aufschub gewähren. Wir spüren unsere Gefühle erst dann, wenn die Zeit dafür gekommen ist. In der Zwischenzeit werden sie an sicherem Ort für uns aufbewahrt, bis wir sie annehmen können. Das gilt insbesondere für Kinder und Halbwüchsige, die ihre Eltern verloren haben: Sie erleben vielleicht nicht viel Trauer, bis sie erwachsen sind und damit umgehen können.

Wir können unserer Vergangenheit nicht entfliehen. Das Leid der Vergangenheit ist oft nur aufgehoben, bis wir bereit sind, uns davon berühren zu lassen. Manchmal brechen neue Verluste die alten vom Zaun. Und manchmal empfinden wir den Verlust erst später im Leben, wenn uns ein anderer Verlust widerfährt.

Wie viele junge Ehefrauen der vierziger Jahre war Maurine erschüttert, als sie vom damaligen Kriegsministerium ein Telegramm erhielt mit der Nachricht, dass ihr Mann gefallen sei.

Sie und Roland waren schon auf dem College ein Liebespaar gewesen und hatten schnell noch geheiratet, bevor er nur wenige Wochen vor der Bombardierung von Pearl Harbor in die Armee einrückte. Innerhalb eines Jahres nach ihrer Hochzeit hatte er seine Ausbildung als Kampfflieger beendet und wurde nach Übersee geschickt. Dann traf das Telegramm ein.

Statt zu trauern, übersiedelte die einundzwanzigjährige Witwe gleich in einen anderen Bundesstaat, nahm eine Stelle an und begann ein neues Leben. Zwei Jahre, nachdem Roland gestorben war, ging sie eine neue Ehe ein. Im Verlauf von einigen Jahren brachte sie drei Töchter zur Welt und hatte ihre Vergangenheit so gut wie vergessen. Ihr zweiter Mann wusste von ihrer ersten Liebe, aber den Kindern oder ihren neuen Freunden gegenüber erwähnte sie Roland nie. Es hingen keine Bilder von ihm in ihrem Haus, und sie hatte keinen Kontakt mit Rolands Familie oder den Freunden, die sie beide gekannt hatten.

Als fünfzig Jahre vergangen waren, erkrankte ihr zweiter Mann und starb. Jetzt brach die ganze Trauer um beide Ehemänner über sie herein und verschmolz zu einem einzigen Strom von Schmerz und Tränen. Um ihre Gefühle in den Griff zu bekommen, heftete sie zwei Bildmontagen an die Wand ihres Wohnzimmers: eine für ihre erste Liebe, die andere für ihre zweite. Dadurch wurde es ihr schließlich möglich, sich über ihre verschiedenen Gefühle und Verluste, die sie erfahren hatte, klar zu werden.

Menschen geraten häufig in Konflikte, wenn sie einen Menschen verlieren, der ihnen nahestand, insbesondere Eltern, für die sie ambivalente Gefühle hegten. Im Umgang mit ihrem Verlust und dessen Bewältigung werden sie vor allem dadurch blockiert, dass sie ihre Gefühle für einen Menschen, den sie eigentlich nicht mochten, nicht verstehen können. »Meine Mutter war so gemein zu mir«, sagte eine Frau. »Sie war im wahren Sinn des Wortes eine Hexe. Warum geht es mir nahe, dass sie gestorben ist?«

In einer Verfilmung von Mary Shelleys berühmtem Roman *Frankenstein* erweckt Dr. Frankenstein das berüchtigte Monster zum Leben ohne Rücksicht auf das Schicksal dieses Geschöpfs und verdammte es dadurch zu einem Leben in Elend und Qual. Am Ende der Geschichte, als Dr. Frankenstein schließlich getötet wird, bricht das Monster in Tränen aus. Auf die Frage, warum es den

Mann beweine, der ihm so großes Leid zugefügt hatte, antwortet das Geschöpf einfach: »Er war mein Vater.«

Wir trauern um die, die uns die Zuwendung gaben, die sie uns schuldig waren, aber wir trauern auch um diejenigen, die uns nicht die Liebe schenkten, die wir verdienten. Ich habe dieses Phänomen immer wieder beobachtet: Das krankenhausreif geprügelte Kind sehnt sich nach seiner Mutter, aber diese sitzt im Gefängnis dafür, dass sie das Kind so geschlagen hat.

Sie können um Menschen, die sich abscheulich gegen Sie benommen haben, tief trauern. Wenn Sie das Bedürfnis haben zu trauern, dann sollen Sie es auch tun. Wir müssen uns Zeit nehmen, zu trauern und unseren Verlust zu erleben. Wir müssen anerkennen, dass diese Verluste nicht geleugnet werden können, auch wenn wir meinen, die betreffende Person habe unsere Liebe nicht verdient.

Ob ein Verlust kompliziert ist oder nicht, wir können alle wieder heil werden, wann und wie es für uns richtig ist. Niemand hat das Recht zu sagen, dass wir schon darüber hinweg gekommen sein sollten oder dass es zu schnell damit gehe. Trauer ist immer etwas Individuelles. Solange wir durch das Leben hindurchgehen und nicht steckenbleiben, sind wir dabei, geheilt zu werden.

Ohne uns dessen bewusst zu sein, lassen wir einen Verlust oft wiederauferstehen, indem wir versuchen, ihn durchzuarbeiten, ihm gerechter zu werden und ihn schließlich zu überwinden. Wenn wir durch einen Verlust verwundet worden sind, suchen wir vielleicht Wege, uns vor weiteren Verlusten zu schützen: Wir gehen auf Distanz, wir verweigern uns, wir retten andere, wir stehen anderen bei ihren Verlusten bei, damit wir die unsrigen nicht spüren. Wir genügen uns selbst, um nie wieder einen Menschen zu brauchen.

Trauer

EKR

Als Gillian ungefähr fünf Jahre alt war, setzten ihre Eltern sie auf der Treppe eines Waisenhauses aus. Sie war noch ein kleines Kind, das auf so etwas nicht gefasst war und sicher nicht begriff, was das zu bedeuten hatte. Jetzt ist sie eine aufgeweckte Frau in mittleren Jahren, emotional gesund und auf sich selbst gestellt. Sie sprach von ihrem frühen Verlust und wie er sich auf sie ausgewirkt hatte. Sie erzählte mir, dass sie einen Großteil ihres Lebens damit verbracht hatte, über diesen Verlust hinweg zu kommen, dass sie jetzt aber an ein viel gravierenderes Problem herangekommen sei. »Was ich als Kind durchgemacht habe, ist schwerwiegend, aber das ist mehr als vierzig Jahre her. Doch in den letzten zwanzig Jahren habe ich erkannt, dass niemand mich so sehr im Stich lässt wie ich selbst.«

»Können Sie mir das näher erklären?«, fragte ich sie.

»Da hoffe ich zum Beispiel, dass jemand mich anruft, um etwas für das Wochenende auszumachen, aber dann schalte ich den Anrufbeantworter ein, und wenn jemand anruft, oder wenn ich zum Telefon gehe, rede ich sofort davon, wie viel ich zu tun habe. Ich möchte nicht, dass jemand merkt, wie einsam ich mich fühle. Ich gebe nie jemandem die Gelegenheit, mich einzuladen. Und wenn ich die Möglichkeit habe, einen gemeinsamen Urlaub zu planen, schaffe ich es irgendwie, mich auf nichts festzulegen, und dann stehe ich schließlich allein da und habe das Gefühl, dass niemand sich um mich kümmert.«

Warum tut sie das? Wir begeben uns unbewusst in Situationen, die uns an unsere ursprünglichen Verlusterfahrungen erinnern, um davon geheilt werden. Gillian ist nun endlich dabei, geheilt zu werden. Sie begreift, dass sie selbst der Mensch ist, der sich jetzt um sie kümmern muss. »Ich bin eine achtundvierzigjährige Frau«, sagt sie mit Nachdruck, »eine Erwachsene, kein kleines Mädchen mehr, das vor einem Waisenhaus verlassen wurde. Kinder können Opfer sein, aber ich bin kein Kind mehr. Es ist meine Sache, dafür zu sorgen, dass ich das tue, was ich tun will.«

Wenn Sie sich wundern, warum Sie scheinbar immer Menschen begegnen, die Sie im Stich lassen, könnte der Grund darin liegen, dass das Universum Ihnen Menschen und Situationen schickt, die Ihnen helfen sollen, von Ihrem Verlust geheilt zu werden. Mit der Zeit werden Sie geheilt werden. Ja, die Heilung findet bereits statt.

Doch manchmal besteht die Lektion der Heilung eines alten Verlustes in der Einsicht, dass wir neue Verluste nicht verhindern können. Wir sorgen dafür, dass wir keine Menschen verlieren, indem wir sie auf Distanz halten, aber das ist in sich selbst ein Verlust.

Ein Ehepaar hatte Probleme in seiner Beziehung. Beide wollten Kinder, aber die Ehefrau schob es immer wieder auf. Schließlich kam zutage, dass die Frau ihre Eltern und Großeltern alle durch Krebs verloren hatte. Sie erkannte, dass sie keine Kinder haben wollte, weil sie solche Angst hatte, sie zu verlieren, oder dass die Kinder sie verlieren würden. Wir sprachen über die Angst vor Verlust, und ich wies sie darauf hin, dass niemand in die Zukunft blicken kann. Und wenn wir es uns auch noch so sehr wünschen, wir können einen Verlust nicht verhindern, wir können keine garantiert verlustfreie Situation erschaffen.

Diese Frau hatte die Möglichkeit, Kinder zu adoptieren: Damit konnte sie die Wahrscheinlichkeit herabsetzen, dass ihre Kinder Krebs bekamen, falls eine erbliche Neigung zu dieser Erkrankung vorhanden war. Aber gab es vielleicht nicht noch andere erbliche Belastungen? Und war sie gefeit davor, bei einem Verkehrsunfall ums Leben zu kommen?

Was sie selbst betrifft, so konnte sie alle möglichen Maßnahmen ergreifen, um gegen Krebs vorzubeugen. Sie konnte sich gesund ernähren, für genügend Bewegung sorgen und sich regelmäßig untersuchen lassen. Und wenn sie bei einem Erdbeben, einem Unfall oder durch einen Überfall auf der Straße ums Leben käme? Es ist unmöglich, eine Welt zu finden, in der es keine Verluste gibt. Sie erkannte, dass alle ihre Ängste *mögliche*, aber nicht *wahrscheinliche* Situationen betrafen. Als sie akzeptieren konnte, dass wir in einer unvollkommenen Welt, die uns Angst macht, dennoch gedeihen können, entschloss sie sich, ein Baby zu bekommen.

Solche Situationen scheinen selbst ein Verlust zu sein oder zumindest ein neuer oder als solcher wahrgenommener Verlust, der einen alten heraufbeschwört. Andererseits schaffen sie aber auch eine heilende Situation, denn sie rufen etwas in uns hervor, das den Verlust zu heilen vermag und vorher vielleicht nicht da war. Sie sind das notwendige Aufarbeiten einer alten Verwundung. Sie bedeuten eine Rückkehr zu Ganzwerdung und Integrität.

Ein Verlust ist oft eine Initiation in das Erwachsensein. Eine Verlusterfahrung macht uns zu echten Männern und Frauen, zu echten Freunden, zu echten Ehemännern und Ehefrauen. Ein Verlust ist ein Durchgangsritual. Durch das Feuer gelangen wir auf die andere Seite des Lebens.

DK

Als ich noch ein kleiner Junge war, sah ich, wie meine Mutter stürzte, als sie gerade erst aus dem Krankenhaus entlassen worden war. Ich erschrak und bat meine Mutter, wieder ins Krankenhaus zu gehen. Sie blickte auf mein ängstliches, kleines Gesicht herab und sagte: »Menschen fallen eben hin und hoffen dann, dass sie wieder aufstehen können. So ist das Leben.«

Ein Verlust ist in vieler Hinsicht wie ein Sturz. Ein Verlust hat etwas Archetypisches, ob es sich um den Verlust eines Menschen oder eines Gegenstandes handelt, um den Verlust des Gleichgewichts oder einen Sturz aus der Gnade. Wir gehen durch das Feuer. Wir verwandeln uns, und aus dem Feuer geht etwas Neues hervor, ein Diamant, der nun nicht mehr im Rohzustand ist. Auch eine Gesellschaft kann, ebenso wie Familien und Individuen, einen Verlust erleiden. Zuerst erlebt eine Familie vielleicht ein durch den Verlust bedingtes Chaos. Sie zerbricht womöglich, aber nach dem Verlust macht sie eine Wandlung durch und wird wieder heil.

Es gibt viele Stufen der Heilung der Trauer um einen Verlust. Spüren Sie den Verlust, wenn Sie bereit sind, und erkennen Sie ihn an. Lassen Sie die Gnade des Leugnens zu, und denken Sie daran, dass Sie Ihre Gefühle spüren werden, wenn die Zeit dafür gekommen ist. Sie werden feststellen, dass der einzige Weg aus dem Schmerz durch den Schmerz führt. Sie werden das verstehen, wenn Sie bereit dafür sind. Oft begreift man einen Verlust erst nach Jahren, nicht nach Tagen oder Monaten. Sie werden einsehen, dass Sie die Welt annehmen können, in der dieser Verlust sich ereignet hat.

Wenn Sie Menschen beobachten, die sich mit dem Tod auseinandersetzen, werden Sie vieles bemerken, das symbolische Bedeutung hat. Zuerst werden Sie sehen, dass die Betreffenden sich oft fotografieren lassen, als wollten sie damit sagen: »Ich war einmal hier.« Dann, wenn ihre Krankheit fortschreitet, gelangen sie oft auf eine andere Ebene und hören auf, Fotos zu machen. Sie erkennen, dass auch das Foto keinen Bestand hat: Im besten Fall werden die Bilder noch Generationen weitergereicht, an Menschen, die sie nie gekannt haben. Sterbende finden etwas, das mehr wert ist, ihr eigenes Herz und das Herz der Menschen, die sie lieben. Sie entdecken, dass es im Verlust einen Anteil gibt, den wir überschreiten können. Wir können den echten Teil unseres Selbst und uns nahestehender Menschen finden, der nicht verloren geht. Wir können sogar lernen, dass nur das wirklich zählt, was ewig ist und für immer uns gehört. Die Liebe, die Sie empfunden, und die Liebe, die sie anderen gegeben haben, kann nicht verloren gehen.

DK

Einmal hielt ich mich spät abends in der Krebsstation eines Krankenhauses auf und besuchte einen Patienten. Ich unterhielt mich mit einer Krankenschwester, die erschüttert war, weil sie soeben einen Patienten verloren hatte. »Das ist schon der sechste, den ich in dieser Woche habe sterben sehen!«, klagte sie. »Ich halte das nicht mehr aus, ich kann nicht mitansehen, wie ich einen Patienten nach dem anderen verliere. Das ist wie ein Fass ohne Boden. Soll das denn nie ein Ende haben?«

Ich fragte diese Krankenschwester, ob sie sich einen Augenblick frei nehmen könnte, um mit mir eine Runde zu drehen. Ehe sie antworten konnte, nahm ich sie sanft an der Hand und ging mit ihr über eine Brücke zu einem anderen Flügel des Krankenhauses. Wir bogen um die Ecke und kamen in die Entbindungsstation, wo ich mit ihr zu der Glaswand ging, hinter der die Neugeborenen lagen. Ich beobachtete ihr Gesicht, wie sie anfing, das neue Leben zu betrachten, und diese Szene in sich aufnahm, als hätte sie so etwas noch nie gesehen.

TRAUER

»In dem Dienst, den Sie tun«, sagte ich zu ihr, »sollten Sie öfter mal hierher kommen, damit Sie sich daran erinnern, dass das Leben nicht nur aus Verlust besteht.«

Selbst dann, wenn wir einen Verlust am tiefsten empfinden, wissen wir, dass das Leben weitergeht. Trotz all der Verluste und Abschiede, von denen Sie vielleicht massiv betroffen sind, gibt es überall einen Neubeginn. Mitten im Schmerz scheint der Verlust unendlich zu sein, aber der Kreislauf des Lebens geht überall weiter. Diese Krankenschwester erkannte, dass sie ihre Arbeit nur als Verlusterfahrung gesehen hatte. Sie erkannte, dass sie vergessen hatte, dass durch ihre Hilfe ein Leben sich vollenden konnte, das vor vielen Jahren in einer ähnlichen Säuglingsstation begonnen hatte wie das Leben dieser Babys.

Die Lektion der Macht

Carlos, ein fünfundvierzigjähriger Mann, der als HIV-positiv diagnostiziert worden war, lernte allmählich die Lektion der Macht, während seine Krankheit weiter fortschritt. »Zuerst verlor ich meinen Job, dann lief meine Sozialhilfe aus, dann verlor ich meine Versicherung. Bevor ich wusste, wie mir geschah, hauste ich in einem Asyl und war zu krank, um arbeiten zu können. Mein Leben war zu einem Alptraum geworden.

»Ich ging in eine Klinik, um mich verarzten zu lassen. Mir wurde gesagt, dass es eine medizinische Studie gebe, für die ich vielleicht in Frage käme. Ich meldete mich, wurde zuerst untersucht und begann zu warten. Eine, zwei Wochen verstrichen, dann vier Wochen und schließlich fünf. Ich wurde immer kränker, und jedesmal sagten sie mir, dass ich in der nächsten Woche von ihnen hören würde. Ich musste immer hingehen, um nachzufragen, weil ich kein Telefon mehr hatte. Nach sieben Wochen war ich kaum noch in der Lage, zu Fuß in die Klinik zu gehen. Ich war so matt und außer Atem, dass ich mich auf den Randstein setzen musste. Ich schaute auf die Straße und dachte mir: ›Das war's. So wirst du einmal enden.‹

Das war nicht die erste Herausforderung in meinem Leben. Ich war in ärmlichen Verhältnissen aufgewachsen und hatte auf einer Farm gearbeitet. Mein erstes Paar Schuhe bekam ich erst, als ich elf Jahre alt war. Ich hatte in meiner Kindheit so vieles überstanden. Wo waren mein

Mut und meine Entschlossenheit hingekommen? Ich saß einfach da und weinte. Ich dachte: ›Bitte nicht jetzt, nicht hier. Ich will noch so vieles tun, ich möchte das neue Jahrtausend erleben.‹ Ich hatte mir immer gewünscht, zu beiden Jahrhunderten zu gehören. Ich weinte, weil ich meine ganze Kraft verloren hatte.

Ich hatte das Gefühl, als würde meine Seele schrumpfen. Ich war dabei, mir abhanden zu kommen. Musste ich hier sterben?

Es gelang mir, mich aufzuraffen, und ich schaffte es in die Klinik. Ich sagte zu der Krankenschwester: ›Mein Körper braucht Hilfe. Ich kann nicht mehr warten, bis ich für diese Studie aufgerufen werde. Es muss einen anderen Weg geben, wie ich die neuen Medikamente bekommen kann.‹

Weil ich so hartnäckig war, schrieb die Krankenschwester mich in ein anderes Studienprogramm an einem anderen Ort ein, das noch einen Platz frei hatte. Noch am gleichen Tag begann ich mit einer neuen Kombination von Medikamenten. Jetzt, zwei Jahre später, hat sich mein Körper wieder erholt. Ich bin nicht mehr sterbenskrank. Ich führe all dies darauf zurück, dass ich an jenem Tag an meine Kraft erinnert wurde. Wenn ich nicht daran gedacht hätte, wäre ich schon längst gestorben.«

Unsere wahre Kraft oder Macht leitet sich nicht von unserer Stellung im Leben, von einem dicken Bankkonto oder einer eindrucksvollen Karriere ab. Sie ist vielmehr der Ausdruck unserer Echtheit, unserer nach außen projizierten Stärke, Integrität und Gnade. Wir wissen nicht, dass wir die Macht des Universums in uns tragen. Wir blicken uns um und sehen, dass andere ebenso mächtig sind, dass auch die Natur diese Macht besitzt. Wir sind Zeugen, wie ein Samenkorn sich in eine Blume verwandelt oder wie die Sonne jeden Tag über den Himmel zieht.

Macht

Wir sehen sogar, wie in uns und aus uns neues Leben geschaffen wird. Dennoch erleben wir uns, als wären wir von dieser ganzen Macht abgeschnitten. Gott macht nicht die Natur mächtig und den Menschen schwach. Unsere Macht kommt aus dem Wissen unserer Einzigartigkeit und aus unserer Erkenntnis, dass wir dieselbe eingeborene Macht in uns haben wie alle anderen Geschöpfe. Unsere Macht steckt tief in unserem Inneren. Es ist die Macht, mit der wir geboren wurden. Wenn wir sie vergessen haben, müssen wir sie nur einfach wiedererkennen.

David Viscount erzählte uns einmal etwas, das sich auf uns übertragen lässt und uns daran erinnert, wie wir diese Macht finden und gebrauchen können. Er beschrieb ein Gesetz, das folgendes besagt: Wer etwas besitzt, etwa ein leeres Grundstück, das andere Leute überqueren, muss mindestens einmal im Jahr ein Schild mit dem Hinweis anbringen, dass dies Privatbesitz ist. Wenn man dieses Schild nicht aufstellt, geht dieses Stück Land nach so und so viel Jahren in öffentlichen Besitz über. Mit unserem Leben ist es ebenso wie mit diesem Grundstück. Von Zeit zu Zeit müssen wir die Grenzen abstecken, durch die wir uns definieren, und »Nein« sagen oder »Das tut mir weh« oder »Ich werde nicht erlauben, dass du auf mir herumtrampelst«. Sonst treten wir nämlich unsere Macht an diejenigen ab, die beabsichtigt oder unbeabsichtigt auf uns herumtrampeln. Es liegt in unserer Verantwortung, unsere Macht durchzusetzen.

In einem berühmten Sketch spielte der verstorbene Komiker Jack Benny einmal einen notorischen Geizhals, an den sich ein Räuber heranmachte und mit vorgehaltener Pistole forderte: »Geld oder Leben!« Jack stand eine ganze Weile still, bevor er sagte: »Ich überlege es mir, ich überlege es mir.«

Wir neigen dazu, Reichtum mit Macht gleichzusetzen,

und meinen, dass man Glück mit Geld kaufen könne. Für viele kommt jedoch der traurige Tag, wenn sie schließlich Geld haben, aber erkennen müssen, dass sie nicht glücklich sind. Ebenso viele reiche Leute begehen Selbstmord wie solche, die keine Reichtümer angehäuft haben. Sigmund Freud sagte einmal, wenn er die Wahl hätte, ob er lieber reiche oder arme Patienten behandeln wolle, würde er immer die reichen wählen, weil diese nicht mehr daran glaubten, dass alle ihre Probleme mit Geld zu lösen seien. Natürlich möchten die meisten von uns trotzdem die Erfahrung machen, Geld zu haben. Doch das Geld ist nicht mehr als das – eine Erfahrung. Sie ist anders, aber nicht besser als andere Erfahrungen.

Es war einmal ein weiser Mann, der über Geld und Glück Bescheid wusste, denn er besaß beides. Als er in finanzielle Schwierigkeiten kam, wurde er gefragt: »Wie fühlt man sich, wenn man arm ist?« Er antwortete: »Ich bin nicht arm, ich bin nur pleite. Armut ist ein Geisteszustand, und ich werde nie arm sein.«

Er hatte Recht: Reichtum und Armut sind ein geistiger Zustand. Manche Menschen, die kein Geld haben, fühlen sich reich, während andere, die reich sind, sich arm fühlen. Arm sein bedeutet, arm zu denken, und das ist viel gefährlicher, als dass einem das Geld ausgeht. Sie denken ohne ihren Wert und vergessen, dass das Geld kommt und geht, sie jedoch immer ihren Wert besitzen. Aus der Fülle zu denken ist das Gegenteil von Denken in Armut.

Wenn Sie Ihren Wert kennen, wenn Sie sich bewusst sind, wie kostbar und wertvoll Sie sind, steigern Sie Ihr Selbstgefühl. Dies und nichts anderes ist der Anfang des wahren Reichtums. Manche von uns behandeln Dinge, als seien sie wertvoll. Das ist schön und gut, solange wir nicht vergessen, dass *wir selbst* noch kostbarer sind als irgendein Gegenstand, den wir erwerben könnten.

Macht

Wir bekommen oft den Rat, das zu tun, was wir gerne tun, und dann wird das Geld schon von alleine kommen. Das ist auch oft so. Was aber immer der Wahrheit entspricht, ist, dass Sie, wenn Sie tun, was Sie lieben, mehr Selbstwertgefühl im Leben haben, als wenn Sie einen Mercedes besäßen. Tausende von Menschen bereuen auf dem Sterbebett, dass sie das nicht getan haben. Viele klagen: »Ich bin nie meinem Traum gefolgt«, »Ich habe nie das getan, was ich wirklich tun wollte«, und »Ich bin ein Sklave des Geldes gewesen«. Keiner hat je gesagt: »Ich wünschte, ich wäre länger im Büro gesessen«, oder: »Ich wäre so viel glücklicher gewesen, wenn ich zehntausend Dollar mehr gehabt hätte«.

So wie wir irrtümlich denken, dass Geld uns Stärke verleihe, so meinen wir auch, dass Kontrolle über Menschen und Situationen uns Macht gibt. Je mehr Kontrolle wir ausüben, desto besser; wir denken, wir müssten alles kontrollieren, sonst würde alles im Chaos versinken. Natürlich müssen wir etwas Kontrolle haben, um die Verrichtungen des täglichen Lebens zu erfüllen. Probleme entstehen dann, wenn wir mehr als ein vernünftiges Maß an Kontrolle ausüben. Dann werden wir nicht mächtig, sondern unglücklich. Je mehr Kontrolle wir an uns reißen, desto weniger Lebensqualität haben wir, denn wir verausgaben unsere ganze Energie, um das Unkontrollierbare unter Kontrolle zu bringen.

Es ist wahr, dass diejenigen, die mehr Geld oder Positionen der Macht besitzen, ihre äußeren Umstände besser kontrollieren können als diejenigen, die das nicht haben. Aber das hat nichts zu tun mit wahrer Macht, sondern ist nur ein vorübergehender Einfluss auf andere. Alles, was wir zu verlieren fürchten – unser Körper, unsere Position, Geld und Schönheit –, ist ein Symbol äußerlicher Macht.

Wenn wir versuchen, Menschen und Situationen zu

kontrollieren, berauben wir sie und uns der natürlichen Siege und Rückschläge, die uns im Leben widerfahren. Wir wollen, dass sie sich zu ihrem Besten nach uns richten. Aber was wir wollen, ist nicht immer das Beste. Warum sollen andere das tun, was wir wollen? Warum sollen sie ihre Einmaligkeit nicht in alles einbringen, was sie tun? Wir werden mächtiger in Beziehungen und im Leben, wenn wir Kontrolle loslassen, weil wir erkennen, dass man Menschen, Dinge, Ereignisse nicht kontrollieren kann – das ist alles eine Illusion. Das Leben wird nicht chaotisch, wenn wir Kontrolle loslassen. Es fügt sich vielmehr in die natürliche Ordnung der Dinge.

EKR

Ich habe einmal erlebt, wie die natürliche Ordnung der Dinge sich vollkommen, jedoch auf ungewöhnliche Weise entfaltete.

Ich hielt einen Vortrag in New York vor fünfzehnhundert Menschen. Danach stellten Hunderte sich für ein Autogramm an. Ich signierte so viele Bücher, wie ich konnte, doch dann musste ich zum Flughafen. Ich signierte noch etliche, wusste aber, dass ich jetzt unverzüglich abreisen musste.

Ich raste zum Flughafen, wo ich feststellte, dass der Flug fünfzehn Minuten Verspätung hatte. Glücklicherweise gab mir das noch Zeit, um auf die Toilette zu gehen – denn ich musste schon dringend. Als ich auf der Toilette war, hörte ich, wie jemand sagte: »Frau Dr. Ross, gestatten Sie?«

Ich dachte: »Was gestatten?«

Dann wurde eines meiner Bücher unter die Toilettentür geschoben mit einem Stift zum Signieren.

Ich antwortete: »Ich gestatte nicht«, nahm das Buch

und dachte, ich würde mir Zeit lassen, bis ich aus der Toilette käme. Ich war neugierig und wollte sehen, wer so etwas fertig gebracht hatte.

Draußen wartete eine Nonne. Ich sagte zu ihr: »Ich werde Sie nie vergessen, solange ich lebe.« Und das war nicht freundlich gemeint. Was ich meinte, war: »Was fällt Ihnen ein! Kann ich nicht einmal in Ruhe aufs Klo gehen?«

Sie antwortete: »Ich bin so dankbar, das ist die Vorsehung Gottes.« Die Frau sah mir an, dass ich nicht wusste, was sie meinte, und so sagte sie: »Ich werde Ihnen erzählen, was ich damit meine.«

Ich merkte, dass ihr jedes Wort aus tiefstem Herzen kam. Ich war wütend über die Situation und dachte: »Wie kann jemand es wagen, mich so zu manipulieren!« Aber ich erkannte, dass in ihrer Reinheit eine ungeheure Kraft lag. Sie sagte dann: »Ich habe eine Freundin in Albany, eine Nonne, die im Sterben liegt. Sie zählte die Tage bis zu Ihrem Vortrag. Sie wollte so gerne hinfahren, war aber zu schwach dazu. Ich wollte etwas für sie tun, und so bin ich gekommen, habe Ihren Vortrag aufgenommen und wollte ihr ein signiertes Buch mitbringen. Ich habe mich über eine Stunde angestellt, weil ich wusste, wie viel ihr das bedeuten würde. Es waren nur noch wenige Leute vor mir dran, als Sie schließlich weggehen mussten. So sehr ich mich bemühte, alles zu tun, was in meiner Macht stand, um dieses Autogramm zu bekommen, habe ich Sie gerade verpasst. Können Sie verstehen, warum ich wusste, als ich Sie in die Toilette gehen sah, dass das die absolute Gnade war, dass das Universum uns zur selben Zeit zum selben Flughafen, zur selben Fluglinie und auf die gleiche Toilette geführt hat?«

Diese Frau hatte nicht gewusst, wohin ich fahren würde, wenn ich die Stadt verließ, zu welchem Flughafen ich fahren oder ob ich überhaupt fliegen würde. Sie war bestürzt, als ich ihr auf der Toilette über den Weg lief. Das zeigte mir, dass wir die Dinge nicht kontrollieren müssen, um sie geschehen zu lassen, wenn sie geschehen sollen. Es gibt keine Zufälle, nur göttliche Eingriffe. Das ist wahre Macht.

Unsere persönliche Macht ist etwas, das in unserem Wesen liegt, unsere wirkliche Stärke. Leider vergessen wir das oft in dieser oder jener Weise, ohne es zu merken.

Wir treten unsere Macht ab, wenn wir uns um die Meinung anderer Leute kümmern. Um Ihre Macht wiederzuerlangen, denken Sie daran, dass es sich um *Ihr* Leben handelt. Es zählt das, was *Sie* denken. Sie haben nicht die Macht, *andere* glücklich zu machen, aber Sie haben die Macht, sich selbst glücklich zu machen. Sie können nicht kontrollieren, was *andere* denken; ja, Sie haben überhaupt selten einen Einfluss darauf. Denken Sie an die Menschen, denen Sie vor zehn Jahren gefallen wollten. Wo sind sie jetzt? Sie spielen heute vermutlich gar keine Rolle mehr in Ihrem Leben. Oder wenn das doch der Fall ist, versuchen Sie vermutlich noch immer, Ihren Beifall zu erlangen. Machen Sie sich frei davon. Übernehmen Sie Ihre Macht. Bilden Sie sich Ihre eigene Meinung über sich.

Unsere Macht ist dazu da, uns zu helfen, das zu tun, was wir tun wollen, all das zu werden, was wir werden können. Sie ist uns nicht dazu gegeben, nur das zu tun, was wir tun »sollen«. Das ist das Schlimmste, was wir mit diesem Leben machen können. Wir müssen *uns* erfüllen.

Persönliche Macht schafft Platz in unserem Leben – und im Leben der Menschen in unserer Umgebung – für Integrität und Gnade. Diese Macht bedeutet, dass wir andere in ihrer Stärke unterstützen – wir sind stark genug, anderen Kredit zu geben, statt Kredit zu nehmen. Und diese Art von Macht ist uns ein innerer Rückhalt. Wenn ich sie als stark erkenne, dann erkenne ich auch die Stärke, die in mir ist. Wenn ich sie als liebevoll erkenne, kann ich nur mit Liebe darauf antworten und finde die Liebe, die in mir ist. Letztlich muss ich das, was ich von ihnen halte, im Endeffekt auch von mir selbst halten. Wenn ich glaube, dass sie kein Opfer sind, dann hilft mir das, zu erkennen, dass auch ich kein Opfer bin. Es ist Gnade, die bewirkt, dass diese Güte sich ausbreitet und um sich greift. Wenn wir an andere glauben, gewinnen wir die Zuversicht, auch an uns selbst zu glauben.

Aber wir sind Menschen und gehen oft in die Irre. Wir sehen unsere Fehler und Unzulänglichkeiten und sagen dann: »Ich bin unglücklich wegen der Fehler, die ich gemacht habe. Ich bin nicht gut genug, daher werde ich versuchen, mich zu ändern.« Doch wenn wir nur unsere Fehler und Schwächen sehen, binden wir uns noch mehr an sie. Wir sagen uns: »Vorher ›genügte‹ ich nicht, aber von jetzt an werde ich ›mehr‹ sein«, und damit beginnt das gefährliche Spiel des »Mehr«. Wir reden uns ein, dass wir glücklich sein werden, wenn wir mehr Geld oder mehr Autorität am Arbeitsplatz hätten oder wenn wir stärker respektiert würden.

Warum scheint das Morgen um so viel mehr Möglichkeiten des Glücks und der Macht zu enthalten als das Heute? Weil wir uns von dem Spiel des »Mehr« verblenden lassen und dabei unsere Macht einbüßen, egal wie wir dieses Spiel handhaben. Das Spiel des »Mehr« hält uns auf der Stufe des Mangels, des Gefühls, nicht gut genug zu sein, fest. Wenn wir bekommen, was wir uns wünschen, fühlen wir uns sogar noch schlechter, weil das noch immer nicht reicht. Wir sind weiterhin unglücklich.

MACHT

Hätten wir doch nur ein wenig mehr! Wir begreifen nicht, dass es darauf ankommt, sich zu bescheiden.

Sterbende können das Spiel des »Mehr« nicht spielen, weil sie vielleicht kein Morgen mehr haben. Sie entdecken die Macht, die im Heute steckt, und dass der heutige Tag genügt. Wenn wir an einen allmächtigen und guten Gott glauben, meinen wir dann, dass er sagen würde: »Ich muss bis morgen warten«? Gott würde nicht sagen: »Ich wollte, dass Bill ein gutes Leben hat, aber na ja, er hat den falschen Job, und daher kann ich nicht viel für ihn tun.« Gott sieht nicht auf die Beschränkungen, die wir unserem Leben und uns selbst auferlegen. Gott hat uns eine Welt gegeben, in der das Leben sich immer zum Besseren wenden kann, nicht morgen, sondern heute. Wenn wir es zulassen, kann sich ein schlechter Tag in einen guten verwandeln, eine unglückliche Beziehung kann sich bessern, und viele andere Fälle von »Unrecht« können sich in das Rechte verwandeln.

Leslie und ihre fünfjährige Tochter Melissa überquerten eine Straße in einem Einkaufszentrum. Ein Jeep mit dröhnender Musik fuhr über das Stopplicht, als er die Fahrbahn wechselte, um nach links abzubiegen. Der erst siebzehnjährige Lenker konnte Leslie und Melissa nicht sehen, da er von der Sonne geblendet war. Doch Leslie sah den Jeep; sie wusste, dass er in sie hineinfahren würde. Sie konnte ihre Tochter lediglich an sich reißen. Der Lenker sah sie im letzten Augenblick und wich aus. Er stieß mit einigen geparkten Autos zusammen und kam erst Zentimeter vor der erstarrten Mutter und Tochter zum Stehen. Der Junge war erschüttert über das, was geschehen war, aber Leslie empfand nur Dankbarkeit.

»Es hätte leicht anders ausgehen können, und Melissa und ich wären tot auf der Straße gelegen«, sagte die erleichterte Mutter. »Das Leben kann so viele Richtungen nehmen. An dem Tag kniete ich nieder, weil wir verschont geblieben waren. Seit dieser Zeit ist mir nichts mehr selbstverständlich. Wenn meine fünfundfünfzigjährige Mutter mich anruft, um mir zu sagen, dass ihre Mammographie in Ordnung ist, danke ich ihr dafür, dass sie sich hat untersuchen lassen. Ich danke Gott für ihre Gesundheit. Ich habe etwas von der Zerbrechlichkeit des Lebens erfahren, und das lässt mich dankbar sein. Diese Dankbarkeit hat meinem Leben eine enorme Bedeutung und Macht gegeben.«

Ein dankbarer Mensch ist ein mächtiger Mensch, denn Dankbarkeit erzeugt Macht. Jede Fülle beruht darauf, dass wir dankbar sind für das, was wir haben.

Wahre Macht, Glück und Wohlbefinden sind in der hohen Kunst der Dankbarkeit zu finden. Dankbar zu sein für das, was Sie besitzen, für die Dinge, so wie sie sind. Dankbarkeit zu empfinden, dass Sie der Mensch sind, der Sie sind, für die Dinge, die Sie durch Ihre Geburt in die Welt gebracht haben. Das ist Ihre Einzigartigkeit. In einer Million von Jahren wird es keinen Menschen wie Sie mehr geben. Niemand kann die Welt in genau derselben Weise sehen und so auf sie reagieren wie Sie. Wenn Sie andererseits die Dinge und Menschen, die Sie jetzt haben, nicht zu würdigen vermögen, wie wollen Sie dann in der Lage sein, mehr Dinge, Menschen und Macht zu würdigen, wenn diese Ihnen zufallen? Sie können es nicht, weil Sie Ihren »Muskel der Dankbarkeit« nie trainiert haben, weil Sie nie gelernt und geübt haben, dankbar zu sein. Statt dessen denken Sie: »Diese zweite Frau, diese zweite Million, dieses größere Haus sind immer noch nicht genug. Ich brauche noch mehr.« Und so werden Sie leben und ständig mehr wollen oder wünschen, dass die Dinge anders wären, als sie sind, und das Spiel des »Mehr« spielen, statt dankbar zu sein für alles, was Sie haben.

Macht

Wir blicken auf unsere eigenen Wege, die uns zu Dingen führen, die größer und erhabener sind als Geld und materieller Wohlstand; wir tauschen das Spiel des »Mehr« ein für »Genug«. Wir hören auf zu fragen: »Ist es genug?«, weil wir in unseren letzten Tagen erkennen werden, dass es genügte. Hoffentlich begreifen wir das, bevor unser Leben zu Ende geht.

Wenn das Leben »genügt«, brauchen wir nicht mehr. Wie gut wir uns dann fühlen, wenn unsere Tage genügen. Die Welt genügt. Wir lassen dieses Gefühl nicht oft zu. Es ist uns fremd, weil wir dazu neigen, unser Leben mit dem Gefühl zu leben, dass es nicht genügt. Doch wir können diese Wahrnehmung verändern. Wenn ich sage, dass das Leben so ist und dass ich nichts weiter brauche, ist das eine wunderbare Aussage der Gnade und Macht. Wenn wir nichts weiter brauchen, wenn wir nicht alles unter Kontrolle bringen müssen, können wir zulassen, dass das Leben sich entfaltet.

Wir haben so viel Macht in unserem Inneren und wissen sie so wenig zu gebrauchen. Wahre Macht kommt daher, dass wir wissen, wer wir sind, und dass wir unseren Platz in der Welt kennen. Wenn wir meinen, etwas anhäufen zu müssen, haben wir in Wirklichkeit alles vergessen, was wir sind. Wir müssen eingedenk sein, dass unsere Macht aus dem Wissen kommt, dass alles in Ordnung ist und jeder Mensch sich genau so entfaltet, wie es ihm zukommt.

Die Lektion der Schuldgefühle

DK

Sandra war entzückt, als Sheila, ihre beste Freundin, ihr vor Jahren mitteilte, dass sie heiraten würde – und überglücklich, als Sheila sie bat, als Ehrenjungfrau mitzuwirken. Am Tag der Hochzeit holte die zweiundzwanzigjährige Sandra die Braut mit ihrem funkelnagelneuen Wagen ab, um sie zur Kirche zu fahren. Sandra hatte angeboten, diese Aufgabe zu übernehmen, nicht nur, weil sie Ehrenjungfrau war, sondern weil sie wollte, dass die Braut elegant vorgefahren kam.

Es regnete, als Sandra in die Parkzone bei Sheilas Wohnung einfuhr. Die Ehrenjungfrau half der Braut, ihr Hochzeitskleid und das Gepäck für die Flitterwochen zum Auto zu tragen, und wollte gerade auf den Fahrersitz klettern, als Sheila sagte: »Ach, lass mich fahren.«

»Du kannst doch nicht zu deiner eigenen Trauung fahren!«

Sheila bestand darauf: »Lass mich. Es wird mir helfen, mich von Tausenden von Dingen abzulenken, ganz zu schweigen davon, dass die Sonne offenbar nicht gewillt ist, zu meiner Hochzeit zu erscheinen.«

Sandra händigte ihrer besten Freundin die Autoschlüssel aus. Sie brachen auf und fuhren die zwei Meilen zur Kirche. Sie gingen die Einzelheiten der Hochzeit durch und stellten fest, dass das Wetter sich verschlechterte und dass es stark regnete. Plötzlich kam der Wagen ins Schleudern. Sheila verlor die Kontrolle, und das Auto raste in einen Laternenpfahl. Die Braut war sofort tot. Sandra erlitt mehrere Knochenbrüche, kam jedoch mit dem Leben davon, das heißt mit dem physischen Leben. Ihre Psyche war jedoch schwer beschädigt.

Jetzt noch, nach mittlerweile zwanzig Jahren, wird sie von dem, was an jenem Tag geschehen ist, verfolgt. »Wäre doch nur ich gefahren«, jammerte sie, »dann wäre Sheila noch am Leben.«

Ich sprach mit Sandra und stellte ihr einige Fragen: »Weißt du mit absoluter Sicherheit, ob Sheila überlebt hätte, wenn du gefahren wärst? Wusstest du, dass sich ein Autounfall ereignen würde? Wusstest du, dass sie sterben würde? Hast du gewusst, dass du davonkommen würdest und sie nicht?« Sie konnte alle diese Fragen nur verneinen.

»Nein, aber ich habe überlebt, und sie nicht!«

Sandra war offensichtlich noch nicht in der Lage, ihre Schuldgefühle loszulassen. Ich fragte sie: »Wenn es umgekehrt gewesen wäre, wenn ihr die Rollen getauscht hättet, was hättest du von Sheila hören wollen? Mit anderen Worten, wenn du gestorben wärest und sie wäre hier, und du könntest mit ihr reden, was würdest du ihr sagen? Wenn du herunter schauen und deine Freundin sehen könntest, die Jahrzehnte danach noch immer von Schuldgefühlen besetzt ist, was würdest du ihr zu dem Ereignis sagen?«

Sandra brauchte eine Minute, um sich in ihre Freundin hineinversetzen zu können. »Ich würde ihr sagen: ›Schließlich bin ich gefahren, ich war verantwortlich für meine Entscheidungen. Niemand zwang mich zu fahren, und niemand hätte mich daran hindern können. Es war mein Hochzeitstag, und ich hätte ein Fahrverbot nicht hingenommen.‹« Die Augen Sandras füllten sich mit Tränen über diesen tragischen, längst vergangenen Tag. »Ich

SCHULDGEFÜHLE

würde sagen: ›>Es war nicht deine Schuld. Es ist eben geschehen. Ich möchte nicht, dass du dein Leben mit Schuldgefühlen verschwendest.‹«

Manchmal geschieht etwas, auch etwas sehr Tragisches, und niemand ist schuld daran. Niemand von uns weiß, warum ein Mensch stirbt und ein anderer überlebt. Sandra war besetzt von Schuld, weil sie einen Zorn auf sich hatte, dass sie nicht selbst gefahren war, sondern ihrer Freundin erlaubt hatte, »sich zuschanden zu fahren«. Sandra musste daran erinnert werden, dass sie damals nicht wusste – nie hätte wissen können –, wie diese Entscheidung, wer chauffieren sollte, ausgehen würde. Sie dachte, dass sie ihrer Freundin an ihrem Hochzeitstag noch mehr Freude machen würde, wenn sie ihr das neue Auto überließ.

Diese Reaktion wird oft der Schuldkomplex der Überlebenden genannt. Es ist ein Schuldgefühl ohne vernünftige Grundlage. Dieses Konzept wurde erstmals nach dem Zweiten Weltkrieg weithin bekannt, als manche Überlebende der Konzentrationslager die Frage stellten: »Warum sie und nicht ich?« Das Phänomen der Schuldgefühle von Überlebenden tritt auf, wenn jemand Zeuge einer Katastrophe wird oder eine solche überlebt, wie das Bombenattentat von Oklahoma City, wie Flugzeugabstürze, Autounfälle, sogar weit verbreitete Krankheiten wie AIDS. Es kann auch zuschlagen, wenn ein geliebter Mensch stirbt, auch dann, wenn es sich um einen natürlichen Tod handelt. Es ist zwar leicht zu verstehen, warum Menschen, die schmerzliche oder schreckliche Ereignisse miterlebt haben, sich fragen, warum sie verschont blieben, aber letztlich gibt es auf diese Frage keine Antwort. Es steckt sogar eine unbewusste Anmaßung darin. Es steht uns nicht an zu fragen, warum ein Mensch stirbt und ein anderer weiterlebt. Diese Entscheidungen sind Gott und dem Universum vorbehalten. Auch wenn es auf diese Frage keine Antwort gibt, hat das Geschehene einen Grund: Die Überlebenden wurden verschont, damit sie leben. Die eigentliche Frage lautet: Wenn du verschont geblieben bist, weil du leben sollst, lebst du wirklich?

Die psychologische Wurzel von Schuldgefühlen ist eine Selbstverurteilung, das Gefühl, etwas Böses getan zu haben. Es ist ein nach innen gerichteter Zorn, der aufsteigt, wenn wir gegen unsere Glaubenssysteme verstoßen. Oft wurzelt diese unglückliche Selbstverurteilung in dem, was uns als Kindern beigebracht wurde. Unser Schuldgefühl kommt so oft aus der Kindheit, weil wir dazu erzogen wurden, uns zu »prostituieren«. Das klingt hart, aber es ist so. Wenn ich das Wort »sich prostituieren« gebrauche, dann spreche ich davon, wie wir uns als Kinder für die Zuwendung anderer symbolisch verkaufen. Gewöhnlich werden wir angehalten, artige kleine Jungen und Mädchen zu sein, die sich den Wünschen anderer fügen, statt eine starke Identität auszubilden. Wir werden dazu erzogen, »ko-dependent« zu werden, indem wir die Bedürfnisse und das Leben anderer wichtig nehmen und unser eigenes vernachlässigen. Das ist keine bewusste Entscheidung. Oft wissen wir gar nicht, wie wir unsere eigenen Bedürfnisse erfüllen sollen, um glücklich zu sein.

Ein deutliches Symptom dieser Ko-dependenz ist die Unfähigkeit, nein zu sagen. Uns wurde beigebracht, anderen gefällig zu sein, indem wir ihren Forderungen entsprechen. Viele Eltern sind unglücklich, wenn ihre Kinder lernen, bei der richtigen Gelegenheit nein zu sagen. Wir alle sollten lernen, nein zu sagen – frühzeitig, laut und deutlich.

Der Wunsch, anderen zu gefallen, ist ein fruchtbarer Boden für Schuldgefühle, jedoch nicht der einzige. Manchmal fühlen wir uns schuldig, wenn wir versuchen, unsere Unabhängigkeit zu behaupten. Das kann ein besonderes Problem für Kinder sein, die einen Verlust erleiden, während sie noch im Begriff sind, ihre Identität auszubilden. Es braucht weise Eltern, um Kindern zu helfen, dieses Schuldgefühl zu überwinden oder abzuwenden.

EKR

Der neunjährige Scott war zornig, weil seine Mutter ihn nicht auf einen Campingausflug mitfahren ließ. Sie hatte ihn klar und deutlich gewarnt, dass er nur dann fahren dürfe, wenn er seine Hausaufgaben gemacht hätte, aber es fiel Margie schwer, ihren Sohn zu maßregeln. Mit vierzig Jahren war sie an Gebärmutterhalskrebs erkrankt, der schon ihre Leber angegriffen hatte. »Ich möchte nicht, dass er mit mir unglücklich ist«, erklärte sie mir. »Wir haben nur noch so wenig Zeit miteinander.«

Trotz Margies Sehnsucht nach Harmonie geriet sie mit ihrem Sohn in einen heftigen Streit wegen der Hausaufgaben und dem Camping. Scott schleuderte ihr wütend die Worte entgegen: »Ich wünschte, du wärest tot!«

Das ist eine ziemlich brutale Äußerung. Andere hätten vielleicht zurückgekeift: »Keine Sorge, dein Wunsch wird bald in Erfüllung gehen«, aber Margie sah ihn an und antwortete leichthin: »Ich weiß, dass du das nicht im Ernst meinst. Ich weiß, dass du sehr zornig bist.«

Zehn Monate später, als sie schon bettlägerig war, fügte sie hinzu: »Ich möchte Scott mit guten Erinnerungen zurücklassen. Ich weiß, dass mein Sterben seine Kindheit beschädigen wird, wenn es ihr nicht ohnehin ein Ende setzt. Das ist schlimm genug, aber ich will nicht, dass er auch noch Schuldgefühle hat. Deshalb habe ich mit ihm darüber gesprochen. Ich sagte: ›Scottie, erinnerst du dich, als du einmal wütend auf mich warst und sagtest, du wünschtest, ich wäre tot? Einmal, wenn ich schon lange gestorben bin, wirst du dich an solche Dinge erinnern, und vielleicht bist du dann unglücklich deswegen. Aber du sollst wissen, dass alle Kinder einmal wütend werden und manchmal denken, sie hassen ihre Mama. Ich weiß, dass du mich nicht wirklich hasst. Ich weiß, wie weh dir das alles tut. Ich möchte nicht, dass du wegen solcher Sachen jemals Schuldgefühle hast. Durch dich habe ich erfahren, wie wunderbar es ist, Mutter zu sein. Es hat sich gelohnt zu leben, nur um bei dir zu sein.‹«

Die meisten von uns sind nicht so weise wie Margie, was Schuldgefühle betrifft und wie sie entstehen. Die meisten von uns sind sich nicht bewusst, welche Schuldgefühle sie ihren Kindern vermitteln und wie diese wiederum uns vermittelt wurden. Die Schuldgefühle in unserem Leben setzen sich bis ins Erwachsenenalter fort, laut, strafend und zumeist unproduktiv.

Wir brauchen ein gewisses Maß an Schuldgefühlen. Ohne sie würde es in unserer Gesellschaft drunter und drüber gehen. Es gäbe kein Rotlicht, das uns anweist stehen zu bleiben. Wir würden so autofahren, als wären wir allein auf der Straße.

Schuld gehört zur Erfahrung des Menschseins. Schuldgefühle können mitunter ein Führer sein, der uns sagt, wenn etwas falsch läuft. Er kann uns andeuten, dass wir nicht das tun, woran wir glauben, dass wir uns außerhalb der Grenzen unserer Integrität befinden. Um Schuldgefühle hinter uns zu lassen, müssen wir das, woran wir glauben, und unser Tun in Einklang bringen.

SCHULDGEFÜHLE

DK

Helen und Michelle, beide jetzt in den Fünfzigern, waren über zwei Jahrzehnte Freundinnen gewesen. Doch jetzt war Helen böse auf Michelle. Sie hatten seit über vier Jahren kaum miteinander gesprochen. Helen brach in Wut aus, wenn Michelles Name nur erwähnt wurde: »Seit vier Jahren habe ich Geburtstagsgeschenke für sie im Keller. Aber ich gebe sie ihr nicht, bevor sie nicht Zeit für mich hat.«

Beide waren seit ihrer Wiederverheiratung nur noch dem Namen nach Freundinnen. Michelle war die erste, die wieder heiratete. Helen freute sich mit ihr, empfand jedoch, dass sie ihr unwichtig geworden sei. Ungefähr um diese Zeit lernte Helen ihren zweiten Mann kennen, und die beiden alten Freundinnen drifteten immer weiter auseinander. Wenn Helen anrief, um ein Treffen zu vereinbaren, schien Michelle nie Zeit zu haben. Helen sagte dann: »Ich habe ein Geburtstagsgeschenk für dich, Michelle, wir müssen uns sehen«, aber das geschah nie.

Nun war Helen an Brustkrebs erkrankt. Als sie Rückschau auf ihr Leben hielt, stieg diese zerbrochene Freundschaft immer wieder in ihr hoch. Als ich ihr sagte, sie könnte alle diese Geburtstagsgeschenke, die sie für Michelle gekauft hatte, ihrer alten Freundin doch mit der Post schicken, erklärte sie wütend: »Erst dann, wenn wir uns sehen. Ich versuche das schon seit Jahren. Ich rufe sie immer wieder an und erzähle ihr von den wunderschönen Geschenken, die ich für sie gekauft habe.«

Ich fragte die zornige Frau, ob sie meinte, dass Schuldgefühle eine Rolle in der Entfremdung von ihrer Freundin spielten. Sie antwortete rasch: »Ich fühle mich nicht schuldig.«

Ich fragte sie, ob sie vielleicht versuchte, bei ihrer

Freundin Schuldgefühle zu wecken. »Wie kommen Sie auf diese Idee?«, fragte sie verwirrt.

»Mir scheint«, antwortete ich, »dass Michelle ihre Freundschaft beenden oder wenigstens ihre Form verändern wollte, indem sie sich nicht mit Ihnen traf. Statt das direkt anzusprechen, haben Sie weiterhin nichts getan oder gesagt, außer dass sie jedes Jahr noch mehr Geschenke gekauft haben. Ich kann das im ersten Jahr verstehen, aber warum setzen Sie das vier Jahre lang fort? Sie müssen gewusst haben, dass Sie Geschenke kauften, die Sie nur horten würden.«

»Ich dachte, dass wir vielleicht in diesem Jahr Zeit finden würden.«

Als ich sie fragte, ob die Geschenke sich von Jahr zu Jahr irgendwie verändert hätten, sagte sie mir, dass es immer schönere geworden wären. Dann fragte ich sie, warum sie einem Menschen, der kein Interesse daran hatte, sich von ihr beschenken zu lassen, immer schönere Geschenke machen wollte.

Verwirrt begann Helen, über ihre Handlungsweise nachzudenken. Dann stieß sie zornig hervor: »Sie verstehen das nicht. Michelle ist im Unrecht. Sie ist es doch, die sich mit mir nicht treffen will.«

»Das mag sein«, erwiderte ich. »Aber sind diese Geschenke, die Sie gekauft haben, Geschenke der Schuld? Wenn Sie immer schönere Geschenke gekauft haben, was sollte Michelle dann empfinden, wenn sie sie öffnete?«

Helen schlug die Augen nieder und gab schließlich leise zu: »Ich wollte, dass sie sich schuldig fühlte, weil sie sich nie mit mir traf.«

»Glauben Sie nicht, dass sie das Ihrer Stimme angemerkt hat? Vielleicht will sie Sie deshalb nicht treffen. Sie bieten ihr gar keine Freundschaft; das sind Geschenke der Schuld.«

Schuldgefühle

»Das möchte ich in Ordnung bringen. Ich möchte es besser machen.«
»Schicken Sie ihr doch die Geschenke zu.«
»Nein«, erwiderte Helen unerbittlich.
»Dann geben Sie sie einem Wohltätigkeitsverein.«
»Nein, das kann ich nicht.«
»Wenn Sie wollen, dass es Ihnen besser geht, müssen Sie die Schuldgefühle loslassen; ihre eigenen und die Schuldgefühle, die Sie erwecken. Solange Sie diese Geschenke festhalten, halten Sie die Schuldgefühle fest. Sie fühlen sich jetzt schuldig, weil Sie wollen, dass sie sich schuldig fühlt.«
»Ich werde darüber nachdenken.«
Einige Wochen später rief Helen Michelle ein letztes Mal an. Statt zu sagen: »Ich habe Geschenke für dich«, entschuldigte sie sich diesmal für sie. Michelle sagte ihr, dass sie in der Tat das Gefühl gehabt hatte, durch diese Geschenke in Geiselhaft genommen zu werden. Die beiden reden jetzt wieder miteinander und bemühen sich, ihre Beziehung wiederherzustellen. Sie beschlossen, »reinen Tisch« zu machen, und die Geschenke wanderten zu einem Wohlfahrtsverband.

Schuldgefühle ketten uns an den dunkelsten Teil unseres Selbst, zusammen mit unseren Schwächen, unseren Schamgefühlen und unserer Unfähigkeit zu vergeben. Der niedrigste Teil von uns nährt sich von ihnen. Untätigkeit gibt ihm Nahrung. Wenn wir uns schuldig fühlen, bleiben wir kleinlich, und unsere niederen Gedanken haben Kontrolle über uns. Nach einer Weile schämen wir uns. Die Lösung heißt, zu handeln und Ihre Gefühle mitzuteilen. Ihr wahres Selbst steht über den Schuldgefühlen dieser Welt.

Scham- und Schuldgefühle stehen in enger Verbindung miteinander. Scham kommt aus alten Schuldgefühlen.

Während Schuldgefühle sich auf das beziehen, was Sie getan haben, geht es bei Scham um das, was Sie von sich selbst halten. Das Schuldgefühl, das Ihr Gewissen angreift, wird zu dem Schamgefühl, das Ihre Seele angreift. Wie das Schuldgefühl, das ihm vorausgeht, hat Scham ihre Wurzel gewöhnlich in der Kindheit, bevor wir wissen, wer wir sind. Sie beginnt zu wachsen, bevor wir wissen, dass wir für unsere Fehler verantwortlich sind und dass wir viele begehen werden, aber dass *wir nicht* unsere Fehler sind. Wenn unsere Bedürfnisse und unsere Eltern aufeinander prallten, empfanden wir, dass wir etwas Böses getan haben. Wir fingen an zu glauben, dass wir *wirklich* im Unrecht seien. Wir haben unsere Wunde, unseren Zorn und unseren Groll in uns vergraben. Und jetzt haben wir uns selbst gegenüber einfach ein schlechtes Gefühl.

Mit fünfzehn Jahren war Ellen wohl noch zu jung, um eine Mutter zu sein, aber nicht zu jung, um schwanger zu werden. Ihre Familie hatte etwas Derartiges nie für möglich gehalten und sie nicht einmal aufgeklärt. Als Ellen ihren Zustand nicht mehr verbergen konnte, teilte sie sich den Eltern mit. Voll von Scham- und Schuldgefühlen schickten die Eltern sie fort, damit sie ihr Kind irgendwo zur Welt bringen konnte, und gaben es dann zur Adoption frei. Ellen weigerte sich, während der Geburt schmerzstillende Mittel zu nehmen, weil sie ihr Kind »einmal richtig anschauen« wollte. Sie durfte ihre süße kleine Tochter zwar sehen, aber nicht im Arm halten, bevor sie ihr weggenommen wurde.

Jetzt, über fünfundfünfzig Jahre später, hat Ellen ein schwaches Herz und ist in schlechtem Gesundheitszustand. »Es ist Zeit, mit dem Leben abzuschließen«, sagte sie. »Ich nehme es an, so wie es war, außer was meine erstgeborene Tochter betrifft. Ich begreife, dass ich mir selbst verzeihen muss, dass ich sie weggegeben habe. Ich war selbst noch ein Kind, als das passierte. Ich begriff die Konsequenzen meines Handelns nicht. Aber ich sehe, wie dieses Schamgefühl unterschwellig mein ganzes Leben begleitet hat. Ich habe viel an mein Kind gedacht. Ich hatte das Gefühl, dass mir etwas abging. Es ist wahrscheinlich zu spät, um sie ausfindig zu machen, und vielleicht ist es auch egoistisch – sie weiß vielleicht gar nicht, dass sie adoptiert wurde. Obwohl ich damals noch sehr jung war und mir nicht anders zu helfen wusste, möchte ich diese Welt mit dem Gefühl verlassen, dass ich etwas unternommen habe, um diese Scham hinter mir zu lassen. Deshalb habe ich meiner Tochter einen Brief geschrieben«:

»Wenn Du dies liest, werde ich vermutlich nicht mehr am Leben sein. Obwohl ich ein gutes Leben hatte, hast Du mir immer gefehlt. Einen Großteil meines Lebens habe ich mit Schuldgefühlen verbracht. Ich hätte die Dinge früher lösen können. Ich weiß nicht, ob ich Dich hätte finden können, aber ich hätte es Dir leichter machen können, mich zu finden, wenn Du das gewollt hättest. Jetzt, da mein Leben zu Ende geht, bleibt mir noch etwas, das ich tun muss, nämlich Dir diese Botschaft zu hinterlassen: Wenn Du einen Weg finden kannst, aus dem Vollen zu leben, ganz egal, wie unfair das Leben sein kann, dann wirst Du am Ende Deines Lebens ein echtes Selbstwertgefühl haben. Ich weiß, dass das schwer ist. Ich habe früh erlebt, wie unfair das Leben sein kann, aber bei Dir hat das Leben damit begonnen. Du kannst Deinen eigenen Wert finden. Nicht Vollkommenheit, aber Deinen Wert. Ich musste Dir sagen, dass Du erwünscht warst und dass ich Dich nie im Stich lassen wollte. In mancher Hinsicht habe ich Dich nie verlassen. Ich hoffe, dass Du ein gutes Leben hast, ein sinnvolles. Wenn es einen Himmel gibt, werde ich Dich behüten und Dich im Tod beschützen auf eine Weise, wie ich es im Leben nicht vermocht habe. Es ist mein innigster Wunsch, dass ich Dich abholen darf, wenn Deine Zeit gekommen ist.«

Ellens Brief wurde gefunden, als ihre Familie nach ihrem Tod ihr Zimmer aufräumte. In einem lokalen Radiosender lief eine Reportage über ihre Geschichte, damit der Brief die Empfängerin, für die er bestimmt war, erreichen konnte. Einige Monate später meldete sich eine Frau, die in Erfahrung bringen wollte, ob sie Ellens Tochter sei. Nach einigen Nachforschungen wurde es bestätigt.

Wie im Fall von Ellen bürdet Scham in unserer Kindheit uns mehr Verantwortung auf, als der Situation angemessen ist. Wenn wir missbraucht wurden, empfinden wir oft, dass wir den Missbrauch verursachten. Wenn wir uns schämen, empfinden wir oft, dass wir die Scham verdient haben. Wenn wir nicht geliebt wurden, empfinden wir, dass wir der Liebe nicht würdig waren. Wir empfinden es als unsere Schuld, dass wir uns so schlecht fühlen. Die Wahrheit ist, dass wir würdig sind und Wert haben. Ja, wir können manchmal ein schlechtes Gefühl haben, was unsere Handlungen betrifft, doch diese Gefühle machen uns eigentlich zu guten Menschen, denn schlechte Menschen haben kein schlechtes Gewissen, wenn sie andere verletzen. Sehen Sie das Beste in sich. Erinnern Sie sich an Ihre Güte.

Viele spirituelle Glaubenssysteme halten Schuldgefühle für eine niedrige Denkweise – ein Denken, das von Gott getrennt ist, oder ein Denken ohne Liebe. Unsere erste Regung ist, uns der Schuldgefühle zu entledigen, weil sie so schmerzhaft sind. Wir tun das unbewusst, indem wir das Gefühl auf jemand anderen projizieren. »Da es mir schwer fällt, mich schuldig und im Unrecht zu fühlen, werde ich *dich* für schuldig und im Unrecht befinden.« Mit anderen Worten, da ich es nicht sein kann, musst du es sein. Doch wenn wir uns in diese Projektion flüchten, bleiben wir in einem Kreislauf von Schuldgefühlen stecken, den wir nicht auflösen können.

Frieden und Schuldgefühle sind Gegensätze. Sie können nicht gleichzeitig Frieden und Schuldgefühle haben. Wenn Sie Liebe und Frieden akzeptieren, leugnen Sie die Schuldgefühle, aber auch das Umgekehrte gilt: Wenn Sie sich an Ihre Schuldgefühle klammern, wenden Sie sich von Liebe und Frieden ab. Die gute Nachricht lautet, dass Sie sich selbst entscheiden können. Sie können sich für Liebe entscheiden, Sie können Schuldgefühle gegen ein Gefühl des Friedens tauschen.

Manche glauben an einen Gott, der uns für schlecht und der Liebe für nicht wert erachtet. Doch viele Menschen am Rande des Lebens finden einen Gott, der uns bedingungslos liebt, der uns ohne Schuld sieht. Natürlich haben wir Fehler gemacht, das gehört zur Erfahrung des Menschseins. Es sind unsere Schuldgefühle, die uns von unserer wahren Wirklichkeit, von der Liebe und von Gott trennen.

Es besteht auch eine enge Verbindung zwischen Schuldgefühlen und Zeit. Da Schuldgefühle immer aus der Vergangenheit kommen, halten sie das Vergangene am Leben. Schuldgefühle sind eine Art, sich vor der Wirklichkeit der Gegenwart zu drücken. Sie schleppen die Vergangenheit in die Zukunft: Eine Vergangenheit der Schuld wird eine Zukunft der Schuld erzeugen. Nur wenn Sie Ihre Schuld loslassen, lassen Sie wahrhaft Ihre Vergangenheit los, um eine neue Zukunft zu schaffen.

Schuldgefühle müssen beseitigt werden, soviel ist klar. Workshops können dabei eine große Hilfe sein, indem sie es Menschen ermöglichen, ihren Zorn loszulassen. Dann müssen sie ihre Schuldgefühle den anderen mitteilen. Wenn sie das in einer geschützten Umgebung tun, können sie ihn loslassen, manchmal mit einer Flut von Tränen. Diese Art der Mitteilung gleicht sehr der Beichte in der katholischen Kirche. Wenn wir beichten, lassen wir die Bürde der Heimlichkeit los und erleben oft die Gnade zu wissen, dass wir von einer Macht geliebt werden, die größer ist als wir. Außerdem können wir lernen, dass wir der Liebe anderer noch würdig sind. Der Schlüssel zur Heilung ist die Vergebung. Vergebung aber bedeutet, das Vergangene anzuerkennen und es loszulassen.

Alles, dessen Sie sich schuldig fühlen, kann ausgeräumt und durch Vergebung geläutert werden. Sie waren Ihr ganzes Leben streng gegen andere und noch strenger gegen sich selbst. Jetzt ist es Zeit, all diese Urteile loszulassen. Als geheiligtes Kind Gottes verdienen Sie keine Bestrafung. Sobald Sie sich selbst und anderen vergeben, brauchen Sie Ihre Schuldgefühle nicht länger festzuhalten. Wir haben keine Schuldgefühle verdient, sondern Vergebung. Wenn wir das beherzigen, sind wir wahrhaft frei.

DIE LEKTION DER ZEIT

Unser Leben wird von der Zeit bestimmt. Wir leben durch sie und in ihr. Und natürlich sterben wir auch in ihr. Wir denken, dass die Zeit uns gehöre, dass sie gespart und verloren werden könne. Wir können Zeit nicht kaufen, aber wir reden davon, dass wir sie »verausgaben«.* Und wir sind der Meinung, eine gute Zeiteinteilung, das »Timing«, sei alles.

Heute wissen wir auf jedem Punkt der Erde, welche Zeit wir haben, doch vor der Mitte des neunzehnten Jahrhunderts wurde die Zeit nur beiläufig gemessen. Als das Reisen per Bahn Einzug hielt, wurde ein strengerer Zeitplan erforderlich, und daher führten im Jahr 1883 die amerikanischen und kanadischen Eisenbahnen das System der vier Zeitzonen in Nordamerika ein, das noch immer gilt. Dieser Plan wurde als radikal angesehen, und viele Leute hielten die Zeitzonen und Normen für eine Beleidigung Gottes. Heute schwören wir auf unsere Armband- und Weckeruhren. Wir besitzen sogar eine »Nationaluhr« im Observatorium der Marine, einen »offiziellen Zeitmesser« für die Vereinigten Staaten. Diese »Nationaluhr« ist jedoch ein Computer, der den durchschnittlichen Wert von fünfzig verschiedenen Uhren ermittelt.

---

* Englisches Wortspiel: »*spend* money – *spend* time«. (Anm. d. Übers.)

Zeit

Zeit ist eine nützliche Messeinheit, aber sie hat nur so viel Wert, wie wir ihr zuteilen. Webster's Wörterbuch definiert Zeit als »Intervall, der in einem Zeitkontinuum zwei Punkte von einander trennt«. Die Geburt ist der scheinbare Anfang und der Tod das scheinbare Ende, aber das ist nicht wirklich so, denn sie sind bloß Punkte in einem Kontinuum.

Albert Einstein wies darauf hin, dass die Zeit nicht etwas Beständiges ist, sondern relativ in Bezug auf den Beobachter. Und wir wissen, dass die Zeit mit unterschiedlicher Geschwindigkeit vergeht, je nachdem, ob man still steht oder sich bewegt. Die Zeit verläuft anders, wenn man in einem Raumschiff, einem Flugzeug oder mit einer U-Bahn reist. Im Jahre 1975 wurde Einsteins Theorie von der Marine getestet unter Verwendung zweier Uhren. Die eine wurde auf der Erde und die andere in einem Flugzeug installiert. Das Flugzeug flog fünfzehn Stunden, während dessen die Zeitangaben der beiden Uhren mittels Laserstrahlen verglichen wurden. Wie Einstein gesagt hatte, verging die Zeit in dem sich bewegenden Flugzeug langsamer. Zeit hängt außerdem von der Wahrnehmung ab. Stellen Sie sich vor, ein Mann und eine Frau sind zusammen im Kino und sehen sich denselben Film an. Während sie den Film wunderbar findet, findet er ihn grässlich. Für sie geht der Film zu schnell zu Ende; für ihn dauert er eine Ewigkeit. Beide stimmen überein, dass er um 19 Uhr begonnen hat und dass der Nachspann um 20:57 Uhr ablief. Aber sie sind unterschiedlicher Meinung über die Erfahrung dieser einen Stunde und 57 Minuten. Die Zeit der einen Person ist ganz offenkundig nicht dieselbe wie die der anderen.

Wir tragen Armbanduhren – und synchronisieren sie –, um sicher zu gehen, dass wir rechtzeitig zur Sitzung, zum Essen, ins Kino oder zu einer anderen Aktivität kommen.

Das ist gut so, es erleichtert den Umgang miteinander und hilft uns, etwas zu erledigen, zu kommunizieren und Dinge zu koordinieren. Aber wenn wir weiter gehen und darauf beharren, dass die willkürliche Festsetzung von Sekunden, Minuten, Stunden, Tagen, Wochen, Monaten und Jahren die Zeit selbst sei, vergessen wir, dass wir alle die Zeit unterschiedlich erleben, weil der Wert der Zeit von der individuellen Wahrnehmung abhängt.

Stellen Sie sich die Zeit einmal als einen Regenbogen vor. Wenn wir übereinkommen, unser Leben nach einer bestimmten Zeit zu koordinieren, damit wir unsere Arbeit zur selben Zeit beginnen und beenden können etc., dann sehen wir eine Farbe des »Zeit-Regenbogens« in derselben Weise. Doch all die anderen Farben sehen wir in unserer individuellen Weise.

Alles unterliegt dem Wandel der Zeit. Wir wandeln uns innerlich und äußerlich, unser Aussehen verändert sich, und unser inneres Selbst macht ebenfalls Wandlungen durch. Unser Leben verändert sich ständig, doch normalerweise können wir Veränderungen nicht leiden. Auch wenn wir darauf eingestellt sind, leisten wir ihnen oft Widerstand, und inzwischen verändert sich unsere Umwelt. Sie hält nicht Schritt mit uns – die Veränderungen kommen entweder zu schnell oder zu langsam.

Der Wandel kann unser ständiger Gefährte sein, aber wir neigen dazu, ihn nicht als unseren Freund zu betrachten. Er macht uns Angst, weil wir ihn vielleicht nicht kontrollieren können. Am liebsten mögen wir die Veränderungen, die wir selbst beschlossen haben – diese leuchten uns ein. Dagegen beunruhigen uns Veränderungen, die uns zustoßen, die uns das Gefühl geben, dass das Leben aus dem Ruder läuft. Veränderungen jedenfalls finden statt, und wie die meisten Dinge im Leben, so widerfahren sie nicht eigentlich *uns* – sie geschehen einfach.

Veränderung bedeutet, dass man von einer alten, vertrauten Situation Abschied nehmen und sich einer neuen, unbekannten stellen muss. Manchmal ist es weder die alte noch die neue, die uns entnervt, sondern die Zeit dazwischen. Ronnie Kaye, die Autorin von *Spinning Straw into Gold* (»Stroh zu Gold spinnen«), die zweimal Brustkrebs überlebt hat, sagt: »Wenn eine Tür im Leben zufällt, öffnet sich immer eine andere ... das Verflixte sind die Gänge.« So wirkt Veränderung, sie beginnt meistens so, dass mit einem Ende, einer Vollendung, einem Verlust, einem Tod eine Tür zufällt. Dann treten wir in eine ungemütliche Periode ein, wir trauern um diese Vollendung und leben in der Ungewissheit, was danach kommt. Diese Periode der Ungewissheit ist hart. Doch gerade dann, wenn wir das Gefühl haben, dass wir es nicht mehr aushalten, taucht etwas Neues auf: eine Heilwerdung, eine Wiederherstellung, ein neuer Anfang. Eine Tür öffnet sich. Wenn Sie gegen den Wandel ankämpfen, dann kämpfen Sie gegen Ihr ganzes Leben. Deshalb müssen wir einen Weg finden, den Wandel zu begrüßen oder ihn wenigstens zu akzeptieren.

Wenn wir jemanden fragen: »Wie alt bist du?«, fragen wir in Wirklichkeit: »Welche Zeit bist du?« Wir versuchen, die Person in ein Raster zu pressen, indem wir die Vergangenheit ins Spiel bringen. Wenn ich erfahre, wie alt Sie sind, weiß ich, welche Erinnerungen Sie vermutlich haben. Je nach Ihrem Alter wissen Sie vielleicht alles über den Marshallplan, Jackie O.*, die erste Mondlandung, Telefonapparate mit Wählscheibe, Discos oder DOS. Ich kann diese Information freundlich abrufen, indem ich die

---

* Jackie Onassis, die Witwe des amerikanischen Präsidenten John F. Kennedy, die in zweiter Ehe mit dem griechischen Reeder Aristoteles Onassis verheiratet war. (Anm. d. Übers.)

alten Songs der Beatles mit Ihnen singe. Ich kann auf sie feindselig reagieren, indem ich mir denke, wie dumm von Ihnen, dass Sie sich mit den »Blumenkindern« eingelassen haben. In jedem Fall sehe ich Sie nicht so, wie Sie jetzt sind. Ich urteile nach dem, was ich als Summe Ihrer Erfahrungen in der Vergangenheit wahrnehme.

Es ist befreiend, von dieser Art der Wahrnehmung Abstand zu nehmen. Wir alle haben Sprüche gehört wie: »Sie sehen nicht aus, als ob Sie vierzig wären«, und die Antwort: »So sieht man eben aus, wenn man vierzig ist.« Die erste Person gibt im Grunde zu verstehen: »Sie entsprechen nicht meiner Wahrnehmung.« Die zweite Person weist darauf hin, dass sie mit vierzig Jahren eben so aussieht. Definieren Sie mich also nicht nach Ihren Erwartungen.

In der westlichen Kultur messen wir dem Alter keinen Wert bei. Wir sehen Runzeln nicht als Teil des Lebens, sondern als etwas, das man verhindern, verbergen oder entfernen muss. Doch so sehr wir die Energie und Spannkraft der Jugend vermissen, die meisten von uns möchten nicht dahin zurückkehren, weil wir uns so lebhaft an die Verwirrung dieser Jahre erinnern. Wir erreichen die mittleren Jahre mit einem besseren Verständnis, worum es im Leben geht, und haben keine Zeit mehr für den Unsinn von Äußerlichkeiten. Wir wissen, wer wir sind und was uns glücklich macht. Wenn wir diese Lektion einmal gelernt haben, möchten wir sie nicht mehr gegen unsere Jugend vertauschen. In dieser Einsicht und in der Erinnerung, dass die Jugend alles Mögliche und nicht immer leicht war, liegt ein Trost. Mag sein, dass sie die Zeit der Unschuld ist, aber sie ist außerdem die Zeit der Unwissenheit. Sie ist die Zeit der Schönheit, aber auch die Zeit der quälendenden Befangenheit. Sie ist oft eine Zeit des Abenteuers, aber genau so oft die Zeit der Torheit. Für viele werden die Träume der Jugend zur Reue des Alters, nicht, weil das Leben vorbei ist, sondern weil es *nicht gelebt* wurde. Mit Anmut altern heißt, jeden Tag und jede Jahreszeit voll erleben. Wenn wir unser Leben wahrhaft gelebt haben, wollen wir es nicht noch einmal durchmachen. Es ist das ungelebte Leben, das wir bereuen.

Wie viele Jahre möchten wir leben? Wenn wir zweihundert Jahre alt werden oder ewig leben könnten, wie viele von uns würden diese Gelegenheit ergreifen? Darüber nachzudenken, hilft uns, den Sinn unserer Lebenszeit zu verstehen. Wir möchten unsere Lebenszeit nicht überschreiten – was für ein Gefühl der Leere hätten wir, wenn wir in einer Welt weiterlebten, in der die Dinge unser Fassungsvermögen übersteigen und in der wir jeden Menschen, den wir liebten, verloren haben.

EKR

Ein Mann teilte uns eine Geschichte über seine zweiundneunzigjährige Mutter mit. »Ich flog mit ihr auf Urlaub in ihre Heimatstadt Dallas. Wir saßen in einer neuen Maschine. Ich sah, wie meine Mutter mit der Toilettentür kämpfte, um sie aufzukriegen. Diese war mit neuen Türgriffen ausgestattet, die in die Türverkleidung eingelassen waren. Meine Mutter war eine Klinke oder einen Türknauf mit Knopf gewöhnt.

Zeitig am nächsten Morgen ertönte im Hotel der Feueralarm. Als ich ihr Zimmer erreichte, stand sie im Nachthemd erschreckt vor der Tür. Außerdem grämte sie sich, weil sie vergessen hatte, die Magnetkarte mitzunehmen, die als Schlüssel diente, und weil die Tür hinter ihr zugefallen war. Sie war in Panik, unsicher, ob sie wieder hinein könnte, ganz zu schweigen, dass sie nicht angezogen war. Nach der Reise sagte sie zu mir: ›Ich gehöre nicht mehr hierher. Ich weiß nicht, wie man eine Mikrowelle benützt, ich finde keinen Fernseher mit einer Wählscheibe, wo ich umschalten kann, ich kann nicht mit einer Karte umgehen statt einem Schlüssel, und alle meine Freunde sind gestorben. Die Zeit ist weiter gegangen, und ich bin zurückgeblieben.‹ Es tat mir weh, das zu hören. Es wäre mir noch schwerer gefallen, es zu verstehen, aber auf dieser Reise sah ich, wie frustrierend und kompliziert das Leben für meine Mutter geworden war.«

Wenn wir den nächtlichen Himmel betrachten, sehen wir buchstäblich die Vergangenheit. Wir sehen den Himmel nicht, wie er heute ist, sondern wie er vor einigen Jahren oder vor einer Million von Jahren ausgesehen hat, denn so lange braucht das Licht von den nächsten bzw. den weiter entfernten Sternen, um die Erde zu erreichen.

Mit Menschen machen wir genau die gleiche Erfahrung. Denken Sie zum Beispiel an einen Unruhestifter in Ihrer Nachbarschaft, als Sie jung waren. Wenn Sie damals dachten, dass er ein Problem sei, dann werden Sie vorsichtig sein, wenn Sie ihm heute begegnen, weil Sie ihn so sehen, wie er damals war, nicht wie er jetzt ist.

Wie viele von uns sehen unsere Eltern so, wie sie heute sind? Das ist eine nicht leichte Aufgabe, da wir von unseren Eltern einen so starken Eindruck als allwissende Riesen empfangen haben. Ebenso stark sind unsere Erinnerungen an sie als die hundsgemeinen Leute, die uns nicht erlaubten, eine bestimmte Frisur zu tragen, die ganze Nacht wegzubleiben und unsere Hausaufgaben zu vernachlässigen. Wenn Sie dem Vater Ihres Freundes heute begegnen würden, wäre Ihr Eindruck von ihm vermutlich realistischer als der Ihres Freundes, weil Sie keinen zusätzlichen Ballast in die gegenwärtige Wirklichkeit hineintragen. Andererseits bringen Sie Ihre Eindrücke von Vätern im Allgemeinen mit. Wenn der Vater Ihres Freundes ein Klempner wäre, würden Sie Ihre sämtlichen Wahrnehmungen über Klempner einbringen. Wenn er ein älterer Mann ist, würden Sie noch Ihre Gefühle über Senioren draufsetzen, und so fort. Sie würden die Vergangenheit in ihm sehen, jedoch in anderer Weise als Ihr Freund.

In ähnlicher Weise reagieren wir auf alle möglichen Ereignisse des irdischen Lebens. Stellen Sie sich ein Kind vor, das in einer armen Familie aufwächst. Für dieses Kind ist die Ankunft der Post eine unglückliche Zeit, da sie Rechnungen und Mahnungen bringt, die seine Eltern furchtbar aufregen. Denken Sie an ein anderes Kind, das sich freut, wenn die Post kommt, weil sie die häufigen Bonus-Schecks von Papa und Einladungen zu Geburtstagsfesten von Freunden bringt. Jetzt, da die beiden Kinder erwachsen sind, wird das erste unbestimmt nervös reagieren, wenn die Post kommt, während das andere sie freudig erwartet. Ihre Gefühle haben mit dem Inhalt der heutigen Post nichts zu tun; Sie sehen die Post in der Vergangenheit.

Wir neigen dazu, nicht zu wissen, wer andere Menschen heute sind, und dasselbe gilt auch für uns. Wir sehen uns im Allgemeinen, wie wir einmal waren oder wie wir sein möchten, und nicht als die, die wir wirklich sind.

Es liegt eine wunderbare Freiheit in dem Wissen, dass das, was wir heute sind, nicht unbedingt durch das definiert ist, was wir gestern waren. Sie brauchen sich von Ihrer Vergangenheit nicht fesseln zu lassen. Viele von uns wachen jeden Morgen auf und duschen und waschen so den Schmutz des gestrigen Tages ab, aber sie tragen noch immer den emotionalen Ballast von gestern mit sich herum. Das muss nicht so sein. Wir können neu werden und von neuem beginnen, wir können den Tag frisch und sauber begrüßen – *sofern* wir unsere Aufmerksamkeit auf die Gegenwart richten können, *sofern* wir das Leben so sehen können, wie es wirklich ist. Wenn wir nicht im Augenblick leben, sehen wir die anderen und uns selbst nicht wirklich. Und wenn wir nicht im Augenblick leben, finden wir das Glück nicht. Wir sollen die Tür hinter der Vergangenheit nicht zuschlagen, aber wir müssen erkennen, was sie ist, und weiter gehen. Hoffentlich gehen wir auf das Jetzt zu, die Gegenwart, den Augenblick, in dem wir tatsächlich leben.

Jack besaß die Fähigkeit, immer im gegenwärtigen Augenblick zu leben. Als Läufer, der an mehreren Marathons teilgenommen hatte, schien er immer voll in der Gegenwart zu sein. Wenn er ein Zimmer betrat, blickte er um sich, als wäre es ihm völlig neu, selbst wenn er schon tausendmal da gewesen war. Wenn er jemanden begrüßte und sich nach seinem Befinden erkundigte, war er mit seiner Aufmerksamkeit ganz dabei. Wenn er mit jemandem sprach, hörte er wirklich zu – er dachte nicht an das Mittagessen, seine Verabredung am Abend oder was er in seinen Computer speichern würde. Jack war immer präsent, handfest in der Gegenwart, mit Ihnen und für Sie da.

Unglücklicherweise erkrankte Jack an einer Art von Lymphom, was besonders grausam für ihn war, weil es seine Beine betraf. Es ließ die Beine anschwellen und bewirkte, dass dieser Teil seines Körpers als erster ausfiel. Doch seine Gabe, ganz anwesend zu sein, trat sogar noch mehr hervor, je kränker er wurde. Wenn man Jack besuchte und ihn fragte, wie es ihm gehe, konnte man beinahe sehen, wie er seinen Geist und Körper prüfte, um Auskunft geben zu können, wie es ihm ging. Ebenso war es, wenn er sich nach dem Befinden des anderen erkundigte. Er war so anwesend, wenn er zuhörte, dass man sich ungemein verbunden mit ihm fühlte. Er war das sprechende Beispiel eines Menschen, der im Leben ganz gegenwärtig ist. Nicht nur blieb er nicht in seiner fernen Vergangenheit stecken, sondern er ließ auch alles hinter sich, was er gerade über sich selbst gesagt hatte, sobald er sich seinem Gegenüber zuwandte. Er verstand es, im Augenblick zu leben, und lud einen dazu ein, dasselbe zu tun. Auf die Frage: »Wie geht es dir?« oder »Was gibt es Neues?«, ließ er sich nicht mit irgendeiner Antwort abspeisen. Er brachte einen dazu, sich selbst anzuschauen und volle Auskunft zu geben. Er wollte keinen Augenblick versäumen, er wollte nichts verfehlen. Jack befand sich niemals im Herbst, er lebte immer im Sommer. Er war auch nie im Winter, abgelenkt von der Hoffnung auf den Frühling. Er war in jeder Jahreszeit seines Lebens vollkommen gegenwärtig.

Wenn Sie jemanden wie Jack kennenlernen, beginnen Sie zu begreifen, was Ihre Vergangenheit und Zukunft dem jetzigen Augenblick rauben kann. Sie ahnen nicht, wieviel bessere Erfahrungen Sie machen würden, wenn Sie die Vergangenheit sofort losließen, um sich dem Augenblick zuzuwenden, um ihn voll zu erleben und Ihr Leben wahrhaft zu leben. Wenn Sie mit Ihrem Ehepartner sprechen, lassen Sie sich voll auf das Gespräch ein, statt an den Unterricht zu denken, den Sie heute Abend halten werden. Nachher können Sie gehen und sich vorbereiten. Sie werden eine bessere Erfahrung mit Ihrem Ehepartner machen, und Sie werden Ihren Unterricht besser gestalten. Nehmen Sie einen Augenblick nach dem anderen.

Wir haben uns abhängig gemacht von unserer Zukunft. Manche leben in der Zukunft, andere träumen davon, und manche fürchten sich vor ihr. Ein Mann in den Fünfzigern, der seine Arbeit aus Krankheitsgründen hatte aufgeben müssen, erwachte einmal mitten in der Nacht in Panik. Als er seinen Terminkalender aufschlug, erblickte er lauter leere Seiten, Woche um Woche. Seine Zukunft schien buchstäblich eine Leere zu sein. Er sagte, er wisse, dass er die Vergangenheit loslassen müsse, wenn er diese Krankheit in den Griff bekommen wollte. Er wusste, dass er auch die Zukunft loslassen musste, aber erst, als er in dieser Nacht ganz außer sich seinen Terminkalender aufschlug, erkannte er, wie dieses Loslassen der Zukunft aussehen würde. Er musste die Zeitstruktur, in der wir leben und uns verstricken, loslassen. Durch seinen Verlust begann er zu erfahren, wer er war und was für einen Bezug zur Zeit er hatte. Zunächst musste er sich mit der Realität befassen, dass die Zeit, wie er sie kannte, zu zerbrechen begann. Wenn zum Beispiel Freunde anriefen und fragten, wann sie ihn besuchen könnten, sagte er, dass ihm jede Zeit recht sei, es sei ihm gleich. Dadurch begann er ein Gefühl dafür zu bekommen, dass er Kontinuität besaß, auch wenn die Zeit – und das gewohnte Ausfüllen der Zeit – zusammengebrochen waren. Als er der Sache tiefer auf den Grund ging, erkannte er, dass er weiter bestehen würde, wenn es keine Zeit mehr gibt. »Je mehr die künstliche Zeit einzubrechen begann«, erläuterte er, »desto mehr erkannte ich, dass ich in der Zeit gelebt habe und in der Zeit sterben werde. Und ich empfand in meinem Innersten, dass ich ewig bin und über die Zeit hinaus existieren werde. Ich werde weiterhin da sein. In unserem Wesenskern sind wir in Wahrheit zeitlos.«

Die Realität der Zeit ist die, dass wir unserer Vergangenheit nicht sicher sein können. Wir wissen nicht, ob sie sich wirklich so ereignet hat, wie wir denken. Und mit Sicherheit kennen wir die Zukunft nicht. Ja, wir wissen nicht einmal mit Sicherheit, ob es eine lineare Zeit gibt.

Wir denken, dass die Vergangenheit etwas ist, das *vorher* war, und die Zukunft etwas, das *vor uns* liegt, doch das setzt voraus, dass die Zeit in einem gradlinigen Kontinuum abläuft. Wissenschaftler haben darüber spekuliert, dass die Zeit nicht linear ist, dass wir nicht in ein starres Muster von Vergangenheit, Gegenwart und Zukunft eingesperrt sind. In der nichtlinearen Zeit können Vergangenheit, Gegenwart und Zukunft alle zur gleichen Zeit existieren.

Würde es etwas ausmachen, wenn es so wäre? Würde es unser Leben verändern, wenn die Zeit nicht linear wäre, wenn wir gleichzeitig in der Vergangenheit, Gegenwart und Zukunft leben würden?

DK

Frank und Margaret hatten seit ihrer Heirat fünf wunderbare Jahre zusammen verbracht. Sie liebten sich innig und waren unzertrennlich. Als Margaret tödlich erkrankte, sagte sie: »Ich kann diese Krankheit annehmen. Ich kann annehmen, dass ich sterben werde. Am schwersten fällt mir, Frank zu verlassen.«

Als Margarets Krankheit fortschritt, machte ihr die Aussicht dieser endgültigen Trennung immer mehr zu schaffen. Einige Stunden vor ihrem Tod neigte sie sich Frank zu, der an ihrem Bett saß. Sie war bei klaren Sinnen und voll da, weil sie keine Medikamente eingenommen hatte. Sie sagte: »Ich werde bald fortgehen, und jetzt ist das auch in Ordnung.«

»Warum ist es jetzt in Ordnung für dich?«, fragte er.

»Mir wurde eben mitgeteilt, dass ich an einen Ort gehe, wo du schon bist. Du wirst dort sein, wenn ich hinkomme.«

Wie ist es möglich, dass Frank in einem Krankenzimmer sitzt und gleichzeitig seine geliebte Frau im Himmel erwartet? Vielleicht gibt es das. Oder vielleicht geht es in diesen Fragen um unsere Wahrnehmung von Zeit. Für Frank, der noch in der Zeit lebt und atmet, mögen fünf,

Zeit

zehn oder zwanzig Jahre vergehen, ehe er Margaret wiedersieht. Doch für sie, die an einen Ort geht, wo es keine Zeit mehr gibt, kann es den Anschein haben, dass er eine Sekunde nach ihr dort ankommt. Die Zeit ist länger für den Überlebenden als für denjenigen, der stirbt.

Wenn ein Arzt einem Menschen mitteilt, dass er eine tödliche Krankheit hat, bekommt dieser ein intensives Gefühl für Zeit. Er fürchtet plötzlich, nicht genug Zeit zu haben. Auch das ist ein Widerspruch des Lebens: Wenn Sie von einem abstrakten Zeitbegriff zu einem ganz realen gelangen, erleben Sie Ihre Zeit zum ersten Mal als begrenzt. Aber weiß ein Arzt wirklich, ob jemand noch sechs Monate zu leben hat? Egal, was wir über die durchschnittliche Überlebensrate wissen, Sie wissen trotzdem nicht, wann Sie sterben. Sie müssen sich mit der Realität abfinden, dass Sie es nicht wissen können. Manchmal wird Ihnen eine klare Lektion erteilt. Wenn Sie am Rande des Lebens stehen, möchten Sie wissen, wieviel Zeit Ihnen noch bleibt, und erkennen, dass Sie es nie gewusst haben. Wenn wir das Leben und den Tod anderer betrachten, sagen wir oft, dass dieser oder jener vor seiner Zeit gestorben ist. Wir meinen, sein Leben sei unvollständig, aber für ein vollständiges Leben sind nur zwei Dinge vonnöten: Geburt und Tod. Tatsächlich halten wir ein Leben selten für vollständig, wenn die Betreffenden nicht fünfundneunzig Jahre alt geworden sind und ein großartiges Leben hatten. Andernfalls erklären wir den Tod als verfrüht.

Beethoven war »erst« siebenundfünfzig Jahre alt, als er starb, doch seine Leistungen waren ungeheuerlich. Die Jungfrau von Orleans war noch nicht einmal zwanzig, als ihr Leben abgeschnitten wurde, und doch wird ihrer bis auf den heutigen Tag mit Verehrung gedacht. John F.

Kennedy Jr. starb mit seiner Frau und seiner Schwägerin im Alter von achtunddreißig Jahren. Er wurde nie in ein Amt gewählt, aber er wurde mehr geliebt als mancher Präsident der Vereinigten Staaten. War irgendeines dieser Leben unvollständig? Diese Frage bringt uns wieder zu dem Lebenskonzept der Uhr, wonach alles künstlich gemessen und beurteilt wird. Wir wissen jedoch nicht, welche Lektionen andere zu lernen haben. Wir wissen nicht, wer sie sein sollen oder wie viel Zeit ihnen bestimmt ist. Und wenn es uns noch so schwer fällt, diese Wirklichkeit zu akzeptieren, so sterben wir doch nicht vor unserer Zeit. Wenn wir sterben, ist unsere Zeit gekommen.

Es ist uns aufgegeben, diesen Augenblick voll zu erleben – und das ist eine große Aufgabe. Zu wissen, dass der gegenwärtige Augenblick alle Möglichkeiten des Glücks und der Liebe in sich birgt und dass wir diese Möglichkeiten durch Erwartungen, wie die Zukunft aussehen solle, nicht versäumen dürfen. Wenn wir auf diese Vorwegnahme des Künftigen verzichten, können wir in dem geheiligten Raum leben, in dem das Gegenwärtige sich vollzieht.

Die Lektion der Angst

DK

Christopher Landon, der Sohn des verstorbenen Schauspielers Michael Landon, war sechzehn Jahre alt, als sein Vater 1991 starb. Christopher sprach darüber, wie der Verlust seines Vaters sich auf ihn ausgewirkt hatte, und über seine Ängste:

»Wie Sie sich denken können, war sein Tod ein ungeheurer Schlag für mich. Ich denke mit solcher Sehnsucht an ihn zurück. Mein Vater war so klug, so charmant und geistreich. Er hatte viele Seiten – die das Publikum nicht sehen konnte –, die seine ganze Person ausmachten, wie ich sie kannte.

Sein Tod war das bedeutendste Ereignis in meinem Leben. Ich wurde dadurch ein anderer Mensch. Als Kind war ich immer sehr introvertiert, schüchtern und unsicher gewesen. Wenn man bei einem Menschen von überlebensgroßem Format aufwächst, steht man immer in dessen Schatten. Dann wurde dieser Schatten eines Tages weggerissen.

Als ich merkte, dass nach seinem Tod viele meiner Ängste schwanden, fing ich an, über den Tod im Allgemeinen nachzudenken. Wenn man jemanden liebt, und dieser Mensch stirbt, gewinnt man zum ersten Mal eine Beziehung zum Tod. Man kommt ihm nahe, man fürchtet sich weniger vor ihm, weil man dabei war. Ich war bei meinem Vater, als er starb und auch nachdem er gestorben war. Ich habe den Tod berührt, und er berührte mich.

Das ist jetzt Wirklichkeit für mich, ganz handgreiflich. Sie macht mir außerdem weniger Angst. Alles macht mir jetzt weniger Angst. Ich fürchte mich nicht mehr vor den Dingen, die mich ängstigten, bevor mein Vater starb. Ich hatte solche Angst vor dem Fliegen, dass ich mich ganz verkrampfte. Mein Papa lachte immer darüber. Als er tot war, ließen diese Angst und viele andere Ängste nach. Ohne mir dessen bewusst zu sein, fing ich an, Dinge zu tun, die mir überhaupt nicht ähnlich sahen. Ich begann mich zu behaupten und tat Dinge, die ich zuvor nie getan hatte.

Wenn ich früher an einem Scheideweg stand oder wenn sich mir eine Chance bot, die ich hätte ergreifen können, schreckte ich immer davor zurück. Ich hatte Angst, zu versagen und wie ein Idiot dazustehen. So ignorierte ich gewöhnlich die Gelegenheit.

Dann starb mein Vater, und ich sah plötzlich dem Tod ins Auge. Ich begriff, dass man nie weiß, wann man sterben wird, und dass man sich jeder Herausforderung mit dieser Einsicht stellen sollte. Ich begann mich in meiner Haut wohler zu fühlen. Ich hatte keine Angst mehr vor mir selbst, vor dem, der ich bin und der ich werden könnte. Ich begann, Risiken einzugehen und etwas zu unternehmen. Nicht, dass ich aus dem Flugzeug sprang oder irgendetwas Drastisches tat, aber ich ging von zu Hause fort und besuchte eine Schule in England. Das war ein großer Schritt für mich, die Bequemlichkeit und Sicherheit meines Zuhauses hinter mir zu lassen. Ich habe gelernt, mich in etwas hineinzustürzen und zu beobachten, was geschehen würde. Das war für mich ein riesiger Schritt. Ich bin überzeugt davon, dass Schmerz sich irgendwie in Wachstum umsetzen lässt.«

Angst

Wie wäre es, wenn wir ein Risiko eingingen, wenn wir unsere Ängste konfrontieren würden? Wie wäre es, wenn wir unsere Träume verwirklichten, unserer Sehnsucht folgten? Wie wäre es, wenn wir uns gestatteten, die Liebe frei zu erleben und Erfüllung in unseren Beziehungen zu suchen? Was für eine Welt wäre das? Eine Welt ohne Angst. Man glaubt es vielleicht nicht, aber das Leben hat so viel mehr zu bieten, als wir uns zu erfahren erlauben. So viel mehr ist möglich, wenn Angst uns nicht mehr gefangen hält. Draußen und in unserem Inneren ist eine neue Welt – in der es weniger Angst gibt –, die nur darauf wartet, entdeckt zu werden.

Angst ist ein Warnsystem, das uns auf einer elementaren Stufe des Lebens gute Dienste leistet. Wenn wir spät Abends in einem gefährlichen Stadtteil unterwegs sind, warnt uns die Angst, uns vor der realen Möglichkeit eines Überfalls in Acht zu nehmen. In potenziell gefährlichen Situationen ist Angst ein Zeichen von Gesundheit. Ohne sie würden wir nicht lange überleben.

Aber man gerät leicht in einen Angstzustand, wo keine Gefahr besteht. Diese Art von Angst ist eine Einbildung, etwas Irreales. Das Gefühl mag real erscheinen, aber es hat keine Basis in der Wirklichkeit. Trotzdem bewirkt diese Angst, dass wir nachts wach liegen, und hält uns vom Leben ab. Sie scheint keinen Zweck und kein Erbarmen zu haben, sie lähmt uns und schwächt den Geist, wenn man sich ihr überlässt. Sie wird mit dem Akronym »FEAR« (Angst) zusammengefasst: »*False Evidence Appearing Real*« (Falsche Beweise mit dem Anschein von Realität). Dieser Typ von Angst beruht auf der Vergangenheit und löst Angst vor der Zukunft aus. Doch diese eingebildeten Ängste haben auch ihr Gutes: Sie geben uns die Gelegenheit zu lernen, uns bewusst für die Liebe zu entscheiden. Sie sind der Aufschrei unserer Seele, die nach

Wachstum und Heilung verlangt. Sie sind die Gelegenheit, uns neu zu entscheiden, es anders zu machen, die Liebe zu wählen statt der Angst, die Wirklichkeit statt der Illusion, das Jetzt statt der Vergangenheit. Wenn wir zur Beförderung unseres Glücks in diesem Kapitel von Angst sprechen, dann meinen wir diese eingebildeten Ängste, die unser Leben weniger lebenswert machen.

Wenn wir imstande sind, durch unsere Ängste hindurchzugehen und die zahlreichen Gelegenheiten zu nützen, können wir das Leben führen, von dem wir nur träumten. Wir können frei von Urteilen leben, ohne Angst vor der Missbilligung anderer und ohne uns zurückzunehmen.

EKR

Kate, eine energische Frau Mitte fünfzig, erzählte von ihrer Zwillingsschwester Kim. »Vor zehn Jahren erfuhr Kim, dass sie Darmkrebs hatte. Zum Glück war er nicht sehr virulent und wurde früh erkannt. Abgesehen davon, dass ich das Gefühl hatte, ein Teil von mir würde sterben, wenn Kim starb, war ich tief erschüttert von ihrer Krankheit – und ihrem Leben. Wir waren eineiige Zwillinge und wussten voneinander alle Fakten unseres Lebens und kannten auch unsere Gefühle. Und ich erkenne jetzt, wie die Angst sie und mich davon abhielt zu leben, lange bevor ihr Krebs ausbrach. Jetzt blicke ich auf unser Leben zurück und erkenne, wie viel Angst wir hatten.

Als wir in Hawaii waren, wollten wir den Hula-Hula tanzen lernen, aber wir fürchteten, dass wir dabei blöd aussehen würden. Zehn Jahre lang arbeiteten wir für eine Catering-Firma. Wir hatten uns immer gewünscht, ein eigenes Restaurant aufzumachen, aber wir fürchteten, dass wir es nicht schaffen würden, und so haben wir uns diese

Idee nicht einmal weiter überlegt. Nach meiner Scheidung dachten wir daran, eine Schiffsreise zu machen. Aber wir taten es nicht, weil wir Angst davor hatten, allein zu fahren.

Jetzt ist unser Leben völlig anders. Wir dachten immer, dass wir uns vor etwas fürchten müssten. Als wir uns mit Kims Krankheit und ihrer Operation auseinandersetzten, sind wir durch unsere größte Angst hindurchgegangen. Wenn wir das überlebt haben, wovor sollten wir noch Angst haben? Ich sehe jetzt ein, dass das meiste, vor dem wir uns fürchten, ohnehin nicht eintrifft. Unsere Ängste haben gewöhnlich keinen Bezug zu dem, was uns wirklich geschieht.«

Vieles, was das Leben uns zuteilt, kommt ohne das Vorspiel von Angst und Sorgen. Unsere Ängste halten nicht den Tod auf, sondern das Leben. In unserem Leben sind wir mehr mit Angst und ihren Auswirkungen beschäftigt, als wir wahrhaben wollen, ja mehr, als uns bewusst ist. Angst ist ein Schatten, der alles blockiert: unsere Liebe, unsere wahren Gefühle, unser Glück, unser ganzes Sein.

Ein Junge wuchs in einem Pflegeheim unter der Obhut eines Paares auf, von dem er misshandelt wurde. Dann erfuhr er, dass er in ein wunderbares neues Zuhause kommen würde mit Eltern, die ihn lieb hätten. Er würde in einem schönen Heim wohnen, er würde sein eigenes Zimmer und sogar einen Fernseher bekommen, aber er weinte vor Angst. Er kannte die Situation, in der er lebte; so schlecht sie auch war, sie war ihm vertraut. Das neue Zuhause dagegen war voll unbekannter Gefahren. Er hatte so lange in Angst gelebt, dass er sich keine Zukunft ohne sie vorstellen konnte.

Wir sind alle wie dieses Kind. Unsere Kultur verkauft uns Angst. Beachten Sie die kleinen Anzeigen, die Ihnen mitteilen, was in den Abendnachrichten gebracht wird: »Warum Ihre Ernährung gefährlich sein kann!« – »Warum die Kleidung Ihres Kindes vielleicht nicht sicher ist.« – »Warum Ihr Urlaub in diesem Jahr Sie das Leben kosten kann – Ein Sonderbericht um sechs Uhr.«

Doch wie viel von dem, wovor wir uns fürchten, trifft wirklich ein? In Wahrheit besteht kein großer Zusammenhang zwischen dem, was wir fürchten, und dem, was uns geschieht. In Wirklichkeit ist unsere Ernährung sicher, die Kleider unserer Kinder werden nicht plötzlich Feuer fangen, und unser Urlaub wird ein Vergnügen werden.

Dennoch wird unser Leben oft von Angst beherrscht. Versicherungsgesellschaften schließen mit uns eine Wette ab, dass das meiste von dem, worüber wir uns Sorgen machen, nie eintreffen wird. Und natürlich gewinnen sie und verdienen dabei jedes Jahr Milliarden. Der springende Punkt ist nicht, dass wir keine Versicherung abschließen sollen, sondern dass wir viel Spaß haben werden, wenn wir uns auf sportliche Herausforderungen einlassen. Wir haben eine gute Chance, in der Geschäftswelt zu überleben und möglicherweise sogar Erfolg zu haben, obwohl wir einige Risiken eingehen und manchmal stolpern. Und auf gesellschaftlichen Veranstaltungen werden wir uns gut unterhalten und viele nette Leute kennen lernen. Aber die meisten von uns leben so, als hätten wir nur schlechte Aussichten. Daher besteht eine unserer größten Aufgaben darin, diese Ängste zu überwinden. Uns werden so viele Gelegenheiten präsentiert, und wir müssen lernen, das Beste aus ihnen zu machen.

ANGST

DK

Troy, der seit drei Jahren mit AIDS lebte, hielt sich für einen Glückspilz, weil die Krankheit bei ihm noch nicht ausgebrochen war. Körperlich ging es ihm gut, aber seelisch war er von Angst wie gelähmt. Er war an alle erdenklichen Ängste gewöhnt und hatte die meiste Zeit seines Lebens damit zugebracht. »Sie hatten mich nie ganz lahmgelegt«, erzählte er, »sie waren nur gerade schlimm genug, dass ich zum Leben Distanz hielt. Jetzt, mit AIDS, war ich niedergeschmettert. Es war, als ob alle meine Ängste sich in der einen großen Krankheit zusammenballten.

Mein Partner Vincent steht mir immer bei. Er sagt mir fortwährend, dass ich stärker bin als meine Ängste. Schau ihr ins Auge, sagt er, konfrontiere sie. Lade deine schlimmste Angst zum Mittagessen ein, und du wirst sehen, dass sie nicht die Macht über dich hat, die du ihr zuschreibst.

Ich dachte: ›Meine Ängste konfrontieren, sie zum Essen einladen, ihr ins Auge sehen, was soll das? Genügt es nicht, dass ich mit AIDS lebe?‹ Ich möchte ihm viel lieber sagen, dass ich nicht seiner Meinung bin, als mich auf das einzulassen, was er gesagt hat. Niemand weiß besser als ich, wie meine Ängste mich aufgefressen haben.

Ich war gerade ohne Arbeit, als einer von Vincents Mitarbeitern an mich herantrat. Er sagte mir, dass seine Schwester Jackie AIDS habe und eben aus dem Krankenhaus gekommen sei. Sie hatten Schwierigkeiten, eine Betreuung für sie zu finden, und wollten mich fragen, ob ich sie pflegen könnte. Ich sagte ihm, dass ich es mir überlegen wolle und ihn zurückrufen würde. Dann ging ich zu Vincent und bat ihn um Rat. Er meinte: ›Sie braucht dringend Hilfe, und du könntest das Geld gebrauchen.‹ Ich fragte ihn, wie krank sie sei, und er antwortete, dass er meinte, sie läge im Sterben.

Als er das sagte, stiegen alle meine Ängste wieder in mir hoch. Ich fragte: ›Glauben die denn, dass ich einmalig qualifiziert bin, sie zu pflegen, weil ich selber am Verrecken bin?‹

›Nein‹, sagte Vincent. ›Sie hoffen, dass du vielleicht keine Angst vor der Krankheit hast, weil du sie auch hast.‹

›Mensch‹, dachte ich, ›da seid ihr aber an den Falschen gekommen.‹

Ich konnte es nicht machen, ich hatte zu viel Schiss. Vincent versicherte mir, dass ich es nicht machen müsste, wenn ich nicht wollte, aber er meinte, ich sollte Jackie kennen lernen. Ich hatte aber Angst davor. Dann dachte ich, dass ich lange genug Angst gehabt hätte, und so beschloss ich, diesen Schritt zu tun und sie kennen zu lernen.

Ich bat Vincent, mich zu ihrem Haus zu begleiten. Ich ging bis zur Tür, drehte mich um und sagte: ›Es tut mir leid, Vincent, aber ich kann nicht.‹

Er sagte: ›In Ordnung, fahren wir nach Hause und rufen wir sie an.‹

Dann sah ich noch einmal zur Tür hin. Da, hinter dieser Tür, waren alle meine Ängste. Ich entschloss mich, in sie hineinzugehen und mal abzuwarten, was passieren würde. Etwas trieb mich, durch diese Tür zu gehen.

Drinnen sah ich Jackie in einem Rollstuhl sitzen. Sie wog vielleicht noch achtzig Pfund. Sie hatte einen doppelten Schlaganfall erlitten und konnte daher nicht gut sprechen. Sie hatte die größten braunen Augen, die ich je gesehen habe. Ich sah in sie hinein und sah darin diese große Angst. Es stand ihr auf der Stirn geschrieben: ›Ich fürchte, dass ich sterben muss. Ich habe Angst davor, allein zu sterben, ich habe Angst, dass niemand für mich da sein wird. Ich fürchte, dass du wieder weggehst.‹ Da saßen meine größten Ängste direkt vor mir! Ich sah sie an und war so traurig. Ich hörte im Geiste nur: ›Geh vorwärts. Geh in deine Angst hinein.‹ Ich schloss meine Augen und fragte: ›Kann ich heute anfangen?‹

Ich wusste, dass ich ihr helfen musste, dieser Fremden, die ich nicht kannte. Später erfuhr ich, dass ihre Eltern nichts mehr mit ihr zu tun haben wollten, seitdem sie AIDS hatte. Sie waren bereit, jemanden zu bezahlen, der sie versorgte. Sie warteten nur darauf, dass sie starb. Jackie hatte zwei Freunde, die vorbei schauten, aber nicht sehr oft. Ich fing mit Teilzeit an, arbeitete dann ganztags und wurde schließlich ihr bester Freund. Ich hatte nicht erwartet, dass ich durch meine Angst durchkäme, aber so war es. Ich fing an, Jackie zu lieben.

Am Ende wurde sie noch einmal ins Krankenhaus gebracht. Sie wollte, dass ich mitkam, weil sie solche Angst hatte. An ihrem letzten Tag ging ich zu ihr. Man hatte ihre Eltern gerufen, aber sie blieben im Wartezimmer. Ich saß bei ihr und sah in ihre großen braunen Augen. Ich sagte ihr, dass ich bei ihr sei. Ich spürte ihre Angst. Noch nie habe ich etwas so intensiv gefühlt. Dann kam mir wieder in den Sinn: ›Geh vorwärts, es hat keine Macht über dich.‹ Ich sagte zu ihr: ›Ich halte deine Hand. Ich werde bei dir bleiben und deine Hand halten, bis sie dich auf der anderen Seite abholen. Dann werden sie deine Hand halten. Hab keine Angst, Jackie, hab keine Angst.‹

Dann starb sie. Ich sah, wie ihre Brust aufhörte, sich zu heben und zu senken.

Die Leute von der Bestattung kamen, um sie abzuholen. Sie regten sich auf, weil niemand ihnen gesagt hatte, dass sie AIDS hatte, und fürchteten sich, sie anzufassen. So erklärten eine Krankenschwester und ich uns bereit, Jackie in den Leichensack zu legen. Ich hatte es satt, die

Angst

Angst um sie herum zu spüren. Ich dachte: ›Schluss damit. Ich mache es lieber selber, als die Kerle an sie ranzulassen.‹ Es war das Schwerste, was ich in meinem Leben je getan habe. Ich sagte ihr nur immer wieder: ›Hab keine Angst, Jackie, hab keine Angst.‹«

Troy bekämpfte die Angst mit Liebe und blieb Sieger. Güte überwindet die Angst immer. So kann man sie schlagen, denn gegen die Liebe richtet sie nichts aus. Das Fundament, auf dem die Macht der Angst steht, ist hohl. Sie kann besiegt werden, indem man einfach vorwärts geht.

Wir fürchten uns vor vielen Dingen im Leben, etwa davor, öffentlich zu sprechen, uns mit jemandem zu verabreden und sogar zuzugeben, dass wir manchmal einsam sind. In vielen Fällen ist es einfacher, es gar nicht erst zu versuchen, als zurückgewiesen zu werden und sich mit den unterschwelligen Gefühlen auseinanderzusetzen. Ja, Ängste haben es in sich, weil sie so fest gelagert sind, eine über der anderen. Wenn man sie alle abträgt, kommt man an die Grundangst, das Fundament, auf dem all die anderen ruhen. Und das ist gewöhnlich die Angst vor dem Tod.

Nehmen wir an, Sie machen sich große Sorgen um ein Arbeitsprojekt. Wenn Sie diese Angst abtragen, entdecken Sie die Angst, dass Sie Ihre Sache nicht gut machen. Darunter finden Sie weitere Schichten: die Angst davor, keine Gehaltserhöhung zu bekommen, Ihren Job zu verlieren und schließlich die Angst, unterzugehen, und das ist im Grunde die Angst vor dem Tod. Die Angst unterzugehen liegt vielen unserer finanziellen Ängste zugrunde sowie anderen Ängsten, die sich auf unseren Arbeitsplatz beziehen.

Nehmen wir an, Sie haben Angst davor, jemanden zu einem Rendezvous einzuladen. Unter dieser Angst steckt die Angst vor Ablehnung, und darunter liegt die Angst, dass niemand für Sie da ist. Darunter wiederum liegt die Angst, dass Sie nicht liebenswert sind, und wenn Sie nicht geliebt werden, wie können Sie dann überleben? Wenn Menschen empfinden, dass sie unzulänglich sind, liegt die Angst zugrunde: »Ich genüge nicht.« Warum stehen manche Leute auf Partys in einer Ecke herum, ohne mit jemandem zu reden? Weil sie fürchten, dass sie auf Partys nicht auf andere zugehen und mit ihnen plaudern können, und das bedeutet, dass sie fürchten, nicht zu genügen. *Andere Leute* sind so charmant, *andere Leute* sind so hübsch, liebenswürdig und interessant, aber diese Personen fürchten, dass sie das nicht sind.

Dies alles läuft auf die Angst vor dem Tod hinaus, und man kann deshalb sagen, dass darin die Hauptursache unseres Unglücks besteht. Ohne uns dessen bewusst zu sein, verletzen wir aus Angst die Menschen, die wir lieben. Aus dem selben Grund halten wir uns persönlich und beruflich zurück. Da jede Angst ihre Wurzel in der Angst vor dem Tod hat, können wir allem anderen mit größerer Ruhe entgegensehen, wenn wir lernen, mit unserer Angst im Umfeld des Todes entspannter umzugehen.

Sterbende stehen der endgültigen Angst gegenüber, der Angst vor dem Tod. Sie konfrontieren diese Angst und stellen fest, dass sie nicht von ihr zermalmt werden, dass sie keine Macht mehr über sie hat. Sterbende lernen, dass es auf Angst nicht ankommt, doch für uns übrigen ist sie noch sehr real.

Wenn wir buchstäblich in Ihr Inneres hineinlangen und alle Ihre Ängste – jede einzelne – herausnehmen könnten, was würde sich an Ihrem Leben dadurch ändern? Denken Sie doch einmal darüber nach. Wenn nichts Sie daran hinderte, Ihre Träume zu verwirklichen, würde Ihr Leben vermutlich ganz anders aussehen. Das ist es, was Sterbende lernen. Im Sterben kommen die schlimmsten Ängste hoch und müssen unmittelbar angeschaut werden. Das hilft uns zu erkennen, wie anders das Leben sein könnte, und in dieser Vision schwindet, was von unseren Ängsten noch übrig ist.

Leider sind die meisten von uns, wenn die Angst geschwunden ist, zu krank oder zu alt, um die Dinge zu tun, die wir gerne getan hätten, hätten wir nicht Angst davor gehabt. Wir werden alt und krank, ohne unsere geheimen Leidenschaften jemals auszuleben, ohne zu unserer wahren Tätigkeit zu finden oder die Menschen zu werden, die wir sein möchten. Wenn wir die Dinge täten, die wir gerne tun möchten, würden wir trotzdem eines Tages alt und krank werden – aber wir wären nicht voll Reue. Wir würden kein Leben beenden, das nur halb gelebt wurde. Daher tritt eine Lektion deutlich zutage: Wir müssen unsere Ängste transzendieren, solange wir noch die Dinge tun können, von denen wir träumen.

Um jedoch die Angst überschreiten zu können, müssen wir gefühlsmäßig auf eine andere Ebene gelangen: Wir müssen auf die Liebe zugehen.

Glück, Angst, Sorge, Freude, Groll – wir haben viele Worte für die zahlreichen Emotionen, die wir in unserem Leben erfahren. Doch tief drinnen, im Kern unseres Wesens, gibt es nur zwei Emotionen: Liebe und Angst. Alle positiven Emotionen kommen von der Liebe, und alle negativen von der Angst. Aus der Liebe strömen Glück, Zufriedenheit, Frieden und Freude. Von der Angst kommen Zorn, Hass, Angst, Sorge und Schuldgefühle.

Es stimmt, dass es nur zwei primäre Emotionen gibt, Liebe und Angst, aber es wäre richtiger zu sagen, dass es nur Liebe *oder* Angst geben kann. Wir können diese beiden Emotionen nicht zusammen oder zur gleichen Zeit erfahren, denn sie schließen sich gegenseitig aus. Wenn wir in Angst sind, sind wir nicht im Raum der Liebe. Wenn wir in einem Raum der Liebe sind, können wir nicht in einem Raum der Angst sein. Können Sie an eine Zeit denken, als Sie sowohl in der Liebe als auch in Angst waren? Das ist unmöglich.

Wir müssen uns entscheiden, ob wir an dem einen Ort oder an dem anderen sein wollen. Dabei können wir uns nicht neutral verhalten. Wenn Sie nicht bewusst die Liebe wählen, werden Sie sich an einem Ort der Angst oder einer ihrer Komponenten befinden. Jeder Augenblick bietet Ihnen die Gelegenheit, das eine oder das andere zu wählen. Wir müssen ständig diese Wahl treffen, insbesondere in schwierigen Umständen, wenn es uns schwer gemacht wird, uns für die Liebe statt für die Angst zu entscheiden.

Sich für die Liebe entschieden zu haben, bedeutet nicht, dass Sie nie wieder Angst empfinden werden. Es bedeutet vielmehr, dass viele von Ihren Ängsten hochkommen, um endgültig geheilt zu werden. Dies ist ein Prozess, der sich laufend vollzieht. Denken Sie daran, dass Sie Angst bekommen werden, nachdem Sie sich für die Liebe entschieden haben, so wie wir wieder hungrig werden, nachdem wir gegessen haben. Wir müssen uns ständig für die Liebe entscheiden, um unserer Seele Nahrung zu geben und die Angst auszutreiben, so wie wir essen, um unseren Leib zu ernähren und den Hunger zu vertreiben.

Wie Troy, der Jackie pflegte, sich ständig für die Güte entschied gegen die Angst. Er fasste den Entschluss, etwas Größerem zu dienen als seiner Angst. Er entschied sich dafür, einem anderen Menschen in seiner Not zu helfen. Das heißt nicht, dass seine Angst nicht wieder hochkommen würde. Wenn immer aber seine Angst wiederkehrt, wird er zur Liebe im gegenwärtigen Augenblick zurückfinden müssen.

ANGST

Alle unsere eingebildeten Ängste drehen sich entweder um die Vergangenheit oder um die Zukunft; nur die Liebe existiert in der Gegenwart. *Jetzt* ist der einzig wirkliche Augenblick, den wir haben, und Liebe ist die einzig wirkliche Emotion, weil sie die einzige ist, die im gegenwärtigen Augenblick stattfindet. Angst beruht immer auf etwas, das sich in der Vergangenheit zugetragen hat, und veranlasst uns, vor etwas Angst zu haben, das sich mutmaßlich in der Zukunft ereignen wird. In der Gegenwart leben heißt daher, in der Liebe, und nicht in der Furcht zu leben. Das ist unser Ziel: in der Liebe zu leben. Und wir können uns diesem Ziel nähern, indem wir lernen, uns selbst zu lieben. Indem wir uns selbst sozusagen eine Infusion von Liebe geben, beginnen wir, unsere Ängste fortzuspülen.

EKR

Unglücklicherweise sind viele von uns voll von Angst. Viele von uns sind wie Joshua, ein fünfunddreißigjähriger Graphiker, der freiberuflich für Druckereien arbeitet. Er hatte Kunst studiert und träumte davon, Maler zu werden, arbeitet jetzt aber die meiste Zeit als Designer von Geschäftskarten.

Dieser junge Mann hatte einmal große Pläne, fürchtete sich aber davor, die Hand danach auszustrecken. »So bin ich eben«, beharrte er. »Ich bin eben nicht der Typ, der Erfolg hat.«

Als wir darüber sprachen, versuchte ich herauszufinden, warum er so wenig Selbstwertgefühl hatte. Es war nicht so, dass er eine ungeheure Niederlage oder Demütigung erlebt hätte. Das wäre gar nicht möglich gewesen, da er seit seinem Studium nichts gemalt hatte. Wir berührten dies und jenes, bis wir schließlich auf den Tod seines Vaters zu sprechen kamen. »Mein Vater war so wie ich«, erklärte Joshua. »Er wollte so vieles tun, aber dann kam er einfach nicht dazu. Er ist wie ich, eine Art Versager.«

In unserem weiteren Gespräch stellte sich heraus, dass es keinen triftigen Grund für die Unfähigkeit seines Vaters gab, seine Träume auszuleben.

»Warum war Ihr Vater ›eine Art Versager‹«, bohrte ich. »War er dumm? Konnte er nicht mit Menschen umgehen? War er untalentiert? Gibt es bei ihm eine lange Geschichte des Scheiterns? Was hat ihn zurückgehalten?«

Joshua dachte lange nach, bevor er schließlich antwortete: »Es war nichts mit ihm los. Er war klug, er hatte Talent und konnte mit Menschen umgehen. Er hätte alles machen können, was er wollte, aber er hat es nie versucht. Er sagte immer: ›In unserer Familie geht immer alles schief.‹ Ich erinnere mich sogar, dass Papa, als er im Sterben lag, Kontakt mit einem alten Jugendfreund aufnehmen wollte, den er zwanzig Jahre nicht gesehen hatte. Aber er tat es dann nicht, weil er meinte, der Betreffende würde nach so langer Zeit nichts mehr von ihm wissen wollen.«

Plötzlich sah Joshua bekümmert drein. Er fuhr fort: »Ich weiß, wovon er redete. Ich habe immer das Gefühl gehabt, dass ich nicht gut genug war. Nicht gut genug, um zu malen.«

Das Problem dieses jungen Mannes war nicht, dass er Geschäftskarten entwarf, statt zu malen, sondern dass er sich nichts zutraute, dass er sich nicht für gut genug hielt, um zu riskieren, seiner Berufung nachzugehen. Ich fragte, was er ab sofort anders machen würde, wenn er keine Angst hätte. Er antwortete: »Ich würde einen Malkurs besuchen.«

In diesem Fall würde er der Angst nicht erlauben, ihm etwas in den Weg zu legen. »Damit würden Sie sich von Ihrem Vater unterscheiden, nicht wahr?«, fragte ich.

Er dachte einen Augenblick nach und sagte dann: »Ja. Papa starb, und seine Ängste waren immer noch da.«

Joshua hatte die Gelegenheit, ein anderes Leben zu führen, ein Leben mit weniger Angst. Vielleicht wird er ein großer Maler werden, oder vielleicht wird er nur am Malen um des Malens willen Freude haben. So oder so, er wird kein Leben der Angst mehr führen oder mit Angst sterben.

Wir alle leben mit der Möglichkeit des Todes, aber Sterbende leben mit der Wahrscheinlichkeit, dass er bald eintreten wird. Was machen sie mit dieser gesteigerten Bewusstheit? Sie riskieren mehr, weil sie nichts mehr zu verlieren haben. Patienten am Rande des Lebens werden Ihnen sagen, welch ungeheures Glück sie in der Erkenntnis finden, dass es nichts zu fürchten, nichts zu verlieren gibt. Es ist die Angst selbst, die uns so viel Unglück im Leben bringt, nicht die Dinge, vor denen wir uns fürchten. Angst hat viele Masken – Zorn, Schutzbedürfnis, Selbstisolierung. Wir müssen unsere Angst in Weisheit verwandeln. Gehen Sie jeden Tag einen Schritt vorwärts. Üben Sie sich darin, die kleinen Dinge zu tun, vor denen Sie sich fürchten. Ihre Angst hat nur dann eine so große Macht über Sie, wenn Sie ihr nicht entgegentreten. Lernen Sie, sich der Macht der Liebe und Güte zu bedienen, um die Angst zu überwinden.

Mitgefühl kann Ihnen helfen, Ihre Liebe und Güte nutzbar zu machen, wenn Sie mit Angst konfrontiert sind. Wenn Sie sich das nächste Mal vor etwas fürchten, üben Sie Mitgefühl.

Wenn Sie in der Nähe eines Menschen sind, der krank ist, auch wenn es sich nur um eine kleine Unpässlichkeit wie eine Erkältung handelt, möchten Sie vielleicht Abstand wahren, weil Sie Angst haben, sich anzustecken.

Haben Sie statt dessen Mitgefühl – Sie wissen ja, wie man sich fühlt, wenn man erkältet ist.

Wenn Sie abgehalten werden, weil Sie Angst haben, dass Sie oder das, was Sie getan haben, nicht gut genug sei, haben Sie Mitgefühl mit sich selbst. Stellen Sie sich vor, Sie haben einen Bericht über Ihre große neue Idee vorbereitet, haben jedoch Angst, ihn Ihrer Chefin zu zeigen. Sie denken vielleicht: »Ich fürchte, dass sie nichts damit anfangen kann. Ich bin nicht gut genug, ich werde gefeuert werden.« Wenn Sie diesen Ängsten Ihre Aufmerksamkeit schenken, werden diese wachsen und sich ausbreiten. Nehmen Sie dagegen an, dass Sie Mitgefühl mit sich selbst haben. Nehmen Sie an, Sie sagen sich, dass Sie Ihr Bestes leisten und den Bericht mit Sorgfalt vorbereitet haben, und nur darauf kommt es an. Wenn Sie sich im Geist mit der Reaktion Ihrer Chefin befassen, haben Sie Mitgefühl mit ihr in dem Wissen, dass auch sie nur gute Arbeit leisten will und ihr Bestmögliches tut. Wenn Sie so vorgehen, führen Sie Mitgefühl und Liebe ein, um Ihre Angst zu zerstreuen. Sie werden staunen, wie die Angst durch Mitgefühl dahinschmilzt.

Wenn Sie Angst davor haben, bei gesellschaftlichen oder geschäftlichen Anlässen Menschen anzusprechen, denken Sie daran, dass die meisten anderen Leute sich in derselben Lage befinden wie Sie. Auch sie kennen nicht jeden der Anwesenden, sie fürchten, dass niemand mit ihnen reden will, und manche würden sich lieber davonstehlen und nach Hause gehen. Denken Sie daran, dass sie mit Mitgefühl behandelt werden möchten, genauso wie Sie. Ihr Mitgefühl mit ihnen befreit Sie von Ihrer Angst. Sie werden feststellen, dass Sie viel leichter auf Leute zugehen können, wenn Sie für sie, genauso wie für sich selbst, Mitgefühl empfinden.

Wenn wir begreifen, dass jeder Mensch innerlich ein

bisschen Angst hat, beginnen wir, mit mehr Mitgefühl und weniger Angst zu leben. In ihrem Inneren sind die Chefin oder der Kranke oder die Partygäste Menschen, die ebenso wie Sie Angst haben und Mitgefühl verdienen.

Wenn Sie in Angst leben, dann leben Sie nicht wirklich. Jeder Gedanke, den Sie fassen, bestärkt entweder Ihre Angst oder vergrößert Ihre Liebe. Aus Liebe wird noch mehr Liebe, sie steigert sich selbst. Aus Angst wird noch mehr Angst, besonders wenn sie verborgen wird. Sie vermehren auch die Angst, wenn Sie aus der Angst handeln.

Wahre Freiheit findet man, wenn man die Dinge tut, vor denen man sich am meisten fürchtet. Machen Sie einen Sprung, und Sie werden das Leben finden, nicht verlieren. Manchmal ist das Gefährlichste, was wir tun können, ein Leben in Sicherheit zu führen und alle unsere Ängste und Sorgen zu respektieren. Machen Sie nicht die Angst zu einem dauerhaften Bestandteil Ihres Lebens. Wenn Sie die Angst loslassen oder wenigstens trotz der Angst leben, gelangen Sie überraschender und paradoxer Weise an einen Ort der Sicherheit. Sie können lernen, zu lieben, ohne zu zögern, zu sprechen, ohne Vorsicht zu üben, und Anteil zu nehmen, ohne sich zu verteidigen.

Wenn wir auf die andere Seite der Angst gelangen, finden wir ein neues Leben. Letztlich führt die Liebe dazu, dass wir unsere Ängste loslassen. Wie Helen Keller sagte: »Das Leben ist entweder ein kühnes Abenteuer oder gar nichts.« Wenn wir diese Lektionen der Angst lernen, können wir ein Leben voll Ehrfurcht und Staunen führen. Ein Leben, das unsere Träume übersteigt, frei von Angst.

Die Lektion des Zorns

Eine Krankenschwester auf der Notfallstation eines Krankenhauses im Mittleren Westen bekam einen Anruf mit der Nachricht, dass fünf Personen in kritischem Zustand eingeliefert würden. Die bereits gespannte Situation wurde noch dadurch kompliziert, dass einer der Verletzten der Ehemann der Krankenschwester war. Bei den übrigen vier handelte es sich um eine Familie, die sie nicht kannte. Trotz der intensiven Bemühungen der Ärzte und Schwestern starben alle fünf.

Wodurch waren sie umgekommen? Durch ein eingestürztes Haus? Durch einen Autobusunfall? Einen Brand? Waren sie in eine Schießerei geraten?

Nein, der Zorn hatte sie umgebracht.

Ein Auto hatte versucht, ein anderes Auto auf einer Landstraße zu überholen. Keiner der Fahrer wollte nachgeben. So rasten sie Seite an Seite, sich gegenseitig übertrumpfend, von Zorn getrieben. Keiner von beiden bemerkte das dritte Auto, das ihnen entgegenkam, bis es zu spät war. Der Ehemann der Krankenschwester war einer dieser zornigen Autofahrer.

Die beiden Männer, die sich gegenseitig zu überholen trachteten, kannten sich überhaupt nicht – sie waren einander nie begegnet. Sie hatten keinen Grund, so böse aufeinander zu sein, aber die Wut hatte sie gepackt, weil einer den anderen überholen wollte. Gegen den überlebenden Fahrer wurde Anklage erhoben.

ZORN

Drei Familien waren durch diesen tragischen Unfall schwer betroffen, als Folge von Zorn, den manche Behörden heute für die Hauptursache von Verkehrsunfällen in Amerika halten.

Wir können alle nachvollziehen, wie jemand autofährt, wenn er zornig ist, aber glücklicherweise haben wenige von uns solche extremen Konsequenzen zu tragen. Wenn wir jedoch wie diese beiden Männer zulassen, dass Zorn sich aufstaut, kann dieser zu einer beachtlichen negativen Kraft in unserem Leben werden. Wir müssen lernen, ihn auf gesunde Weise zum Ausdruck zu bringen, so dass wir ihn kontrollieren können, bevor er uns kontrolliert.

Zorn ist eine natürliche Emotion, die im Naturzustand nur einige Sekunden oder Minuten braucht, um sich abzureagieren. Wenn sich zum Beispiel jemand in einer Kinoschlange vordrängt, ist es nur natürlich, dass wir uns eine Minute lang über die betreffende Person ärgern. Wenn wir unseren Ärger auf natürliche Weise empfinden, indem wir ihn herauslassen – für fünf Minuten, damit wir hindurchgehen können –, ist alles in Ordnung. Probleme entstehen dann, wenn wir unseren Zorn entweder auf unangemessene Weise zum Ausdruck bringen, indem wir explodieren, oder ihn unterdrücken, so dass er sich anstaut. Das führt dazu, dass wir in einem gegebenen Fall entweder mehr Zorn herauslassen, als die Situation verdient, oder gar keinen.

Unterdrückter Zorn verschwindet nicht einfach, sondern wird zu einer unerledigten Angelegenheit. Wenn wir uns mit unserem kleinen Zorn nicht auseinandersetzen, dann wird er immer größer, bis er sich irgendwo entladen muss, gewöhnlich am falschen Ort. Diese zwei Fahrer waren so voll von altem Zorn, dass er explodierte, als sie zusammentrafen. In nur wenigen Sekunden explodierten sie wie zwei Vulkane.

ZORN

Das andere Problem eines Zornstaus besteht darin, dass auch dann, wenn wir die Menschen, die uns verletzen, für ihr Handeln zur Verantwortung ziehen, dies nicht genügt. Wenn sie sich aufrichtig entschuldigt haben, wir aber weiterhin auf sie böse sind, dann ist das alter Zorn. Und der kann immer wieder aufflammen, in unterschiedlicher und unerwarteter Weise.

Viele Menschen sind in Familien aufgewachsen, in denen es verpönt war, Zorn zu zeigen. Andere kamen aus Familien, wo schon das geringste Problem zur Wut eskalierte. So ist es kein Wunder, dass wir für den Ausdruck dieser natürlichen Emotion keine guten Rollenmodelle haben. Statt dass wir verstehen, mit Zorn umzugehen, stellen wir ihn in Frage, machen uns Gedanken, ob er berechtigt sei, verdrängen ihn und tun ungefähr alles, was man nur tun kann – außer dass wir ihn spüren. Aber Zorn ist eine natürliche Reaktion, nützlich zur rechten Zeit, am rechten Ort und im richtigen Maß. So haben beispielsweise Untersuchungen gezeigt, dass zornige Patienten länger leben. Ob das so ist, weil sie ihre Gefühle externalisieren oder weil sie eine bessere Pflege fordern, wissen wir nicht. Andererseits wissen wir, dass Zorn zum Handeln motiviert und uns hilft, unsere Umwelt in den Griff zu bekommen. Er hilft uns außerdem, in unserem Leben angemessene Grenzen zu setzen. Solange er nicht unangemessen oder gewalttätig ist oder andere missbraucht, kann Zorn eine hilfreiche und gesunde Reaktion sein.

Als eines der wichtigsten Warnsysteme des Körpers sollte der Zorn nicht automatisch unterdrückt werden. Er warnt uns, wenn wir verletzt werden oder wenn unsere Bedürfnisse nicht wahrgenommen werden; er kann in vielen Situationen eine normale und gesunde Reaktion sein. Andererseits kann er, ebenso wie Schuldgefühle, ein Signal sein, dass etwas mit den Dingen, an die wir glauben, nicht stimmt. Gelegentlicher Zorn, registriert im Verhältnis zu verletzenden Ereignissen, ist gesund; nur was wir mit dem Gefühl machen oder unterlassen, das schafft Probleme. Oft fürchten wir uns so vor unserem eigenen Zorn und verleugnen ihn so nachhaltig, dass wir ihn gar nicht mehr wahrnehmen.

Zorn muss nicht ein schauerliches Monstrum sein, das unser Leben verzehrt. Er ist lediglich ein Gefühl. Es bringt nicht viel, ihn zu sehr zu analysieren oder lange zu fragen, ob er gültig, passend oder gerechtfertigt sei. Wenn wir das tun, stellen wir in Frage, ob wir überhaupt Gefühle haben sollen. Zorn ist einfach da – als ein Gefühl. Er ist ein Gefühl, das man erleben, nicht beurteilen soll. Wie alle unsere Gefühle ist der Zorn eine Form von Kommunikation. Er will uns etwas sagen.

Leider können viele von uns diese Botschaft nicht mehr hören. Wir wissen oft nicht, wie man Zorn empfindet. Wenn zornige Menschen gefragt werden: »Was empfindest du?«, werden sie anfangen, herumzureden: »Ich denke...« Das ist eine intellektuelle Antwort auf eine emotionale Frage. Sie kommt aus dem Kopf, nicht aus dem Bauch.

Wir müssen mit den Gefühlen in unserem Bauch Verbindung aufnehmen. Für manche ist das so schwierig, dass es ihnen hilft, wenn sie die Augen schließen und eine Hand auf den Magen legen. Diese einfache Geste hilft ihnen, mit ihrem Gefühl in Berührung zu kommen, wahrscheinlich weil sie sich auf den Körper, nicht nur auf das Hirn beziehen. Mit seinen Gefühlen in Berührung zu kommen, das ist in unserer Gesellschaft eine fast abwegige Vorstellung. Wir haben verlernt, mit unserem Körper zu fühlen, und neigen dazu, unseren Verstand von unseren Gefühlen abzuspalten. Wir sind so gewöhnt, dem Verstand die Führung zu überlassen, dass wir unsere Gefühle und unseren Körper vergessen. Achten Sie darauf, wie oft Sie einen Satz mit den Worten »Ich denke« statt mit »Ich empfinde« beginnen.

Der Zorn sagt uns, dass wir uns mit unserer Verletzung nicht befasst haben. Eine Verletzung ist gegenwärtiger Schmerz, während Zorn oft ein anhaltender Schmerz ist. Wenn wir solche Verwundungen sammeln, ohne auf sie einzugehen, wächst unser Zorn. So können sich viele Verwundungen anhäufen, und es fällt uns schwer, sie einzuordnen – bis wir schließlich den Zorn gar nicht mehr erkennen. Wir gewöhnen uns so sehr daran, mit diesem Gefühl zu leben, dass wir anfangen zu denken, es sei ein Teil von uns. Wir beginnen uns als schlechte Menschen zu empfinden. Der Zorn wird ein Teil unserer Identität. Wir müssen mit der Aufgabe beginnen, unsere alten Gefühle von unserer Identität zu trennen. Wir müssen diesen Zorn loslassen, um uns daran zu erinnern, was in uns gut ist und wer wir sind.

Wir ärgern uns nicht nur über andere, sondern auch über uns selbst. Wir sind wütend, weil wir dies oder jenes getan oder nicht getan haben. Wir werden zornig, weil wir empfinden, dass wir uns selbst verraten haben, oft dadurch, dass wir es anderen Recht machen wollten auf Kosten unserer Gefühle. Wir werden zornig, wenn wir unseren eigenen Bedürfnissen und Wünschen nicht gerecht werden. Wir wissen, dass wir wütend auf die »anderen« sind, weil sie uns nicht geben, was wir verdienen, aber wir erkennen oft nicht, dass wir auf uns selbst zornig sind, weil vor allem wir selbst es sind, die uns nichts gegeben haben. Manchmal sind wir zu stur, um zuzugeben, dass wir Bedürfnisse haben, weil in unserer Gesellschaft Bedürfnis mit Schwäche gleichgesetzt wird.

Wenn wir unseren Zorn nach innen richten, drückt er

sich oft in Gefühlen von Depression und Schuld aus. Innerlich festgehaltener Zorn verändert unsere Wahrnehmung der Vergangenheit und entstellt unsere Sicht der gegenwärtigen Realität. Dieser ganze alte Zorn wird zu einer unerledigten Angelegenheit, die nicht nur andere, sondern auch uns selbst betrifft.

Wir neigen dazu, uns von einem Extrem ins andere zu stürzen, indem wir unseren Zorn festhalten und dann »explodieren«, indem wir anderen und auch uns selbst Vorwürfe machen. Wir lassen nicht zu, dass der Zorn sich natürlich ausdrückt, daher ist es kein Wunder, dass wir ihn für etwas Schlechtes halten. Kein Wunder, dass wir denken, Menschen, die herumschreien, seien grantig, aber wenn wir nicht auch schreien, heißt das noch lange nicht, dass wir im Frieden sind oder frei von Zorn.

DK

Berry Berenson Perkins, die Frau des verstorbenen Schauspielers Anthony Perkins, ist eine der charmantesten Frauen, die Sie sich vorstellen können. Man fühlt sich mit ihr, da sie Anmut und Stil mit Warmherzigkeit vereint, auf Anhieb wohl. Doch unter dieser sanften Oberfläche verbirgt sich viel Schmerz. Zum Glück hatte sie den Mut, ihren Zorn hinter einer Fassade zu konfrontieren. Sie hatte nie in der Öffentlichkeit von sich gesprochen, doch als ich ihr sagte, dass ich im Begriff sei, ein neues Buch zu schreiben, sagte sie mir: »Ich möchte Ihnen etwas erzählen, weil ich denke, dass es vielleicht eine Hilfe für andere sein könnte.«

Sie bemerkte: »Jeder geht auf andere Weise mit Trauer um. Das Wichtigste ist, dass man darüber spricht und Wege findet, seinen Zorn auszudrücken. So viele Leute sagen: ›Du musst darüber hinwegkommen‹, oder: ›Setz dich mit deinem Zorn auseinander‹, aber sie haben meine Erfahrungen nicht gemacht. Als eine, die das durchgemacht hat, kann ich Ihnen sagen, es ist eines der schwierigsten Dinge, die es überhaupt gibt.

Ich musste mit der Wirklichkeit zu Rande kommen, dass ich sehr oft einen Zorn hatte – weil niemand da war, der mir half, meine Kinder großzuziehen. Weil ich mit allem alleine fertig werden musste, während mir früher ein Mann zur Seite stand. Ich erkenne jetzt, dass ich einen Zorn auf Tony hatte, weil er uns verlassen hatte. Es war ein unterschwelliger Zorn. Ich merkte, dass ich zornig war, und wusste nicht warum.

Ich merkte, dass ich es an meinem Geschirr ausließ oder an mir selbst. Ich hoffe, dass ich das eines Tages ganz loswerden kann. Und ich meine, je mehr man sich mit seinem Zorn auseinandersetzt, desto mehr wird man ihn los. Ich habe Briefe an Tony geschrieben und hart daran gearbeitet, den Zorn rauszulassen und in den Griff zu bekommen.

Es ist auch wichtig, dass man die guten Gefühle für den Betreffenden zum Ausdruck bringt, als Gegengewicht gegen den Zorn und um nicht immer zornig zu sein. Nach Tonys Tod waren wir geschockt und verwirrt. Wir unterdrückten unseren Zorn, der sich in Depression verwandelte. Ich liebte ihn so sehr und wollte ihm keine Schuld an irgendetwas geben, konnte mir aber nicht helfen.

Ich habe so viel über den Zorn gelernt. Ich habe gelernt, dass ich an meinen Zorn gar nicht heran kam. Die meisten Ehepaare erleben von Zeit zu Zeit, dass sie zornig sind. Wir haben nie im Zorn gestritten, wir vermieden das in unserer Familie. Wir wollten nie etwas Gemeines sagen, das den anderen verletzen könnte. Wir gingen sehr nett miteinander um. Wir machten einen Bogen um eine Reihe von Themen, die uns zum Zorn gereizt hätten.

Aber es ist schwer zu vergeben, wenn man sich mit dem Zorn nicht auseinandergesetzt hat. Je mehr man den Zorn loslassen kann, desto besser kann man vergeben.«

Unbearbeitete Angst verwandelt sich in Zorn. Wenn wir mit unseren Ängsten nicht in Berührung sind – oder wenn wir nicht einmal wissen, dass wir Angst haben –, verwandelt sich diese Angst in Zorn. Wenn wir uns mit dem Zorn nicht auseinandersetzen, verwandelt er sich in Wut.

Wir sind es eher gewöhnt, uns mit unserem Zorn auseinanderzusetzen als mit unserer Angst. Es fällt uns leichter, einem Ehepartner zu sagen: »Ich habe einen Zorn auf dich«, als zu sagen: »Ich habe Angst, dass du weggehst.« Es ist leichter, zornig zu werden, wenn etwas falsch läuft, als zuzugeben: »Ich fürchte, dass ich nicht genüge.«

Ein junger Mann namens Andrew hatte sich vor einigen Monaten mit seiner Freundin Melanie in einem Kaffeehaus verabredet. Doch es gibt in der Stadt mehrere Kaffeehäuser dieser Art, und jeder ging in ein anderes. Andrew wartete dreißig oder vierzig Minuten auf Melanie, hinterließ dann eine Nachricht auf ihrem Anrufbeantworter und kehrte in seine Wohnung zurück. »Ich dachte mir, dass es irgendein Missverständnis gegeben hatte und dass wir es noch einmal probieren würden«, berichtete er. »Aber das war nicht der Eindruck, den Melanie hatte. Sie war sehr böse auf mich und gab zu verstehen, dass ich sie absichtlich sitzengelassen hätte, dass sie enttäuscht von mir sei und mir nicht vertrauen könne. Ich wies darauf hin, dass wir beide einfach angenommen hatten, es handelte sich um ein anderes Kaffeehaus.«

Was für Andrew ein einfaches Missverständnis war, bedeutete für Melanie eine furchtbare Demütigung, der sie entnahm, dass er unzuverlässig sei und sie wieder enttäuschen würde. Sie empfand mehr Zorn, als von der Situation her gerechtfertigt war, einen Zorn, der möglicherweise von einer alten Verletzung herrührte. Sie war nicht imstande, die Wirklichkeit wahrzunehmen, wie sie war.

Da Melanie mit der Angst unter ihrem Zorn nicht in Berührung war, machte sie Andrew zum Bösewicht. Leider tat sie nur den ersten Schritt – sie wurde wütend. Das können wir alle großartig: »Ich habe einen Zorn, weil du dich verspätet hast.« – »Ich habe einen Zorn, weil du deine Sache nicht gut gemacht hast.« – »Ich habe einen Zorn, weil du das gesagt hast.« Wir müssen lernen, den zweiten Schritt zu vollziehen, indem wir in uns hineinschauen, um der Angst darunter auf den Grund zu gehen. Hier sind einige Hinweise, was vielleicht wirklich los sein könnte:

- Zorn: »Ich bin zornig, weil du nicht da warst.«
- Unterschwellige Angst: »Wenn du nicht da bist, fürchte ich, dass du mich verlässt.«
- Zorn: »Ich bin zornig, weil du dich verspätet hast.«
- Unterschwellige Angst: »Ich bin weniger wichtig für dich als deine Arbeit.«
- Zorn: »Ich bin zornig, weil du deine Sache nicht gut gemacht hast.«
- Unterschwellige Angst: »Ich fürchte, dass wir weniger Geld verdienen werden und unsere Rechnungen nicht bezahlen können.«
- Zorn: »Ich bin zornig, weil du das gesagt hast.«
- Unterschwellige Angst: »Ich fürchte, dass du mich nicht mehr liebst.«

Es ist leichter, auf dem Zorn herumzureiten, als sich mit der Angst auseinanderzusetzen, aber das hilft uns nicht, das darunter liegende Problem zu lösen. Ja, es macht das »Oberflächenproblem« sogar noch schlimmer, weil die Menschen auf Zorn schlecht reagieren. Wenn man Leute anschreit, überzeugt man sie selten davon, dass sie im Unrecht sind. Haben Sie je einen Menschen sagen hören: »Sie haben mich zehn Minuten lang angebrüllt, aber ich war immer noch der Meinung, dass ich Recht hatte. Doch als Sie noch zwanzig Minuten weiter brüllten, habe ich Ihren Standpunkt wirklich eingesehen«?

Auch wenn unsere Ängste berechtigt sind, können wir ihnen durch einen zu heftigen Zorn ihre Berechtigung entziehen. Wenn Sie zum Beispiel eine Mitarbeiterin ständig ermahnen, weil sie zu spät kommt, ist das nicht hilfreich in dieser Situation. Wenn Sie jedoch sagen: »Es gibt so viel zu tun. Ich fürchte, dass wir nicht fertig werden«, kann sie sich auf Ihre Furcht beziehen, ohne sich durch Ihren Zorn ins Unrecht gesetzt zu fühlen.

Es erfordert eine Menge Energie, Zorn zurückzuhalten, und doch tragen wir alle Schmerzen in uns, die unsere Seele verdunkeln. Daphne Rose Kingma, Psychotherapeutin und Autorin, hielt einen Workshop für Leute ab, die mit dem Ende einer Beziehung klarkommen mussten. Sie erzählte: »Ich werde immer an diese bemerkenswerte Frau denken, die mich so berührt hat. Sie war Ende siebzig. Ich dachte: ›Was hat diese Frau hier zu suchen? Macht sie Schluss mit einer Beziehung?‹ Wir gingen durch den Raum, und jeder erzählte seine Geschichte: warum sie hier waren, wer sie am Weihnachtstag verlassen hatte, über was einer hinwegkommen wollte, wie es zu Ende ging, ist das nicht unerhört! Schließlich kam ich zu dieser Frau und fragte sie: ›Was machen Sie denn hier, sind Sie im Begriff, eine Beziehung zu beenden?‹ Sie antwortete: ›Vor vierzig Jahren machte ich Schluss mit der Beziehung zu meinem Mann, und ich war so verbittert und zornig, dass ich diese vierzig Jahre damit verbracht habe, verbittert und zornig zu *sein*. Ich habe mich bei meinen Kindern über meinen Ex-Mann beklagt, ich habe mich bei allen Leuten beklagt, die ich kenne. Ich habe nie wieder einem Mann vertraut. Ich habe mich nie länger als drei Wochen auf eine neue Beziehung eingelassen, bevor irgendetwas passierte, das mich an diesen gemeinen Kerl erinnerte, mit dem ich verheiratet war. Ich bin nie darüber hinweggekommen. Und jetzt sterbe ich, ich bin todkrank und habe nur noch wenige Monate zu leben. Aber ich will diesen ganzen Zorn nicht mit ins Grab nehmen. Ich bin so tieftraurig, dass ich dieses ganze Leben gelebt habe, ohne je wieder zu lieben. Das ist der Grund, warum ich hier bin. Ich konnte nicht im Frieden leben, aber ich möchte im Frieden sterben.‹

Wenn Sie nicht sicher sind, ob Sie den Mut oder die Stärke haben werden, wenn Sie nicht sicher sind, ob Sie diesen Zorn je überwinden werden, denken Sie an diese Frau, sie ist eine große Lehrmeisterin mit einem tragischen Schicksal.«

In unserer Gesellschaft wird Zorn als etwas Schlechtes und Unrechtes angesehen, daher verfügen wir über keine gesunde Weise, ihn zum Ausdruck zu bringen. Wir wissen nicht, wie man darüber reden oder ihn herauslassen kann. Wir fressen ihn in uns hinein, leugnen ihn oder halten ihn zurück. Die meisten von uns halten ihn in ihrem Inneren fest, bis sie durchdrehen, weil sie nie gelernt haben, zu sagen: »Ich ärgere mich über diese kleinen Dinge.« Die meisten Menschen bringen es nicht fertig, im Augenblick zu sagen: »Das ärgert mich«, und wenn morgen etwas geschieht, zu sagen: »Das macht mich wütend.« Statt dessen tun sie so, als seien sie nette Leute, die sich niemals ärgern, bis sie explodieren und zwanzig Dinge aufzählen, die der andere in den vergangenen Monaten getan hat und die sie zornig gemacht haben.

Das Sterben ruft eine ungeheure Menge Zorn bei allen Beteiligten hervor. Wie geht das Krankenhauspersonal mit seinem Zorn um? Wie gehen Familien und Patienten mit ihrem Zorn um? Es wäre schön, wenn es in den Krankenhäusern einen Raum gäbe, wo man hingehen und schreien könnte – nicht irgendjemanden anschreien, nur einfach laut schreien. Wäre es nicht gut, wenn wir alle einen geschützten Raum hätten, wo wir unseren Zorn herauslassen könnten? Denn wenn Sie Ihren Zorn nicht herauslassen, werden Sie jemanden anschreien. Und wenn man jemanden anschreit, hat das Folgen. Niemand ist gern in der Nähe eines zornerfüllten Menschen. Ein zorniger Mensch ist oft ein einsamer Mensch.

Viele halten ihren Zorn deshalb zurück, weil sie ein Urteil über ihn fällen. Sie denken, wenn sie gute Menschen wären, wenn sie liebevoll und spirituell wären, wären sie nicht und sollten sie nicht zornig sein. Aber dieser Zorn kann eine ganz normale Reaktion sein. Es ist wichtig, dass wir Menschen helfen, Gefühle des Zorns durchzuarbeiten, die sie gegen sich selbst oder andere Menschen oder sogar gegen Gott hegen.

Manchen Leuten hilft es, wenn sie auf Gott schimpfen, in ein Kissen hineinbrüllen oder mit einem Baseballschläger auf ihr Krankenbett eindreschen, um ihren Zorn rauszulassen. Nachher sagen sie oft, was für ein gutes Gefühl es war, den Zorn endlich herauszulassen. Und sie erkennen, dass sie Angst hatten, Gott würde einen Blitz auf sie herabschleudern oder sie auf andere Weise bestrafen, wenn sie diese Worte jemals aussprechen würden, aber sie fühlen sich Gott näher als je zuvor. Wie eine Frau einmal sagte: »Ich begriff, dass Gott groß genug war, um mit meinem Zorn fertig zu werden. Und ich begriff, dass mein Zorn gar nichts mit ihm zu tun hatte.«

Eine Flugbegleiterin erzählte die Geschichte ihres Vaters, der durch einen Unfall zu Tode gekommen war, als er sein Gewehr reinigte. Sie hatte immer wieder versucht,

Frieden zu machen mit seinem Tod, aber sie konnte sich nicht damit abfinden. Sie kam nicht darüber hinweg, bis eines Tages, als sie zu Hause über seinen Tod nachdachte, ein furchtbarer Regen und ein Gewitter losbrachen. Sie rannte in den Garten, und in dem Getöse und in dem strömenden Regen brüllte sie, so laut sie konnte, den Donner und den Himmel an, wie zornig sie war. Sie berichtete, dass in dem Sturm etwas war, das ihr half, mit ihrem Zorn in Fühlung zu kommen und ihn auszudrücken. Nachdem sie einige Minuten geschrien und ihre geballten Fäuste zum Himmel gereckt hatte, fiel sie auf die Knie und weinte. Zum ersten Mal seit Jahren, sagte sie, »fühlte ich, dass ich wieder im Frieden war«.

EKR

Nach meinen Schlaganfällen konnte ich mit der Vorstellung leben, dass ich sterben würde, und ebenso gut mit der Vorstellung, dass ich mich erholen würde. Statt dessen war ich gezwungen, mit einer schweren Behinderung zu leben, einer linksseitigen Lähmung, die sich weder besserte noch verschlechterte. Ich war wie ein Flugzeug auf der Startbahn: Ich wünschte mir, dass ich entweder abheben oder zur Rampe zurückkehren könnte. Ich konnte nichts anderes tun, als dazusitzen. Ich wurde zornig. Ich war voll Zorn auf alles und jeden. Ich hatte sogar auf Gott einen Zorn und schimpfte auf ihn, wie es im Buche steht – aber kein Blitz traf mich. Jahrelang haben so viele Menschen mir gesagt, wie sehr sie die von mir definierten Stufen von Tod und Sterben, die auch den Zorn beinhalten, nachvollziehen konnten. Aber jetzt, als ich selber zornig wurde, verschwanden viele Menschen aus meinem Leben. Mindestens drei Viertel meiner Freunde verließen mich. Manche verurteilten mich sogar in der Presse, dass ich wegen meines Zorns keinen »guten« Tod hätte. Es war, als ob sie meine Stufen liebten, aber mich nicht, wenn ich selbst eine davon durchmachte. Doch diejenigen, die bei mir blieben, ließen mich in Frieden, ohne mich oder meinen Zorn zu verurteilen, und das hat mir geholfen, ihn loszuwerden.

Ich lernte, dass es Patienten erlaubt sein muss, ihren Zorn zum Ausdruck zu bringen, und dass sie sich das auch zugestehen müssen. Als ich nach meinem ersten Schlaganfall im Krankenhaus lag, setzte sich eine Krankenschwester auf meinen Ellbogen. Ich schrie vor Schmerz und teilte meinen ersten »Karateschlag« aus. Ich schlug sie nicht wirklich, sondern machte mit dem anderen Arm nur eine entsprechende Bewegung. Darauf schrieben sie in meine Krankengeschichte, dass ich zu Tätlichkeiten neige. Das ist so bezeichnend für die Welt der Medizin: Wir heften den Patienten ein übertriebenes Etikett an, wenn sie normale Reaktionen zeigen.

Wir sind hier, um heil zu werden und durch unsere Gefühle hindurchzugehen. Säuglinge und kleine Kinder spüren ihre Gefühle und gehen durch sie hindurch. Sie weinen, und es geht vorüber, sie werden zornig, und dann ist es vorbei. In ihrer Ehrlichkeit werden Sterbende oft wie die kleinen Kinder, die sie einst waren. Sterbende können sagen: »Ich habe Angst« und »Ich bin wütend«. Wie sie können wir lernen, ehrlicher zu sein und unseren Zorn auszudrücken. Wir können lernen, ein Leben zu führen, in dem Angst ein vorübergehendes Gefühl ist, nicht ein Seinszustand.

Die Lektion des Spielens

DK

Eines Tages besuchte ich die neunundsiebzig Jahre alte Lorraine im Krankenhaus. Sie hatte eben die Diagnose bekommen, dass sie ein Lymphom hatte. Mit ihrem weißen Haar und geschmückt mit Armbändern saß sie aufrecht im Bett und unterhielt sich mit ihren Angehörigen.

Ihre Prognose war schlecht, aber ich erinnere ich mich an das Gefühl, dass ich in eine fröhliche Familienversammlung hineinkam. Ich stellte mich vor und fragte, ob ich zu einer anderen Zeit wiederkommen sollte, wenn sie frei wäre. »Aber sicher, ich freue mich über Besuch«, antwortete sie mit einem Lächeln. Als ich fortging, fragte ich mich, ob ihr wirklich bewusst sei, warum ich sie besuchen wollte. Aber sie wusste genau, was los war: Sie war mit Krebs konfrontiert.

Als ich am nächsten Tag wiederkam, hatte Lorraine das Radio angestellt und tanzte in der intimen Sphäre ihres Zimmers mit der Begeisterung einer Siebzehnjährigen. Als ich ihr zusah, kam mir eine klischeehafte Redensart in den Sinn, die für diesen Augenblick dennoch so zutreffend schien: Sie tanzte, als gäbe es kein Morgen.

Lorraine sah sich um, während sie so herumhopste. Ich lächelte und fragte: »Was machen Sie denn da?«

»Ich tanze den Watusi.«

»Und warum tanzen Sie den Watusi?«

»Weil ich kann!«

SPIELEN

Sie hatte Recht. Wir wollen spielen, weil wir es können. Aber wir unterdrücken auch diesen Drang. Zum Glück konnte Lorraine sich erlauben zu spielen, auch als sie sich einer ernsthaften Krankheit gegenüber sah.

Sterbende machen es vollkommen klar: Spielen ist ein Bedürfnis. Wenn man ihren Gesprächen mit nahestehenden Menschen zuhört, geht daraus hervor, dass die gemeinsam erlebten Augenblicke der Muße, des Vergnügens, des Spiels das sind, was am Ende des Lebens zählt. Sie sagen: »Erinnerst du dich an die Zeit, als wir an den Strand liefen?«, und: »Erinnerst du dich, wie wir zusammen auf dem Land radfuhren?« Sie erinnern sich an »all die Sonntage, als wir die Kinder in den Park führten« und »die lustigen Gesichter, die Joe immer schnitt«.

Die Antwort auf die Frage: »Warum ist Spielen eine Lektion?«, ist darin zu finden, was die Menschen auf dem Sterbebett vor allem bereuen. Die meisten sagen, wenn sie auf ihr Leben zurückblicken: »Hätte ich das Leben doch nicht so ernst genommen!«

In all den Jahren, die wir Patienten am Rande des Lebens betreut haben, war nicht einer, der uns ansah und sagte: »Wenn ich doch nur einen extra Tag pro Woche hätte arbeiten können«, oder: »Wenn es doch neun Arbeitsstunden pro Tag gegeben hätte statt acht, wäre ich im Leben glücklicher gewesen.«

Die Menschen blicken auf das, was sie in ihrer Arbeit geleistet haben, und auf andere Errungenschaften mit Stolz zurück, aber sie begreifen, dass das nicht alles gewesen sein kann. Sie entdecken, dass ihre Arbeit ihnen ein Gefühl der Leere gibt, wenn ihre Leistungen nicht durch Höhepunkte in ihrem persönlichen Leben ausgeglichen wurden. Sie erkennen oft, dass sie hart gearbeitet, aber nicht wirklich gelebt haben. Wer neben »sauren Wochen«

nicht auch »frohe Feste« kennt, wird stumpfsinnig. Er führt ein langweiliges Leben, weil es nicht im Gleichgewicht ist.

Wir sind hier, um Freude zu haben und zu spielen – das ganze Leben hindurch. Spielen ist nicht nur ein Zeitvertreib für Kinder. Es ist unsere Lebenskraft. Spielen erhält uns im Herzen jung, gibt uns Motivation für unsere Arbeit und hilft uns in unseren Beziehungen. Es verjüngt uns. Spielen heißt, aus dem Vollen zu leben.

Leider wird dem Spiel normalerweise wenig Priorität eingeräumt. Obwohl es gewiss nützlich ist, der Arbeit einen hohen Stellenwert beizumessen, da wir uns und unsere Familien versorgen müssen, wurde das jedoch übertrieben. Zu viele Menschen empfinden ein verzweifeltes Bedürfnis, ständig produktiv, erfolgreich und leistungsfähig zu sein. Unsere Generation versteht zu *schaffen*, aber nicht zu *sein*.

Das Problem besteht normalerweise nicht darin, dass jemand an seinem oder ihrem primären Arbeitsplatz acht Stunden pro Tag arbeiten muss und noch dazu vier weitere Abende, um eine Hypothek abzuzahlen und das Essen auf den Tisch zu stellen. Wenn Sie unbedingt zwei Arbeitsplätze haben müssen, damit Sie über die Runden kommen, dann muss es eben sein.

Es ist aber möglich, dass Sie Abende und Wochenenden arbeiten, nicht um vorwärtszukommen, sondern weil Ihre Arbeitsmoral dies verlangt. Wenn es nur vorübergehend ist, kann es die Sache wert sein. Doch wenn Ihr ganzes Leben so aussehen soll, wenn Sie nie einen freien Abend oder ein Wochenende für sich haben, dann überlegen Sie sich vielleicht, ob sich das lohnt.

Viele Leute arbeiten den ganzen Tag und auch noch am Abend, um vorwärtszukommen, wobei sie vergessen, was sie damit eigentlich bezwecken. Und wenn sie ausgehen, besuchen sie eine Veranstaltung, die ihnen die Möglichkeit gibt, Beziehungen anzuknüpfen, statt an einer Runde teilzunehmen, in der sie sich einfach gut unterhalten. Wochenenden werden dazu benützt, um »aufzuarbeiten« oder »vorzuarbeiten«. Wenn diese Menschen am Wochenende versuchen zu spielen, können sie sich des nagenden Gefühls nicht erwehren, dass sie ihre Zeit verschwenden.

Wenn wir vorwärtskommen wollen, neigen wir dazu, die Menschen, die uns nahestehen, zurückzulassen. Wir denken, dass wir das tun, um ihnen mehr bieten zu können, doch das, was sie zumeist wirklich wollen, sind wir.

Ja, Erfolg und Kontrolle sind wichtig, aber es ist auch wichtig zu spielen. Wir haben ein angeborenes Verlangen danach, zu spielen, loszulassen, Stress und Spannung abzubauen. Leider haben wir den Drang zu spielen unterdrückt, und manchmal haben wir vergessen, dass er vorhanden ist.

In vielen Büros feiert man die Geburtstage von Angestellten mit einer Torte oder Luftballons. Diese Luftballons fliegen meist hierhin und dorthin und schweben in den Bürozimmern und Gängen zur Decke empor. Wenn man Angestellte beobachtet, die zum Kopierer oder in das Zimmer eines Arbeitskollegen gehen, sieht man, wie sie im Vorbeigehen mit den Luftballons spielen, wie sie ihnen mit den Fingerspitzen einen Stups geben, nach ihnen haschen und zusehen, wie sie wieder zur Decke steigen, oder sie an einem Finger befestigen. Aber das tun sie heimlich, wenn sie denken, dass niemand ihnen zusieht.

Diese ungemein produktiven Menschen sind ausgehungert nach Spiel. Und viele Leute sind genau wie sie: Kinder ohne Luftballons. Wir haben das Spielen verlernt. Wir haben verlernt, wie man spielt. Wir haben sogar verlernt, was Spielen ist.

Spielen

Wir müssen uns daran erinnern, dass Spielen darin besteht, die Dinge zu tun, die uns Freude machen, um der Freude willen. Spielen ist ein lustvolles Erlebnis, das alle Grenzen überschreitet. Jeder kann mit anderen Menschen des gleichen oder des anderen Geschlechts, mit Menschen jeder Rasse oder Religion und jeden Alters spielen. Wir gehen sogar über die menschliche Spezies hinaus in unserem Bedürfnis nach Spiel. Die meisten von uns haben große Freude daran, wenn sie mit ihren Haustieren spielen.

Spielen ist die innere Freude, die wir nach außen kehren. Spielen kann lachen sein, singen, tanzen, schwimmen, wandern, springen, laufen, ein Spiel spielen oder irgendetwas, das uns Spaß bereitet.

Spielen macht alle Aspekte des Lebens sinnvoller und lustvoller. Unsere Arbeit befriedigt uns mehr, unsere Beziehungen bessern sich. Spielen macht, dass wir uns jünger fühlen, positiver. Es ist eines der ersten Dinge, die Kinder lernen. Es ist natürlich und geschieht instinktiv.

Ist es nicht traurig, dass das Leben der meisten Menschen so wenig reine Spielzeit hat? Wenn Leute mir sagen, dass sie es sich nicht leisten können, Zeit mit Spielen zu verbringen, antworte ich, dass sie es sich nicht leisten können, *nicht* zu spielen. Spielen bringt einen Ausgleich in unser Leben und hebt unsere Gemütsverfassung. Wir können besser arbeiten, wenn wir in unserer Freizeit gespielt haben. Wenn Menschen Ihnen sagen, dass sie von ihrer Arbeit »ausgebrannt« seien, fragen Sie sie, was sie wirklich gerne tun. Wenn sie Ihnen sagen, dass sie gern ins Kino gehen, dann fragen Sie: »Wann waren Sie zum letzten Mal im Kino?« Gewöhnlich sagen sie dann: »Vor zwei Monaten.« Wenn man aufhört, zu tun, was man gerne tut, ist man auf dem besten Wege zum Ausgebranntsein.

Spielen hilft uns auch körperlich. Zahlreiche wissenschaftliche Studien belegen, dass Lachen und Spielen Stress abbaut und im Körper eine Ausschüttung von Substanzen auslöst, die chemisch dem Morphin gleichen, die sogenannten Endorphine. Diese natürlichen Schmerzmittel und Aufheller können der Grund sein, warum wir uns besser fühlen, wenn wir gelacht und gespielt haben – sie verschaffen uns in unserem Leben ein natürliches Hochgefühl.

Lachen ist eine »Medizin«, die sich selbst nachfüllt, denn je mehr Sie lachen, desto mehr werden Sie lachen. Selbst wenn man es mit einem so ernsten Thema zu tun hat wie dem Tod, gibt es einen Platz für Humor.

EKR

Einmal wurde ein akademischer Kurs über Tod und Sterben für Studenten der Medizin und Psychologie auch der Öffentlichkeit zugänglich gemacht. Der Dozent, der nicht damit gerechnet hatte, dass ein Sterbender sich für diesen Kurs anmelden könnte, war überrascht, als genau das geschah. Da er besorgt war, die Imtimsphäre dieser todkranken Frau nicht zu verletzen, teilte er den Kursteilnehmern ihren Zustand nicht mit. Später sagte er zu ihr: »Meine größte Sorge war, dass jemand über das Sterben einen dummen Witz machen oder in irgendeiner Form leichtfertig darüber reden würde. Denn für Sie ist es etwas Reales, nicht bloß eine intellektuelle Übung.«

Die Frau antwortete: »Scherz und Spiel gehören zum Leben. Lachen ist für mich eine Weise, das durchzustehen. Wenn Ihre Studenten Witze gemacht hätten, wäre das in Ordnung gewesen. Was mich am meisten beleidigt, ist, wenn jemand sich vor dem Thema drückt oder vermeidet, die Worte *Tod* oder *Krebs* in den Mund zu nehmen. Ich würde viel lieber darüber scherzen, weil Lachen so viel mehr Spaß macht als Angst und Grauen.«

DK

Jacob Glass ist Autor und hält Vorträge über spirituelle Grundsätze. Eines Nachmittags saß ich mit diesem alten Freund in einem Kaffeehaus in der Nähe, und wir plauderten. Er erzählte mir, wie oft er hier seinen Tag beginne, lesend, seinen Kaffee genießend, sich mit Freunden unterhaltend. Er wohnt nicht weit von hier in einem einfachen Quartier, das seinen Bedürfnissen entspricht.

Als wir über seine Vorträge und seine Schriftstellerei sprachen, drängte ich ihn, dass er mehr und noch mehr tun sollte, und setzte ihm auseinander, wie er seinen Arbeitsplan erweitern könnte.

»Und was dann?«, fragte er mich.

»Dann könntest du jede Woche noch mehr Vorträge halten, dir den amerikanischen Traum leisten und dich eines Tages zur Ruhe setzen.«

»Aber werde ich dann Zeit haben, im Kaffeehaus zu sitzen, mich zu entspannen und zu lesen?«

»Sicher, du könntest alles tun, was du willst.«

»Aber ich kann mich schon jetzt entspannen. Ich nehme mir freie Tage, ich habe Zeit, mein Leben zu genießen, Spaziergänge zu machen, ins Theater zu gehen, ausgiebig Mittag zu essen. Warum sollte ich meine ganze Zeit nur dazu verwenden, produktiv zu sein, damit ich eines Tages mein Leben genießen kann? Ich genieße es schon jetzt.«

Ich hatte übersehen, dass Jacob ja bereits das Leben führte, von dem ich sagte, dass er es eines Tages genießen könnte, wenn er bloß mehr arbeiten würde. Und ich merkte, dass ich, während ich mich entspannen und Kaffee trinken wollte, in die Falle geraten war, über Produktivität nachzudenken und Arbeit über Spielen zu stellen.

Arbeit und Spiel müssen nicht völlig voneinander getrennte Tätigkeiten sein. Es ist gut, in Ihrer Arbeit das zu finden, was Ihnen Spaß macht. Wenn wir in den Aufgaben des täglichen Lebens etwas finden, was uns Freude macht, stehen wir den Tag und unser Leben besser durch. Leider ist es nur allzu leicht, uns bloß nach Zielen auszurichten, und dann werden wir unglücklich, wenn wir nicht jedes einzelne unserer Ziele erreichen.

Wenn wir in unserer Arbeit suchen, was uns Vergnügen macht, müssen wir auch dafür sorgen, dass wir die Arbeit aus unserem Vergnügen heraushalten. So stellte ein Mann zum Beispiel die Frage: »Ist das nicht gut? Statt am Samstag den ganzen Tag zu arbeiten und keine Zeit für meine Frau zu haben, nehme ich meinen Laptop-Computer mit in den Garten und arbeite vier oder fünf Stunden. So können wir zusammen sein. So bringe ich Spiel in meinen Arbeitsplan.«

Die Frau dieses Mannes wäre wahrscheinlich mit uns der Meinung, dass es mit seinem Spielen nicht weit her ist. Sie fühlt sich wahrscheinlich eher vernachlässigt. Ja, sein Körper ist zwar anwesend, aber ist er es auch mit seinen Gedanken, seinem Herzen? Befinden sein Herz und sein Verstand sich im Garten beim Spiel, oder bereiten sie die Tagesordnung für die Sitzung am Montag vor? Der Mann spielt nicht, er arbeitet lediglich in einer anderen Umgebung.

Das allgegenwärtige Mobiltelefon hat einen großen Teil der Freizeit in Arbeitszeit verwandelt. Wir führen Besprechungen, während wir im Restaurant beim Essen sitzen. Wir fahren nicht nur Auto, wir chauffieren und reden zugleich. Die Leute gehen nicht mehr bloß einkaufen, sie marschieren die Geschäftsstraßen auf und ab, während ihnen ein Telefon am Ohr klebt. Es ist bekannt, dass manche Leute Gespräche führen, während im Kino ein Film ab-

Spielen

läuft. Ich hörte von einer Frau, die Anrufe auf ihrem Mobiltelefon tätigte, während sie Geburtswehen hatte.

Einige von uns schaffen es sogar, Hobbys und lustige Tätigkeiten in Arbeit umzumünzen. Eine Krebspatientin in Remission erzählte ihrem Mann eines Abends von ihren überwältigenden Pflichten als Direktorin der Revue, die alljährlich in der lokalen Mittelschule aufgeführt wurde. Müde und erschöpft dachte sie an das Versprechen, das sie sich selbst gegeben hatte, als sie krank war.

»Ich dachte, es würde Spaß machen, wenn ich mit der Revue zu tun hätte«, sagte sie, »aber jetzt bin ich überproduktiv, ich habe alles in die Hand genommen. Ich denke und rede nur noch von meinen Pflichten. Als ich fürchtete, dass ich nur noch begrenzte Zeit hätte, gab ich mir das Versprechen, dass ich mir mehr Vergnügen gönnen würde, wenn ich durchkäme. Also, das hier ist kein Vergnügen, sondern Arbeit. Wenn ich wieder Krebs kriege, werde ich nicht sagen können, dass ich die Zeit wirklich genossen habe, die mir geschenkt wurde.«

Wir haben vergessen, welchem Zweck ein Hobby dient. Vielleicht stellen Sie gerne Möbel her, weil es Ihnen Spaß macht, und dann denken Sie plötzlich: »Ich könnte ein Geschäft draus machen.« Es ist wunderbar, wenn Sie eine Arbeit haben, die Sie lieben, aber die Definition eines Hobbys ist, dass man es aus Vergnügen tut, ohne sich darum zu kümmern, was dabei heraus kommt. Wenn Sie Möbel für den Verkauf herstellen, dann ist das kein Hobby mehr, sondern Arbeit. Ohne es zu merken, haben Sie eine Tätigkeit, die Sie lieben, zu einer Sache entstellt, die Sie kaum würdigen und nicht mehr aus Vergnügen tun.

Wir vergessen zu spielen, wenn wir das Leben zu ernst nehmen. Wir müssen uns an die Zeit erinnern, als unser Spielen noch rein war, bevor wir lernten, produktiv zu spielen. An die Zeit, als unser Herz noch offen war und wir ohne ein nachträgliches Schuldgefühl zu spielen vermochten. Doch die Vorstellung, dass wir leben, um Vergnügen zu haben, wird mit Argwohn betrachtet. Von früh an hat man uns eingebleut: »Das Leben ist ernst, verkneif' dir das Lächeln. Tu etwas, werde etwas!« Wir blicken auf jemanden herab, der »nur ein Surfer« ist, und fragen uns, warum er denn nichts aus seinem Leben macht.

Was für ein grässliches Leben muss das sein, wenn man seine Bedürfnisse so herunterschraubt, dass man den ganzen Tag machen kann, was man gerne tut. Wir halten den Surfer für etwas Minderes, weil er sagt, dass er in einer Welt lebt, in der das Vergnügen nie aufhört. Die eigentliche Frage lautet, warum wir in einer Welt leben, in der das Vergnügen nie beginnt?

Fast jeder kennt den Spruch »Das Spiel ist die Werkstatt des Teufels« und weiß, dass »Arbeit vor dem Vergnügen« kommt. Während wir die Erfolgsleiter hinaufklettern, vergessen wir, uns ein Vergnügen zu bereiten. Wir halten das Leben für schwierig, wir möchten die Dinge ständig »verbessern« und »richten«, aber wir wissen nicht, wie man das macht, sich freinehmen nur zum Vergnügen. Wir sind damit nicht mehr vertraut, und dann, wenn wir Spaß haben, fühlen wir uns schuldbewusst. Wir entwerten Spaß als eine Zeitverschwendung. Vielleicht erklärt das, warum so viele erfolgreiche Leute sich heimlich davonschleichen, um irgendwo zu spielen, und warum das natürliche Verlangen nach Vergnügen bei manchen auf ungesunde Weise befriedigt wird – bei Leuten, die wir in den Abendnachrichten sehen. Viele von uns sind wie die Angestellten in dem Büro mit den Luftballons. Wir haben das Bedürfnis zu spielen so lange unterdrückt, dass es sich Bahn bricht, indem wir Affären haben, zu Drogen greifen, zwanghaft essen oder einkaufen gehen. Wir empfinden, dass wir nicht verdienen, Spaß zu haben oder glücklich zu sein, und daher sabotieren wir unser Leben. Wir müssen lernen, uns zu erlauben, »schlimm« zu sein, Spaß zu haben.

Viele von uns sind in Familien aufgewachsen, in denen wir regelmäßig gefragt wurden: »Was hast du heute gemacht?« Dann mussten wir alles aufzählen, was wir geleistet haben, um zu beweisen, dass wir produktiv waren und unsere Zeit nicht vergeudet haben. Auch jetzt noch, als Erwachsene, fühlen wir uns viel wohler, wenn wir alle unsere Leistungen aufzählen, statt zu sagen, dass wir etwas aus reinem Vergnügen getan haben. Ronnie Kaye, die ihren Krebs überlebte, berichtet in Gruppen, wie sie lernen musste, anderen gegenüber »zuzugeben«, dass sie den Nachmittag nur damit verbracht hatte, Beethoven zu hören. Sie berichtete: »Ich musste lernen, mit Stolz zu sagen, dass ich den ganzen Nachmittag Beethovens Sechste Symphonie gehört habe, weil mir das große Freude macht. Ich habe Freunde gewonnen, die verstehen, wie wichtig Freude ist, und die sagen: ›Recht so!‹, wenn ich ihnen erzähle, dass ich Musik gehört habe. Es gab eine Zeit, in der es mir peinlich gewesen wäre, nicht hundert andere Dinge zu tun. Jetzt erkenne ich, wie wichtig Musik für mich ist.«

Wir können wieder lernen zu spielen, egal, wie alt wir sind oder in welcher Situation wir stecken. Wir können unseren Spielsinn jederzeit wiederfinden, weil er immer in uns drin ist.

Kinder wissen, was Spielen heißt. In der Schule haben die Kinder eine Pause, weil man sich darin einig ist, dass die Arbeit in der Schule durch Spaß ausgeglichen werden müsse. Gleiches gilt auch für Erwachsene. Verabreden wir uns doch einfach zum Spielen!

Spielen

Beginnen Sie damit, dass Sie lernen, dem Spielen einen Wert einzuräumen, und dann schenken Sie sich Spielzeit. Wenn Sie ein bestimmter Persönlichkeitstyp sind, müssen Sie Ihre Spielzeit vielleicht fest einplanen und sich manchmal zum Spielen »zwingen«. Es gibt immer noch mehr Arbeit, aber das ist kein Grund, nicht zu spielen. Wenn Sie sich keine Spielzeit gönnen, werden Sie letztlich nichts haben, was Sie einem Menschen geben könnten. Wenn Sie sich selbst keine hochkarätige Spielzeit gönnen, werden Sie einen Groll auf die Zeit bekommen, die Sie Ihrem Chef geben müssen. Sie kriegen vielleicht sogar einen Groll auf die Zeit, die Sie Ihrer Familie geben. Spielen Sie jetzt, sonst müssen Sie später dafür bezahlen.

Denken Sie daran, dass Spielen mehr ist als hin und wieder ein unbeschwerter Augenblick, sondern aktuelle, dem Spielen gewidmete Zeit. Es gibt tausend Möglichkeiten, das Spielen wieder in Ihr Leben einzuführen. Statt am Morgen als erstes die Börsennachrichten zu lesen, schauen Sie sich die Comics an. Sehen Sie sich einen albernen Film an, kaufen Sie sich etwas Lustiges zum Anziehen. Tragen Sie eine bunte Krawatte. Wenn Ihr Leben oder Ihre Arbeit trocken sind, tragen Sie eine kesse Unterwäsche. Üben Sie sich darin, Einladungen anzunehmen, seien Sie spontaner. Blödeln Sie.

Alles kann Spiel sein, aber passen Sie auf: Jede Form von Spiel kann auch in Produktivität ausarten. Wenn Sie Spaziergänge machen, weil Sie sie wirklich genießen, ist das Spiel. Wenn Sie täglich spazierengehen, weil Sie meinen, dass Sie sich regelmäßig Bewegung verschaffen müssen, dann spielen Sie nicht.

Sportliche Wettkämpfe sind eine wunderbare Quelle des Spiels. Sie wecken das Kind in uns, sie helfen uns, eine Identität aufzubauen, lösen Stress und bringen uns miteinander in Verbindung, ob wir über ein Fußballfeld laufen oder uns auf die Bridgekarten in unserer Hand konzentrieren.

Viele Menschen veranstalten Spielepartys und laden Freunde ein, um »Monopoly«, »Trivial Pursuit« oder »Risiko« zu spielen. Die Gäste sind überrascht, wie viel Spaß sie dabei haben und wie viele schöne Erinnerungen diese Spiele wecken. Der Wettkampf ist ein wesentliches Element von Sport und Spiel und kann ein wunderbarer Motivator sein. Nur dann, wenn wir ihn zu ernst nehmen, verlieren wir die Freude am Spiel. Haben Sie je ein Brettspiel mit jemandem gespielt, der es zu ernst nahm? Das ist kein Vergnügen. Ebenso wenig wie das Leben, wenn wir es zu ernst nehmen.

DK

Mir verpasste einmal meine vierjährige Patentochter eine Lektion. Eines Tages spielte die kleine Emma mit ihrer Freundin Jenny ein Spiel, das »Candy Land« (»Süßigkeitenland«) hieß. Als Jenny beinahe gewonnen hatte, sprang Emma erregt auf und rief: »O Jenny, hoffentlich gewinnst du!«

Emma verstand nicht, dass es darum geht, einen anderen zu schlagen. Für sie bestand der Spaß in dem Erlebnis des Spielens. Sie hatte noch nicht begriffen, dass sie verlieren würde, wenn ihre Freundin gewann. Sie war einfach glücklich, dass sie spielte. Wir können alle eine Menge von solcher Unschuld lernen.

Feste sind offensichtlich eine gute Gelegenheit, sich zu vergnügen. Heben Sie sich die Freude nicht für besondere Anlässe auf, sondern ergreifen Sie jede Gelegenheit zum Feiern. Den schlimmen Ereignissen räumen wir genügend Zeit ein, widmen wir daher den guten ebenso viel oder sogar noch mehr Zeit! Feiern Sie, dass ein Freund vorbeikommt. Feiern Sie eine gute Mahlzeit. Feiern Sie den Freitag. Feiern Sie das Leben. Machen Sie sich ohne Grund schön. Holen Sie für sich und Ihre Familie das gute Porzellan hervor. Wir würden nicht zögern, für fremde Leute ein sorgfältiges Mahl zu bereiten, gönnen uns selbst aber nur eine Dose Thunfisch, einen Dosenöffner und ein Stück Brot. Beerdigungen sind ein besonders interessantes Beispiel. Alle sind gut angezogen und versammeln sich mit den Hinterbliebenen. Alle essen von dem guten Porzellan und sitzen im Wohnzimmer, das sonst nie benützt wird. Durfte der Verstorbene diese Dinge genießen, als er noch am Leben war?

Gönnen Sie sich schließlich auch selbst Zeit. Die meisten von uns stimmen darin überein, dass wir mit den Menschen, die uns nahestehen, hochwertige Zeit verbringen sollen. Sie brauchen aber auch hochwertige Zeit für sich selbst – eine Zeit, die nur für Sie da ist. Nicht wenn alle anderen fortgegangen sind oder wenn Sie zufällig alleine sind, sondern eine Zeit, die Sie für sich reserviert haben, die Sie sich und Ihrem Glück gönnen. Während dieser Zeit brauchen Sie mit niemandem abzustimmen, welchen Film Sie ansehen, was Sie essen oder was Sie tun sollen. Das ist die Zeit, die Sie bei sich und für sich sein können, in der Sie tun können, was Sie wollen, wann und genau so, wie Sie es wollem.

EKR

Joe, ein tüchtiger Geschäftsmann, erzählte mir, dass er einmal an einem Lymphom erkrankt war. »Ich hatte ein großes Gewächs am Hals, das rasch größer wurde. Ich suchte einen Krebsspezialisten auf und ließ mir das Ding sofort wegoperieren. Dann begann die Chemotherapie.

Spielen

Ich wandelte mich von einem produktiven Arbeiter zu einem produktiven Patienten – überwachte Labortests, nahm Medikamente ein, suchte den Arzt auf. Ich wusste nicht, dass Kranksein so viel Arbeit bedeuten kann.

Während einer meiner letzten Chemotherapie-Sitzungen dachte ich mir, dass ich wieder zu meiner Arbeit zurückkehren würde. Ich hatte meine Arbeit sehr ernst genommen, und nun, da ich Krebs hatte, war mein Leben etwas sehr Ernstes geworden. Es ging mir nur darum, durchzukommen, und Gott sei Dank bin ich auch durchgekommen. Dann fragte ich mich: Wozu? Wofür bin ich gerettet worden? Für mehr Geschäfte? Mehr Produktivität?

Ich erkannte, was für ein graues, leeres Leben ich führte. Alle Leute, die ich kannte, hatten ihr Leben auf Erfolg gebaut. Ich war nur ein weiterer Ziegelstein in dieser Mauer. Ich fasste den Entschluss, kein solches Leben mehr zu führen.

Ich beschloss, mein Leben umzugestalten, mit Freunden etwas zu unternehmen, mich wieder zu amüsieren. In den Park zu gehen und Konzerte zu besuchen, Menschen zuzuschauen, die vorübergehen, und manchmal mit Fremden zu plaudern, statt mich vor anderen zu verschließen. Ich hatte so viel im Leben versäumt. Es war an der Zeit, es wieder zu genießen.«

Als wir Kinder waren, lag in jedem Erlebnis so viel Zauber. Wenn wir einen Hauch dieses Gefühls von früher einfangen und ein bisschen mehr spielen könnten, würden wir etwas von unserer verlorenen Unschuld zurückgewinnen. Auch wenn unser Körper älter wird, können wir im Herzen jung bleiben. Wir können nicht verhindern, dass wir äußerlich alt werden, aber wenn wir das Spielen nicht verlernen, werden wir innerlich jung bleiben.

Die Lektion der Geduld

Jessica hatte einen zauberhaften Vater – er war lustig, unternehmungsfreudig und ein wenig spitzbübisch. Aber er konnte auch unberechenbar sein, und oft verschwand er für Wochen, ja für ganze Monate, nachdem er und Jessicas Mutter sich hatten scheiden lassen.

Sie war vierzehn Jahre alt, als ihre Eltern sich endgültig trennten, aber Jessica hing weiterhin an ihrem Vater. Ihre Mutter erklärte ihr die Abwesenheiten ihres Vaters auf eine gute Weise. »So ist er eben«, pflegte sie zu sagen. »Das hat nichts mit dir zu tun.«

Jessica wusste immer, dass ihr Vater verschwinden würde, wenn er ihr ein Geschenk machte, obwohl es weder ihr Geburtstag noch Weihnachten war. Wenn sie es gerade auspacken wollte, hinderte ihr Vater sie daran. »Geduld, Jessica«, sagte er, »das ist ein Geschenk für später.« Nach vielen Tagen oder Monaten, wenn sie ihn wirklich vermisste, sagte ihre Mutter, sie solle das Geschenk auspacken.

Als Jessica heranwuchs, wurde ihre Liebe zu ihrem Vater noch größer. Auch als sie die Schule beendet hatte, als sie Ehe- und Familienberaterin wurde und selbst einen Ehemann und zwei Kinder hatte, blieb sie ihrem Vater, der jetzt über siebzig war, so eng verbunden wie eh und je. Immer wenn er vorhatte, wieder zu verschwinden, rief er sie an und sagte, dass er auf Reisen ginge und sie besuchen würde, wenn er zurückkäme.

GEDULD

Eines Tages fuhr er fort und kehrte nicht zurück. Einige Monate vergingen, und Jessica machte sich große Sorgen. Ihr Gefühl sagte ihr, dass es diesmal anders sei. Als seine Freunde ihr mitteilten, dass auch sie lange nichts mehr von ihm gehört hatten, gab sie eine Vermisstenanzeige auf.

Zehn Monate später kam ein Anruf. Erst als er in ein Krankenhaus eingeliefert worden war zur Behandlung einer akuten Infektion, war sein Name in einer Liste vermisster Personen aufgetaucht. Seltsamerweise bekam Jessica von dem Pflegeheim die Mitteilung, ihr Vater habe wiederholt erklärt, dass er keine Familie hätte. Ihr Vater erkannte sie nicht. Er hatte Alzheimer.

Jessica war froh, dass sie ihren Vater gefunden hatte, aber sie war gebrochen, als sie von seinem Zustand erfuhr. Nachdem er sich von der Infektion erholt hatte, organisierte sie seine Überführung in ein Pflegeheim in der Nähe ihres Wohnorts. Sie hoffte insgeheim, dass er sich erholen und sich an sie erinnern würde.

»Ich dachte, das sieht ihm ähnlich, immer stellt er meine Geduld auf die Probe. Ich empfand, dass ich ihn gefunden hatte, aber auf eine merkwürdige Weise doch nicht.

Ich dachte, wenn ich nur geduldig wäre, würde sein Gedächtnis früher oder später wiederkommen. Tag für Tag, Woche um Woche besuchte ich ihn. Ich war voller Wut. Da war er nun, und doch erkannte ich diesen Menschen nicht, und er erkannte mich nicht. Das einzige, was mich an meinen Vater erinnerte, war die Geduld, die seine Betreuung erforderte. Ich versuchte, daran zu denken, dass der Vater, den ich gekannt hatte, noch irgendwo in ihm drin steckte. Als psychologische Beraterin löste ich immer die Probleme anderer Leute. Meine eigenen vermochte ich nicht zu lösen. Das Einzige, was ich tun konnte, war, geduldig zu sein.«

GEDULD

Allmählich verfiel ihr Vater körperlich. Er zog sich eine Lungenentzündung zu, und schließlich starb er.

Nach mehr als einem Jahr, als Jessica in ihrer Garage einen Flohmarkt herrichtete, fand sie zufällig ihren alten Anrufbeantworter. Sie sagte mit Rührung in der Stimme: »Ich wollte ihn ausprobieren, bevor ich ihn zum Verkauf anbot, und so steckte ich ihn in die Steckdose und schaltete ein. Ich konnte nicht fassen, was ich zu hören bekam. Es war die letzte Botschaft meines Vaters. Ich hatte sie abgehört, als er wegfuhr, doch seither nie mehr. Er sagte: ›Jessica, Liebling, ich wollte dir nur sagen, dass ich wegfahre. Ich hoffe, dass du immer an mich denken wirst, wenn ich fort bin. Ich denke jeden Tag an dich, auch wenn wir nicht miteinander sprechen. Ich weiß, dass du dir Sorgen um mich machst, aber du sollst wissen, dass es mir dort, wo ich bin, gut geht. Ich liebe dich innig und freue mich darauf, dich wiederzusehen.‹«

Sie wischte sich die Tränen fort. »So war mein Vater – immer ermahnte er mich zur Geduld. Es sah ihm ähnlich, mir ein letztes Geschenk zu hinterlassen, das ich erst später aufmachen sollte.«

Viele Situationen und Krankheiten, wie Alzheimer, erteilen uns eine große Lektion in Geduld und Verständnis. Manchmal ist sie mehr für die Familie und die Freunde bestimmt als für die Kranken.

EKR

Geduld ist eine der schwierigsten Lektionen, vielleicht die frustrierendste überhaupt. Ich war nie ein geduldiger Mensch. Ich hatte immer extrem viel zu tun, war ständig unterwegs, legte jedes Jahr Tausende von Meilen zurück, besuchte Patienten, hielt Vorträge, schrieb Bücher und zog meine Kinder groß.

Geduld

Wegen meiner Krankheit kann ich mich nur mit fremder Hilfe im Rollstuhl fortbewegen, und diese Herausforderung nötigte mich, die Lektion der Geduld zu lernen. Diese Aufgabe widerstrebt mir, aber ich weiß, dass wir Geduld lernen müssen, wenn wir krank sind.

Wenn ich einigermaßen gut drauf bin, gehe ich mit einer Freundin aus. Aber ich möchte herumkommen, mich schneller bewegen, als ich es im Rollstuhl kann. Manchmal, wenn wir in einem Laden sind und jemand vorbei möchte, spüre ich, dass ich im Weg bin. Als ich einmal mit einer Freundin Winterkleidung kaufen ging, ließ sie mich stehen, während sie sich in einer anderen Verkaufszone umsah. Ich musste mich einfach in Geduld fassen, bis sie zurückkam.

Jetzt muss ich oft das tun, was ich am meisten hasse – warten. Wenn man krank oder abhängig ist, gibt es auf Schritt und Tritt eine Lektion in Geduld. So werde ich ihr jetzt wohl überall begegnen, bis ich sie intus habe. Diese Lektion muss ich wirklich von Grund auf lernen.

Eine Lektion in Geduld besteht darin, dass man nicht immer das bekommt, was man will. Vielleicht möchten Sie sofort etwas haben, das Sie nicht gleich, wenn überhaupt, bekommen. Sie werden aber immer das bekommen, was Sie brauchen, auch wenn es nicht in Ihr Konzept passt.

In dieser modernen Welt sind die Menschen nicht gewöhnt, mit Einschränkungen zu leben. Wir erwarten sofortige Resultate und wollen sofort befriedigt werden! Wir wollen schneller eine Antwort haben, als sie uns zugestellt werden kann. Es gibt 24-Stunden-Reparaturwerkstätten, und man kann rund um die Uhr einkaufen. Wenn wir Hunger haben, gibt es immer etwas zu essen, von Mikrowellen-Mahlzeiten bis zu Lebensmittelhandlungen und

Restaurants, die die ganze Nacht geöffnet haben. Es gibt einen 24-Stunden-Service für Bürobedarf und Eisenwaren, und wer weiß, wie sehr das Internet unsere Ungeduld noch anheizen wird? Wir müssen ja nicht einmal mehr in einen Laden gehen, um ein Buch zu bestellen. Wir brauchen nicht mehr mit einem Grundstücksmakler Straßen rauf- und runterfahren, um Häuser, die zum Verkauf stehen, zu besichtigen: Es steht uns alles sofort zur Verfügung.

Die Menschen können nicht mehr warten und wissen nicht einmal mehr, was Warten bedeutet. Es ist schön, wenn man etwas zu der Zeit bekommt, wenn man es haben will, aber es ist auch wichtig, eine Befriedigung erwarten zu können. Studien haben gezeigt, dass Kinder, die warten konnten, wenn sie die Wahl hatten, ob sie entweder einen Keks jetzt oder zwei Kekse in einer Stunde haben wollten, im späteren Leben viel besser zurechtkamen. Es liegt auf der Hand, dass Geduld eine wichtige Fähigkeit ist, und doch stehen so viele Menschen vor ihrer Mikrowelle und denken sich: »Mach schnell!« Oder sie regen sich auf, wenn das Entwickeln ihres Filmes länger dauert als eine Stunde.

Das Problem geht noch über die Einschränkung hinaus, warten zu müssen. Viele von uns sind nicht imstande, mit den Dingen zu leben, wie sie sind, sich in eine Situation zu schicken, wie sie eben ist. Wir meinen, wir müssten sie verändern oder verbessern, wir denken, dass die Dinge schlecht ausgehen, wenn man sie in Ruhe lässt. Wir meinen, dass es etwas anderes ist, ob etwas nicht schnell genug passiert oder ob es nicht so ausgeht, wie wir es uns wünschen. Doch beides kommt aus dem gleichen Denken, nämlich aus dem Urteil, dass die Situation nicht in Ordnung ist, wie sie ist. Was bringt es uns denn, wenn wir ungeduldig sind?

Der Schlüssel zur Geduld ist, zu wissen, dass alles gut

ausgehen wird, und die Zuversicht zu gewinnen, dass es einen höheren Plan gibt. Wir vergessen das leicht, und deshalb versuchen viele Menschen, Situationen zu kontrollieren, die sich ihrer Bestimmung gemäß und zur rechten Zeit entwickeln würden. Manche können am Ende ihres Lebens akzeptieren, dass der Tod kommt, während andere ungeduldig werden und wissen wollen, wann er kommt. Es beruhigt sie, zu hören, dass sie nicht sterben werden, bevor sie bereit dazu sind.

Dies gilt für den Tod, und es gilt auch für das Leben. Sie werden keine Erfahrung des Lebens machen, bevor Sie nicht bereit sind, wenn Sie das Vertrauen und das Verständnis entwickeln, dass die Dinge den ihnen bestimmten Gang zur rechten Zeit gehen. Dann können Sie locker lassen.

Geduld lässt sich mit einem Muskel vergleichen, der regelmäßig betätigt werden muss, den man gebrauchen und dem man vertrauen muss. Wenn wir den Gebrauch des Muskels nicht in kleinen, alltäglichen Situationen üben – etwa indem wir dem Tee eine oder zwei Minuten Zeit lassen, damit er in der Mikrowelle heiß werden kann –, werden wir keinen starken Muskel haben, der uns in den größeren Herausforderungen des Lebens Rückhalt gibt. Deshalb ist es so wichtig, ein tiefes Vertrauen zu entwickeln, dass Heilung immer im Gange ist. Da der Verstand immer versuchen wird, die Dinge zu ändern, müssen wir uns versichern, dass alles genau so geschieht, wie es vorgesehen ist.

Der Verstand bildet sich ein, dass es uns Frieden bringt, wenn wir die Umstände verändern. Der Verstand denkt, dass wir etwas tun müssen. Doch in Wirklichkeit können wir in den Umständen, wie sie jetzt sind, locker lassen, denn wir wissen, dass tiefe Geduld einen tiefen Frieden und Heilung bringen wird.

Geduld

Die Talkshow-Moderatorin Selma Shimmel, die ihren Krebs überwunden hat, die Autorin von *Cancer Talk* (»Reden über Krebs«), erzählt von ihrem Vater, der immer sagt: »Wir denken, dass uns der Wecker jeden Morgen aufweckt, aber es ist Gottes Entscheidung, uns aufzuwecken.« Wir denken, dass wir die richtige Zeit zum Aufwachen bestimmen, den Wecker stellen und ihn zweimal überprüfen müssen. Wir vergessen, dass es ein größeres Panorama gibt. Gott entscheidet, ob wir noch einen Tag zu leben haben, an dem wir aufwachen können. Das ist das größere Panorama, das wir verfehlen, der Muskel, den wir nicht gebrauchen. Stellen Sie also den Wecker, aber denken Sie daran, dass dabei viel mehr im Spiel ist, als Sie begreifen.

EKR

Renee erwartete das Ergebnis einer Biopsie. Zuerst kreisten ihre Gedanken nur um die zwei Tage, die sie warten musste, bis sie erfahren würde, ob sie Krebs hatte. »Warum dauert es so lange?«, wollte sie immer wieder wissen. »Können die das nicht schneller durchziehen? Was mache ich nur, wenn es zehn Tage dauert? Was mache ich, wenn mein Arzt mich in ein paar Tagen nicht zurückruft?«

Ich antwortete: »Es dauert nun einmal zwei Tage. Statt zwei Tage damit zu verbringen, dagegen anzukämpfen, was ist, fragen Sie sich lieber, ob es in diesen beiden Tagen nicht etwas Wichtiges gibt, das Sie erledigen könnten. Sie können in solchen Tagen viel über das Leben lernen.«

Das heißt nicht, dass Sie ewig warten müssen. Wenn die Befunde nicht zeitgerecht kommen, können Sie anrufen und fragen: »Heute ist der dritte Tag, was ist mit meinen Befunden?« Geduldig sein heißt nicht, dass wir uns abwimmeln lassen. Geduldig sein heißt nicht, dass wir machtlos sind; es heißt nicht, dass wir Misshandlung tolerieren oder unzumutbare Lebensumstände hinnehmen sollen. Wir können geduldig sein und gleichzeitig in unserer Macht stehen.

Der Anruf kam zeitgerecht, und alles war in Ordnung. »Ich lernte etwas über meine Macht«, sagte Renee später. »Ich lernte, an dem Vorgang und an meinen Gefühlen dranzubleiben, zu hören, welche Botschaften kamen. Ich lernte, dem Universum und mir selbst zu vertrauen. Ich erkannte, dass ich in der Vergangenheit kein Vertrauen gehabt hatte, dass ich meine Macht finden und notfalls einsetzen würde. Und ich lernte, wo ich eingreifen konnte und was ich hinnehmen musste. Es war eine großartige Lektion.«

Renee konnte die zwei Tage hingehen lassen und fand im Warten eine große Stärke. Sie lernte eine Menge über sich selbst und ihr Leben, wenn sie bereit war, bei dem Vorgang zu bleiben und ihn in Ruhe zu lassen. Sie hatte auch das Vertrauen, dass sie die Kraft haben würde, anzurufen oder ihren Arzt aufzusuchen, falls das Ergebnis ihr nicht in zwei Tagen mitgeteilt würde.

Es ist wichtig, dass wir alle zu unserer Macht finden. Wenn Sie zum Opfer gemacht werden, sollten Sie aufstehen und sagen: »Das ist nicht in Ordnung.« Doch wenn das Leben uns diktiert, wo es lang geht, müssen wir einen Weg finden, in der Situation, wie sie ist, locker zu lassen.

Das Leben besteht aus einer Reihe von Erfahrungen, die jeder Mensch macht. Es gibt einen Grund für jede Erfahrung, auch wenn wir ihn nicht erkennen. Es hat alles einen Sinn. Alles, was uns zustößt, ist deshalb geschehen, um uns die Lektionen zu erteilen, die wir nötig haben. Aber es fällt uns schwer, diese Lektionen zu lernen, wenn wir ungeduldig schreien: »Das will ich nicht! Ich will es anders haben!« Manchmal machen wir einfach die Erfahrung, statt sie zu leugnen und uns über sie zu beklagen oder zu versuchen, sie zu ändern.

Jede Erfahrung führt uns zu einem höheren Gut und zur Heilung. Die wunderbare Nachricht lautet, dass wir nichts dazu tun müssen. Wir überlassen uns einfach dem Leben, wie es sich vollzieht.

Ein Lastwagenfahrer namens Gary hatte eine Lektion über Geduld zu lernen. Er war ständig unterwegs und hatte viele Jahre getrunken, um sein Elend zu betäuben. Jetzt, mit vierzig Jahren, drohte ihm der Verlust seines Augenlichts. »Ich hatte zu Hause Jalousien an den Fenstern. Plötzlich konnte ich sie nur noch verschwommen sehen, und dann bemerkte ich ein Flimmern vor den Augen. Zuerst dachte ich, dass ich nur müde war.«

Die Ärzte implantierten ein neues Medikament direkt in sein Auge. Es hinderte das Virus, sein Augenlicht weiter zu beschädigen, aber zu dieser Zeit hatte der noch junge Mann bereits 65 Prozent seiner Sehkraft verloren. Eine sekundäre Augeninfektion bewirkte, dass er auf seinem linken Auge fast nichts mehr sah. Zwei Operationen konnten das Auge retten, aber seine Sehkraft war schwer beeinträchtigt, und es bestand keine Hoffnung, sie wiederherzustellen.

Gary sagte: »Sie hatten mir von Anfang an gesagt, dass für meine Augen nichts weiter getan werden könnte. Ich wusste, dass ich vielleicht mein ganzes Leben damit verbringen würde, das in den Griff zu kriegen.

Ich brauchte eine Unterkunft, als ich nach New York zur Behandlung ging. Es traf sich, dass der einzige Platz, den ich mir leisten konnte, ein Kloster war. Es war schon belegt, aber man fand noch ein Zimmer für mich. Während ich dort war, betete ich viel um Geduld. Ich begann zu begreifen, dass ich nicht ändern konnte, was mit mir geschah. Ich hatte alles nur Mögliche getan, ich hatte alles versucht. Es gab nichts mehr, was ich für mein Augenlicht tun konnte.

Wir verlieren im Leben oft etwas. Dies war mein Verlust. Ich habe so viele Menschen erlebt, die an den traurigen Teilen des Lebens festhalten. Ich wollte trauern, aber nicht den Rest meines Lebens damit verbringen. Vielleicht war das gerade die Herausforderung, die ich brauchte. Der Verlust meines Sehvermögens machte mich bedächtiger und veranlasste mich, mich anders einzustellen.

Ich machte auf eine Weise weiter, wie ich es früher nicht getan hätte. Früher wäre ich nur untätig herumgesessen, wäre unglücklich gewesen und hätte getrunken. Aber jetzt musste ich lauter neue Dinge lernen, nur um leben zu können, und das betraf auch das Durcharbeiten von Problemen. Niemand versorgte mich, ich musste für mich selbst sorgen. Ich musste selbst herausfinden, was meine Träume und Ziele waren. Das ließ mich das Leben intensiver erleben und es viel mehr genießen. Ich spielte gerne Billard, dachte aber, dass ich damit aufhören müsste. Doch mit einiger Übung konnte ich es wieder ganz gut. Ich habe bemerkt, dass die Leute in Los Angeles, wo ich wohne, sehr ungeduldig sind. Sie haben keine Zeit, sie möchten rasen, rasen, rasen. Ich war früher genau so, aber jetzt sehe ich ein, dass die Zeit dazu da ist, dass wir sie genießen. Und es gibt so vieles, was man genießen kann.

In mancher Hinsicht sehe ich jetzt mehr als damals, als ich mein ganzes Sehvermögen noch hatte. Ich sehe genauer hin. Ich muss jetzt genauer hinsehen. Ich halte Ausschau nach Humor und den guten Dingen des Lebens. Ich glaube nicht, dass ich Dinge sehe, die die anderen nicht sehen können, sie haben einfach nicht die Geduld, hinzuschauen oder es zu bemerken.«

Der erste Schritt zu mehr Geduld besteht darin, dass man aufhört, die Dinge ständig »richten« oder verändern zu wollen – das heißt, ein Bewusstsein zu bekommen, dass manche Dinge einen Grund haben, so zu sein, auch wenn wir anders denken oder das nicht einsehen können.

Wenn etwas nicht zu ändern ist, versuchen Sie, es nicht als gebrochen zu betrachten. Versuchen Sie, ein wenig Vertrauen zu dem Prozess und zu der Entfaltung der Dinge zu haben. Obwohl wir immer meinen, dass wir allen Dingen nachhelfen müssen, geschehen die Dinge, die uns in der Welt am meisten erstaunen, ohne unsere Hilfe, ohne unser Eingreifen oder unseren Beistand. Wir brauchen den Zellen unseres Körpers nicht anzuschaffen, sich zu teilen; wir brauchen einer Schnittwunde nicht zu sagen, dass sie heilen soll. Es gibt eine Macht in der Welt. Vertrauen Sie darauf, dass alles sich zum Guten wendet, selbst dann, wenn wir es nicht erkennen oder sehen können. Geduld haben heißt Zuversicht haben.

Wer Zuversicht hat, weiß, dass keine Erfahrung umsonst ist. Die meisten Menschen, deren Leben zu Ende geht, würden nicht einmal ihre schlechten Erfahrungen hergeben, weil sie aus allem, was ihnen widerfuhr, etwas gelernt haben. Alles, was Sie durchmachen, alle Stürme des Lebens geschehen, damit Ihr vollkommenes Selbst geboren werden kann. Wenn die Dinge Ihnen zu schnell oder zu langsam gehen, denken Sie daran, dass Ihr Zeitplan nicht immer das Beste war und dass es einen höheren Plan gibt. Sie können es sich leisten, locker zu lassen und dem Leben zu erlauben, sich zu entfalten.

Sich etwas leisten können heißt, dass Sie in der Lage sind, es zu geben. Das soll uns daran erinnern, dass wir die Fähigkeit haben, locker zu lassen und eine Situation hinzunehmen, denn wir wissen, dass wir die Zeit, die Mittel und den Mut haben zu warten. Bedenken wir, dass es vielleicht gar nichts zu erwarten gibt, dass diese Situation möglicherweise genau so ist, wie sie sein soll. Es ist kein Zufall, dass das englische Substantiv *patient* (Patient) mit der Bedeutung »eine Person, die medizinisch behandelt wird«, und das Adjektiv *patient* (geduldig) mit der Bedeutung von »eine Prüfung mit Gelassenheit ertragen«, gleich lauten. Sie stammen von dem lateinischen Verb *pati* ab, das »erdulden, ertragen« bedeutet.

Wir denken vielleicht, dass unsere Gesundheit, unsere Arbeit oder unser Liebesleben auf dem Spiel stehen, und wollen es verändern. Bedenken Sie, dass es nicht darum geht, sondern um Sie. Es geht um die Liebe, um Mitgefühl, um Humor und die Geduld, die Sie in Ihr Leben und alle Lebenslagen einbringen.

Bedenken Sie auch, dass Gott und das Universum letztlich nicht die Situation verändern, sondern Sie verändern wollen. Wenn Sie sich fragen, warum das Universum sich nicht ausschließlich darauf konzentriert, Ihnen den tollen Job zu verschaffen, dann liegt das daran, dass das Universum sich nicht immer darum kümmert, was für einen Job Sie haben. Das Panorama ist viel größer als Ihr Job. Das Universum kümmert sich auch nicht darum, ob Sie verheiratet sind oder nicht – es ist ihm wichtiger, welche Erfahrungen Sie mit der Liebe gemacht haben, als wer in Ihrem Leben ist oder wer nicht darin ist. Es hat auch nicht nur Ihre Gesundheit im Auge, sondern Ihre Lebenserfahrung, wie immer die Umstände beschaffen sein mögen. Dem Universum geht es darum, wer Sie sind, und es wird, auf welche Weise und zu welcher Zeit auch immer, das in Ihr Leben hineinbringen, was Sie brauchen, um die Person zu werden, die Sie sein sollen. Der Schlüssel dazu ist, Vertrauen zu haben – und Geduld.

Die Lektion des Anheimgebens

EKR

Ich erinnere mich gut an einen sterbenden Jungen, mit dem ich gearbeitet hatte. Gegen Ende seines Lebens malte er ein Bild von sich als winzige Figur, auf die eben eine große Kanonenkugel abgefeuert wurde. Daraus war zu entnehmen, dass er seine Krankheit als eine destruktive Kraft erlebte. Er wusste, dass er sterben würde, aber offensichtlich hatte er noch keinen Frieden gefunden.

Nachdem wir eine Weile miteinander gearbeitet hatten, konnte er es annehmen und sich dem, was in seinem Körper vor sich ging, anheimgeben. Ich wusste, dass unsere Arbeit beendet war, als er ein Bild von sich malte, in dem er mit den Flügeln eines Vogels zum Himmel flog. Jetzt spürte er, dass eine liebevolle Kraft ihn tragen würde, gegen die er sich nicht zu wehren brauchte. Dieses Anheimgeben machte den Rest seines Lebens, so wenig es auch war, erfreulicher und sinnvoller.

Wir können jederzeit einen wunderbaren Frieden in dieser Hingabe oder Überantwortung finden. Leider fürchten sich zu viele von uns davor, weil man darin ein Aufgeben und Nachgeben und daher ein Zeichen der Schwäche sieht. Aber in diesem Anheimgeben sind weder Schwäche noch Schmerz. Vielmehr liegen Trost und Stärke darin, sich dem Wissen zu überantworten, dass alles gut und für alles gesorgt ist.

Anheimgeben

Man muss wohl eine Menge Vertrauen besitzen, um sich vorstellen zu können, dass inmitten von Krankheit oder Trauer alles gut ist. Selbst in den kleinen Prüfungen des Lebens ist dieses Anheimgeben schwierig. Wir wollen die Situation in den Griff bekommen, wir wollen veranlassen, dass etwas geschieht. Wir setzen Aktivität mit Stärke gleich, Passivität mit Schwäche. Die Vorstellung, dass es etwas Positives sein kann, loszulassen, kann schwierig sein, bis wir begreifen, dass ein großer Teil des Lebens gelebt werden soll, ohne dass wir uns plagen. Wir sollen nicht in Situationen geraten, wo wir unseren Kopf an die Wand schlagen. Wenn wir ständig kämpfen müssen, will das Universum uns vielleicht etwas sagen. Wir können locker lassen. Wir müssen uns nicht ständig etwas erstreiten, einen Job, eine Beziehung oder eine Situation. Wir können uns einfach entspannen, da wir wissen, dass das Leben sich so entfalten wird, wie es vorgesehen ist.

Stellen Sie sich vor, das Leben sei wie ein Tretroller. Wenn wir mit dem Roller fahren, lassen wir ihn rollen, wir steuern ihn nicht. Können Sie sich denken, wie frustrierend es wäre, wenn Sie den Roller bewegen wollten, so zu fahren, wie Sie es wollen? Nicht nur würden Sie ihn nicht lenken können, Sie würden sich um das Erlebnis bringen, einfach dahinzurollen, über alle Höhen und Tiefen.

Das Signal, dass wir uns anheimgeben sollen, kommt dann, wenn wir erschöpft sind von dem Bemühen, eine Situation zu beherrschen oder eine Schlacht zu gewinnen. Wir überantworten uns, damit wir diesen tödlichen Würgegriff lockern können – um aufzuhören, uns Sorgen zu machen; um mit dem ständigen Kämpfen, das so destruktiv ist, Schluss zu machen. Es reißt uns aus dem Augenblick, es verhindert erfreuliche Beziehungen, es zerstört die Kreativität und zerbricht unser Glück und unsere Zufriedenheit. Kämpfen erzeugt Angst, welche uns zu dem

Anheimgeben

Irrglauben verleitet, dass wir beständig jeden Aspekt unseres Lebens kontrollieren müssen. Jetzt ist es an der Zeit, uns anheimzugeben, in die Richtung zu reiten, in die das Pferd läuft, mit der Strömung zu schwimmen, nicht gegen sie.

Dale, ein Mann in mittleren Jahren, hatte eine Herzkrankheit. Er sagte mir: »Ich habe so lange in guter Gesundheit gelebt, weil ich mich anheimgeben konnte.

Vor Jahren habe ich gelernt, dass es die Dinge nur schlimmer macht, wenn wir uns nicht anheimgeben. Zuerst dachte ich, das sei ein Widerspruch. Wie kann ich mich anheimgeben, locker lassen, das Leben leicht nehmen, wenn ich weiß, dass ich einen schweren Herzfehler habe und jede Minute sterben kann? Wie kann ich mich in einer so schlimmen Lage entspannen? Was soll das? Dann spürte ich, dass mein Vater bei mir war. Er war vor vielen Jahren gestorben, aber ich fühle ihn immer noch von Zeit zu Zeit in meinem Herzen und in meiner Seele.

Mein Vater war ein guter Mensch. Er starb an Krebs. Jahre davor wäre er fast an Alkoholismus zu Grunde gegangen. Er verlor seine Stellungen, weil er trank, und machte meiner Mutter damit riesige Probleme. Sein Leben war nur zu retten, wenn er Hilfe bekam, aber wenn jemand an Alkoholismus zu Grunde geht, sehen wir oft nur seine Trunksucht und übersehen, dass der Mensch stirbt. Außerdem konnte sich erst dann etwas ändern, wenn er zu dem Eingeständnis bereit war, dass er ein Problem hatte, und seinen Kampf einer höheren Macht anheimstellte. Er musste akzeptieren, dass er ein Alkoholiker war. Es gab keinen anderen Weg, mit dem Trinken aufzuhören.

Schließlich schloss er sich den Anonymen Alkoholikern an und änderte sein Leben. In der Folge erwarb er ein Diplom in Psychologie von der University of California in Los Angeles und arbeitete danach als Therapeut in Strafanstalten. Er konnte so viel Gutes tun, weil er wusste, wie es ist, wenn man Hilfe braucht – insbesondere durch Anheimgeben und Akzeptieren.

Als er starb, kamen Hunderte von Menschen zu seinem Begräbnis. Sie liebten ihn – alle diese Menschen, denen er geholfen hatte, nicht aufzugeben, sondern sich anheimzugeben. Ich war so stolz auf ihn. Ich erkannte, dass die Lektion, die er gelernt hatte, auch mich betraf. Ich musste locker lassen, in die Diagnose meiner Herzkrankheit hinein. Ich musste mich dem, was ist, anheimgeben. Ich musste aufhören, zu leugnen und gegen etwas zu kämpfen, das man nicht bekämpfen kann. Ich konnte mir nicht aussuchen, ob ich herzkrank sein wollte oder nicht, es war eine Tatsache. Indem ich mich anheimgab, konnte ich wieder Frieden und Lebensqualität finden.«

Viele von uns plagen sich mit der Illusion, dass Kontrolle immer etwas Gutes sei, dass es gefährlich wäre, wenn man die Dinge dem Universum überlassen würde. Aber ist unsere Kontrolle wirklich notwendig, um die Welt in Gang zu halten? Wir brauchen nicht jeden Tag zeitig in der Früh aufzuwachen und das Universum daran zu erinnern, die Sonne aufgehen zu lassen. Wenn wir dem Ozean den Rücken kehren, bringt das Universum die Gezeiten nicht durcheinander. Wir müssen unsere Kinder nicht dazu anhalten, jedes Jahr zu wachsen. Wir müssen keine Seminare für Blumen abhalten, um ihnen zu erklären, wie sie blühen sollen, oder uns vergewissern, dass die Planeten den richtigen Abstand voneinander halten. Das Universum hält diesen erstaunlich komplexen Planeten mit all seinen Blumen, Bäumen, Tieren, Winden, Sonnenschein und allem übrigen ganz ordentlich in Gang, und dennoch haben wir Angst davor, uns dieser Macht anheimzugeben. Es mag manchmal schwer sein, das Gute oder die Aufgabe einer schwierigen Situation zu erkennen, und wir fragen uns vielleicht, warum das geschieht. Doch oft hat das Universum keinen anderen Weg, uns zu heilen, als uns in eine schlimme Lage zu bringen. Versuchen Sie, diese als das zu sehen, was sie *ist*, nicht das, was *schlecht* daran ist. Keiner von uns weiß wirklich, warum etwas in unserem Leben geschieht. Das Problem besteht darin, dass wir meinen, wir sollten es wissen. Doch das Leben erfordert Demut, denn es ist ein Geheimnis. Alles offenbart sich zu seiner Zeit.

Wie können wir uns anheimgeben? Wie können wir aufhören zu kämpfen? Es ist wie mit dem Ende eines Tauziehens – man lässt einfach los. Wir lassen unsere Art, etwas zu tun, los. Wir lernen, auf Gott, auf das Universum zu vertrauen, und beginnen uns zum ersten Mal im Leben zu entspannen.

Indem wir loslassen, befreien wir uns von den mentalen Bildern, wie etwas sein sollte, und akzeptieren, was das Universum uns bringt. Wir akzeptieren, dass wir nicht wirklich wissen, wie die Dinge laufen sollten. Die Sterbenden lernen das, wenn sie auf ihr Leben zurückblicken. Sie begreifen, dass »schlimme« Situationen sie oft zu etwas Besserem geführt haben, und dass das, was sie für gut hielten, nicht unbedingt das Beste für sie war. So können zum Beispiel die schönen experimentellen Therapiemethoden wirksam sein und sich als großartige Wege der Heilung erweisen. Sie können aber auch scheitern und mehr Schaden anrichten als nützen. Viele Patienten haben sich um eine experimentelle Therapie bemüht, weil sie erwarteten, dass sie ihr Leben retten würde. Manchmal war das der Fall, manchmal auch nicht. Die Wahrheit ist, dass wir nicht immer wissen, was wirklich unser Bestes ist. Deshalb müssen wir aufhören, wissen zu wollen, wohin das Leben uns führen wird. Wir dürfen nicht mehr darauf beharren, dass wir immer wissen, was richtig ist, und müssen aufhören, kontrollieren zu wollen, was sich nicht kontrollieren lässt. Wir kämpften mit Illusionen, als wir mit absoluter Sicherheit zu wissen meinten, was das Beste ist. Wir wussten es nie und werden es nie wissen.

Wenn wir uns anheimgeben, stehen wir jeden Tag einfach auf und sagen: »Dein Wille geschehe«, nicht: »Mein Wille«. Wir sagen: »Ich weiß nicht, was für heute vorgesehen ist. Ja, ich habe einen Plan für diesen Tag, ich werde zur Arbeit gehen, ich werde den Rasen mähen etc. Aber ich weiß auch, dass meine Pläne nur ein vorläufiger Entwurf sind. Es kann Änderungen geben, Wege, auf die ich nicht gefasst war. Wundervolle, vielleicht auch erschreckende Überraschungen. Es wird Situationen geben, die mich auf neue Wege führen. Ich vertraue darauf, dass ich so geführt werde, dass mein Wesen, meine Seele zu ihrer größten Entfaltung kommen kann.«

DK

James, ein lebhafter Vierundsiebziger, der an Parkinson litt, war sein ganzes Leben hindurch sehr aktiv gewesen. Er hatte immer nur gegeben, sich verausgabt und nie gelernt zu empfangen. Als er so krank wurde, dass andere ihn versorgen mussten, sah er nicht ein, warum er weiterleben sollte. Seine Angehörigen versicherten ihm, dass sie ihn gerne und mit aller Liebe betreuen würden. So sehr sie sich auch wünschten, dass es zu dieser tragischen Situation nicht gekommen wäre, betrachteten sie es als eine Ehre, ihm seine Liebe nun vergelten zu können. Er jedoch sah sich nur als Opfer und erwog ernsthaft einen Selbstmord als Ausweg.

Als wir über seine Gefühle sprachen, sagte ich: »Niemand kann Sie daran hindern, sich umzubringen, wenn Sie das tun wollen. Was Sie aber am meisten zu belasten scheint, ist das Gefühl, dass Sie die Fähigkeit verloren haben, eine freie Wahl zu treffen. Leuchtet es Ihnen irgendwie ein, dass Sie sich zwar umbringen können, aber auch den Entschluss fassen können, es nicht zu tun? Sie können wählen, ob Sie in dieser Situation ausharren wollen, und das kann eine positive Art sein, sich anheimzustellen. Nicht positiv im Sinn, dass es etwas Großartiges wäre, sondern weil Sie damit entscheiden, sich einem höheren Ziel anheimzustellen. Sie treffen eine Wahl, Sie sind kein Opfer.«

Ich wusste, dass James ein Kriegsveteran war, und fragte ihn, was er im Krieg getan hatte. »Ich war Pilot«, antwortete er voll Stolz.

Ausgestattet mit diesem Wissen, fuhr ich fort: »James, ich verstehe, dass Sie Kontrolle haben möchten und sich dem hier nicht überantworten wollen. Aber hat es nicht auch beim Fliegen Situationen gegeben, wo Sie in einer positiven Weise nachgeben mussten?«

Er dachte einen Augenblick nach und erwiderte dann: »Ja. Ich musste mich nach dem Kontrollturm richten. Ich wusste, dass die Fluglotsen sich ein viel besseres Bild machen konnten, was los war, und so habe ich ihnen das Kommando gerne überlassen.«

»Würden Sie es dann für denkbar halten, dass es in Ihrem Leben und im Leben Ihrer Angehörigen vielleicht ein größeres Bild dieser Situation geben könnte? Vielleicht sind diese Lektionen nicht nur für Sie bestimmt, sondern auch für die anderen. So wie der Fluglotse um jedes Flugzeug am Himmel besorgt war, nicht nur um das Ihre?«

Das schien für ihn das Entscheidende zu sein. Er begriff, dass es sein eigener Entschluss war, sich anheimzugeben, und dass das nicht bedeutete, dass er aufgab.

Anheimgeben

Es besteht ein wesentlicher Unterschied, ob man sich anheimgibt oder schlicht aufgibt. Aufgeben heißt, dass man mit einer Geste der Resignation erklärt: »Es gibt keine Hoffnung, ich bin so gut wie tot!«, wenn man die Diagnose einer tödlichen Krankheit bekommen hat. Sich anheimgeben heißt, die Therapie zu wählen, die einem als die richtige erscheint, und wenn sie nicht wirkt, zu akzeptieren, dass unsere Zeit hier begrenzt ist. Wenn wir aufgeben, verleugnen wir das Leben, das uns noch gegeben ist. Wenn wir uns anheimgeben, akzeptieren wir es, wie es ist. Opfer einer Krankheit zu sein heißt, dass man aufgibt. Doch einsehen, dass wir immer, in jeder Situation, wählen können, das ist sich anheimgeben. Sich von einer Situation abwenden, heißt aufgeben; sich ihr zuwenden, ist anheimgeben.

EKR

Gott hat es schlau angestellt: Mein Kopf ist von den Schlaganfällen nicht betroffen. Wenn das nicht eine Lektion ist! Ich kann mein linkes Bein und meinen linken Arm nicht gebrauchen, aber ich kann sprechen, und ich kann denken.

Andere verlieren oft die Funktionsfähigkeit der ganzen linken Körperhälfte einschließlich der Fähigkeit, deutlich zu sprechen. Nicht in meinem Fall. Vom Hals aufwärts bin ich völlig intakt und in Ordnung. Doch die linke Seite meines Körpers ist gelähmt, und deshalb nenne ich meinen Schlaganfall ein Paradox. Es gibt keine geistige Beeinträchtigung, doch die linke Seite meines Körpers, die weibliche Seite, ist unterentwickelt. Die weibliche Seite ist die empfangende. Die Farbe Rosa gilt als feminin, und es ist kein Zufall, dass ich sie nicht ausstehen kann! Aber jetzt versuche ich, ihr Geschmack abzugewinnen.

ANHEIMGEBEN

Ich muss lernen, Dinge anzunehmen und Danke zu sagen. Ich muss lernen, Geduld zu haben und mich anheimzugeben. Mein ganzes Leben lang habe ich immer nur gegeben und nie gelernt zu empfangen. Das ist zur Zeit meine Hausaufgabe, dass ich lernen muss, Liebe anzunehmen, Pflege anzunehmen, dass man mich umsorgt, statt dass ich für andere sorge. Ich erkannte, dass ich mein Herz mit einer dicken steinernen Mauer umgeben hatte. Sie sollte mich vor Verletzungen schützen, aber sie sperrte auch die Liebe aus.

Viele Menschen vermögen sich ohne Schwierigkeiten nicht einmal in die kleinen Situationen des Lebens zu schicken. Wir alle kennen vermutlich Leute, die sich während eines Vortrags bemüßigt fühlen, aufzustehen und den Sprecher anzugreifen. »Ich *muss* das richtigstellen«, sagen sie etwa. »Der Vortragende hat sich geirrt.«

Solche Leute haben nicht begriffen, dass es darum geht, zuzuhören und zu empfangen. Sie begreifen nicht, dass sie nicht anderer Meinung sein und nicht alles richtigstellen müssen. Sie könnten vielmehr dem Sprecher die Gelegenheit geben, den Stoff darzulegen und ihre Meinung vielleicht ein wenig zu ändern. Wenn sie den Stoff als Ganzes gehört haben und dann erklären: »Ich stimme nicht zu«, oder: »Diesem Redner werde ich nicht mehr zuhören«, ist das in Ordnung. Aber wenn Sie sofort anderer Meinung sind, erlauben Sie sich nicht, sich in das Empfangen und Lernen zu schicken.

Manche meinen, dass es eine Niederlage bedeutet, auch nur anzuhören, was ein anderer zu sagen hat. In Wahrheit ist es so, dass, wenn man zuhört, sorgfältig zuhört, man sich kurzfristig auf positive Weise dem Standpunkt eines anderen überantwortet, um ihn sich zu eigen zu machen, ihn weiter zu prüfen oder zu verwerfen.

Anheimgeben

Der Patron eines renommierten Restaurants erzählte, dass manche Kunden hereinkommen und erklären: »Ich möchte Ihren berühmten Salat à la Cäsar probieren, aber nur mit Essig und Öl«, oder: »Ich möchte Ihre Hühnerspezialität, aber gegrillt, nicht geschmort, und ohne die Sauce.«

Der Patron erwiderte: »Unsere Gerichte haben einen Ruf, weil wir sie auf unsere besondere Weise zubereiten und präsentieren. Wenn Sie nicht akzeptieren, wie wir sie präsentieren, entgeht Ihnen genau das, was unser Küchenchef so gut kann. Ich habe Verständnis, wenn jemand etwas schon einmal gegessen hat und dann vielleicht weniger Sauce möchte oder echte Diätvorschriften einhalten muss, aber häufig geben die Gäste uns nicht einmal die Chance, ein Gericht auf unsere Weise zu präsentieren.«

Wir wollen immer alles unserer Kontrolle unterwerfen. Wir haben vergessen, was es heißt, Lernende zu sein und anderen zu lauschen. Wir sind nicht in der Lage, andere Ideen oder Erfahrungen anzunehmen, wenn auch nur für kurze Zeit, nicht einmal die kleinen Dinge des Lebens.

Wenn wir uns weigern, eine Situation anzunehmen, die wir nicht ändern können, so ist das erschöpfend und raubt uns unsere Macht und unseren Seelenfrieden. Wir holen uns unsere Macht wieder und gewinnen unseren Seelenfrieden zurück, wenn wir die Dinge so belassen, wie sie sind. Damit sagen wir nämlich: »Ich werde jetzt, in diesem Augenblick glücklich sein. Ich will es nicht auf später verschieben.«

Andererseits ist die Weigerung, sich anheimzugeben, dasselbe, als würde man sagen: »Ich kann unmöglich glücklich sein, solange die Umstände sich nicht ändern. Es geht nicht, in keiner Weise.« Andere Umstände mögen vielleicht angenehmer sein, aber die Umstände ändern sich vielleicht nie, und das macht uns zu Opfern dieser nicht eingetretenen Änderung. Wenn wir sagen: »Ich werde erst Frieden haben, wenn dies oder jenes geschieht«, setzen wir uns damit ziemliche Grenzen. Ist das, was Sie sich vorstellen können, wirklich die einzig »gute« Situation? Gibt es nicht viele andere Umstände und Situationen, die Ihnen Frieden bringen würden, darunter auch solche, an die Sie nicht einmal gedacht haben?

Ich sage nicht, dass man alles akzeptieren soll, was geschieht. Wenn Ihnen die Fernsehshow nicht gefällt, die Sie gerade anschauen, müssen Sie diese nicht über sich ergehen lassen – schalten Sie um auf einen anderen Sender. Wenn Sie Ihren Job nicht mögen, sehen Sie sich nach einem anderen um. Reparieren Sie Ihr Auto, wenn Sie meinen, dass es zu sehr scheppert. Wenn Sie unglücklich sind über eine Situation, die berichtigt werden sollte, stehen Sie zu Ihrer Macht und nehmen Sie die nötige Korrektur vor.

Ich spreche von Situationen, die nach unserem Ermessen unüberwindliche Hindernisse zum Glück darstellen. Wir sind felsenfest überzeugt, dass wir nicht glücklich sein können, solange diese Situation sich nicht ändert – sie ist jedoch nicht zu ändern. Wenn Sie eine schlimme Kindheit gehabt haben, können Sie nicht zurückgehen und sie zu einer glücklichen machen. Wenn jemand, den Sie lieben, Ihre Liebe nicht erwidert, können Sie seine Liebe nicht erzwingen. Wenn Sie jetzt Krebs haben, dann sind Sie in diesem Augenblick nicht krebsfrei.

In einer solchen Situation können wir kreuzunglücklich sein, aber wir können die Tatsachen nicht ändern. Wenn wir uns dem Leben anheimgeben, wie es ist, kann das der schnellste und effektivste Weg sein, eine Lehre aus der Situation zu ziehen. Sie können Ihre schlimme Kindheit zwar nicht ändern, aber Sie können trotzdem ein gutes Leben haben. Sie können jemanden nicht dazu bringen,

Sie zu lieben, aber Sie können aufhören, Ihre Zeit und Energie an diesen Menschen zu verschwenden. Sie können Ihren Krebs nicht mit einem Zauberspruch zum Verschwinden bringen, aber das bedeutet nicht, dass Ihr Leben vorbei ist.

DK

Ein Diabetiker namens Bryan wurde mit einer Infektion im linken Bein ins Krankenhaus eingeliefert. Der fünfzig Jahre alte Generaldirektor eines Konzerns war außer sich vor Angst und voll Zorn, weil die Ärzte ihm gesagt hatten, dass sein Bein vielleicht amputiert werden müsste.

Bryan musste sich zuerst gestatten, seine Gefühle ganz zu erleben und diese Gefühle dann herauszulassen. Als er das getan hatte, fragte ich ihn: »Können Sie sich in die Situation hineinfinden, wie sie ist?«

Zuerst konnte Bryan diesem Gedanken nichts abgewinnen. Er war zornig, dass ich das auch nur erwähnte. Ich fuhr jedoch fort: »Die schreckliche Möglichkeit, dass Sie Ihr Bein verlieren, liegt Ihnen ständig auf der Seele. Sie beherrscht Ihre Gedanken, sie erfüllt Sie mit Angst und Zorn. Denken Sie doch eine Weile drüber nach, bleiben Sie dabei und lassen Sie es dann los. Wenn Sie Ihr Bein verlieren, dann verlieren Sie es eben. Wenn Sie daran denken, aber so tun, als ob Sie nicht daran dächten, oder sich weigern, auch nur davon zu sprechen, wird die Sache dadurch weder geschehen noch nicht geschehen.«

»Wenn ich mich also damit abfinde, dass ich mein Bein verliere, wenn ich mich völlig anheimgebe, wird es dann zu retten sein?«

Ich sagte ihm, dass tiefe spirituelle Arbeit um ihrer selbst willen geschehen muss. Wir können nicht feilschen und sagen: »Wenn ich spirituell genug bin, kriege ich dann die Belohnung?« Wenn Bryan sich der Vorstellung, sein Bein zu verlieren, anheimgab, konnte er es trotzdem verlieren. Aber die Möglichkeit der Beinamputation hielt ihn, ebenso wie sein Glück und die Fähigkeit, durch die Situation zu wachsen, in Geiselhaft. Die Vorstellung, sein Bein zu verlieren, war so furchtbar, dass er den Gedanken daran nicht gleich zulassen konnte.

Doch als er schließlich in der Lage war, sich mit seinen Gefühlen auf die Situation einzulassen und sich die Frage vorzulegen: »Es ist möglich, dass ich mein Bein verliere. Wie wäre es, wenn das geschähe?«, wusste Bryan, dass er durchkommen würde. Er würde sich eine Prothese machen lassen, und das Leben würde weitergehen. Als er auf die andere Seite der Überantwortung gelangt war, fand er einigen Frieden. Er konnte sich in der Situation entspannen und seinem Körper helfen, heil zu werden, und der Richtung folgen, die ihm bestimmt war. Glücklicherweise sprach sein Bein gut auf die Behandlung an und konnte daher gerettet werden. Rückblickend sagt Bryan, das Erstaunlichste in dieser fürchterlichen Situation war, dass er, als er sich endlich der schlimmsten aller Möglichkeiten anheimgeben konnte, den Frieden fand.

Wir beharren darauf, dass wir erst morgen glücklich sein können, wenn die Dinge sich geändert haben. Aber wenn das Glück morgen möglich ist, dann ist es auch heute möglich. Wenn Liebe morgen möglich ist, dann ist sie auch heute möglich. Wir können Heilung finden, auch wenn nichts geschieht. Sich dem Leben anheimzugeben, »wie es ist«, kann eine Situation auf wunderbare Weise transformieren. In dieser Selbstübergabe werden wir fähig zu empfangen. Das Universum gibt uns die Mittel an die Hand, unsere Bestimmung zu erfüllen, wenn wir die Dinge gewähren lassen.

ANHEIMGEBEN

Wann ist die rechte Zeit, sich anheimzugeben? In welchen Situationen? Jeder Tag, jeder Augenblick und jede Situation gibt uns die Gelegenheit dazu. Wenn wir geboren werden und noch einmal, wenn wir sterben, geben wir uns einer Kraft hin, die größer ist als wir. Zwischen dem Leben und dem Tod gehen wir in die Irre, weil wir vergessen, uns anheimzugeben.

Wenn etwas verändert werden sollte und Sie die Macht haben, es zu ändern, dann tun Sie es. Aber lernen Sie, die Situationen zu erkennen, die nicht verändert werden können. Das sind die Zeiten, wenn wir uns fühlen, als würde eine Flut über uns zusammenschlagen, wenn wir uns sträuben und Angst haben. Das sind die Zeiten, in denen wir akzeptieren und uns anheimgeben müssen, sonst gehen wir an diesem Sträuben zugrunde.

Wenn Sie spüren, dass Sie nicht im Frieden sind, ist es Zeit, sich anheimzugeben.

Wenn das Leben nicht fließt, ist es Zeit, sich anheimzugeben.

Wenn Sie das Gefühl haben, für alles verantwortlich zu sein, ist es Zeit, sich anheimzugeben.

Wenn Sie verändern wollen, was nicht verändert werden kann, ist es Zeit, sich anheimzugeben.

Und wenn Sie sich entschließen, etwas zu ändern, denken Sie sorgfältig darüber nach, was genau anders werden sollte und warum. Steve zum Beispiel war als Buchhalter unglücklich, weil er eigentlich an einem Theater sein wollte. Er führte ständig einen inneren Kampf, weil er nicht gewillt war, die Sicherheit seiner beruflichen Laufbahn für das unstete Leben am Theater aufzugeben. Als er sich schließlich damit abgefunden hatte, dass er ein Buchhalter bleiben würde, erzählte ihm jemand, dass eine Theaterkompanie einen neuen Vorstand für die Finanzen suchte. Steve bekam die Stellung und ist heute einer der größten und erfolgreichsten Finanzmanager, der sich auf Broadway-Shows spezialisiert hat.

Die Dinge gewähren zu lassen, statt ständig zu kämpfen, dass sie geschehen, ist etwas Wunderbares, das wir uns selbst zum Geschenk machen können. Wenn wir auf unser Leben zurückblicken, werden wir sehen, dass einige unserer besten Augenblicke und größten Chancen nicht daher kamen, dass wir darum gekämpft haben, die Dinge richtig zu stellen. Sie scheinen glückliche Zufälle zu sein, als ob sie geschehen wären, weil wir zur rechten Zeit am rechten Ort waren. So wirkt das Anheimgeben, und so funktioniert auch das Leben: auf subtile Weise.

So viele Menschen, die verändern wollen, was sie sind, gelangen zu der Einsicht, dass ein »Schuster bei seinem Leisten bleiben« soll. Bedenken wir, wie viel Stil, Kreativität und Wertbewusstsein wir in die Herstellung von Schuhen einbringen können, statt etwas anderes machen zu wollen.

Manchmal liegt die Notwendigkeit einer Veränderung auf der Hand, manchmal nicht. Wenn wir nicht wissen, ob es Zeit ist, sich anheimzugeben, kann das Gebet um Gelassenheit eine Hilfe sein:

Mein Gott, gib mir die Gelassenheit, die Dinge zu akzeptieren, die ich nicht ändern kann; den Mut, die Dinge zu ändern, die ich zu ändern vermag, und die Weisheit, das eine vom anderen zu unterscheiden.

Manchmal lernen die Menschen die Lektion des Anheimgebens in einer Weise und an einem Ort, den sie nicht erwartet hatten. »Als ich siebenundzwanzig Jahre alt war, arbeitete ich in Japan«, erzählte Jeff. »Es war aufregend dort, wir lagen ganz vorn im Geschäft. Als ich mitten in diesem riesigen Projekt war, begann ich meinen Appetit zu verlieren, dann fühlte ich mich müde. Ich dachte einfach, das käme von der vielen Arbeit. Schließlich kam ich ins Krankenhaus und wurde gegen Lungenentzündung behandelt. Ich dachte, das sei schlimm, bis man mir mitteilte, dass diese Art von Lungenentzündung vom HIV-Virus verursacht wird. Die Ärzte stellten mich soweit wieder her, dass ich in die Vereinigten Staaten zurückfliegen konnte.

Als ich nach Amerika zurückgeschickt wurde, hatte ich nur einige Sachen in meinen grünen Rucksack gepackt. Alles andere, was ich besaß, hatte ich zurückgelassen. Auch mein altes Leben blieb zurück: Seit Jahren hatte ich Japanisch gelernt, ich wollte immer in Japan leben. Nachdem ich mich von der Lungenentzündung erholt hatte, dachte ich, dass mir alle meine Träume einfach entrissen wurden. Es war, als hätte man mir gesagt: ›Bedaure, aber du kriegst das nicht mehr, was du so gerne haben möchtest.‹ Und so war es auch. Ich konnte es nicht mehr haben. Es wäre einfach zu schwierig gewesen in einem fremden Land, abgeschnitten von der Behandlung und Betreuung, die ich brauchte. Es ist schwer genug, mit der medizinischen Versorgung in diesem Land klarzukommen.

Zuerst war ich zornig und frustriert. Aber ich merkte, dass ich noch eine Wahl hatte. Ich konnte entweder versuchen, den alten, jetzt nicht mehr durchführbaren Traum zu leben, oder ich konnte mich in dieses neue Leben schicken. Es wäre ein enormer Stress gewesen, an meinem alten Leben festzuhalten. Es war Zeit, mich anheimzugeben. Mir war ein neues Leben gegeben worden.

Nachdem ich aufgehört hatte, mich gegen die Wirklichkeit, wie sie war, zu sträuben, tauchten neue Ideen und Träume auf. Die Rechtsanwälte, mit denen ich gearbeitet hatte, hatten mir immer imponiert, und so kam ich auf die Idee, dass ich Rechtsanwalt werden könnte. Die juristische Ausbildung dauerte drei Jahre, aber dank der medizinischen Versorgung hatte ich nun eine Zukunft. In dieser Überantwortung entdeckte ich Teile von mir, die ich vorher nie bemerkt hatte: meinen Mut, meine Anpassungsfähigkeit. Ich habe jetzt ein wundervolles Leben. Und ich begreife, wie vollkommen die Dinge sind. Ich bin sehr gerne wieder in den Vereinigten Staaten, alles fühlt sich so gut an. Ich habe mich hier niedergelassen, wie ich es nie erwartet hätte. So viele neue und wunderbare Möglichkeiten sind aufgetaucht, als ich mich dieser neuen Zukunft anheimstellte.«

Jeff hätte in dieser Situation für die nächsten zwanzig Jahre zornig sein und sich als Opfer fühlen können. Er beschloss, das nicht zu tun, und stellte sich dem anheim, was das Leben ihm gegeben hatte. Er war selbst überrascht, dass er mit so wenig Bitterkeit davon sprechen konnte. »Ich hätte gedacht, dass ich verbittert sein würde«, sagte er. »Aber dass ich lernen konnte, dass ich die Fähigkeit habe, die Dinge anders zu sehen und meine vorgefassten Begriffe loszulassen, war ein wunderbares Geschenk. Die alten Sprüche haben sich alle bewahrheitet: Das Leben ist kurz, und wir wissen nicht, wann unser letzter Tag kommt. Das Gute im Bösen zu finden, ist eine der nützlichsten Lektionen, die ich je gelernt habe.«

Die Lektion der Vergebung

Gegen Ende der vierziger Jahre war Indien in religiöse Kämpfe verstrickt, als die Nation sich anschickte, von Großbritannien unabhängig zu werden. Ein Hindu, dessen Sohn in den internen Streitigkeiten von Moslems ermordet worden war, kam zu Mahatma Gandhi und fragte ihn: »Wie kann ich den Moslems vergeben? Wie kann ich jemals Frieden finden, wenn ich im Herzen einen so großen Hass auf die habe, die meinen einzigen Sohn getötet haben?«

Gandhi trug dem Mann auf, ein verwaistes Kind seiner Feinde zu adoptieren und es wie sein eigenes zu erziehen.

Wir müssen vergeben, damit wir ein heiles Leben führen können. Vergebung ist der Weg, unsere Verletzungen und Wunden zu heilen, uns zu anderen und zu uns selbst wieder in Beziehung zu setzen. Wir alle sind verletzt – wir haben diese Schmerzen nicht verdient, aber wir wurden trotzdem verwundet. Und um die Wahrheit zu sagen, wir haben mit Sicherheit auch andere verletzt. Das Problem ist nicht, dass Verletzungen geschehen, sondern dass wir sie nicht vergessen können oder wollen. Das ist die Wunde, die immer noch schmerzt. Wir gehen durch das Leben und häufen solche Verwundungen an. Wir haben kein Training oder keine Anleitung, wie man sie loslässt. Hier hat die Vergebung ihren Platz.

Wir haben die Wahl, ob wir mit Vergebung oder Nicht-Vergebung leben wollen. Es ist eine Ironie, dass Vergebung ein Akt der Selbstsucht sein kann insofern, als sie für den Verletzten noch mehr bedeutet als für den Verletzenden. Sterbende finden oft den Frieden, der ihnen im Leben fehlte, weil Sterben loslassen heißt. Und dasselbe gilt für die Vergebung. Wenn wir nicht vergeben, klammern wir uns an alte Wunden, Verletzungen und Verstimmungen. Wir halten die unglücklichen Teile des Lebens fest und nähren unseren Groll. Wenn wir nicht vergeben, versklaven wir uns selbst.

Vergebung hat uns viel zu bieten, unter anderem das Gefühl der Ganzheit, das der Übeltäter uns vermeintlich für immer geraubt hat. Sie gibt uns die Freiheit, wieder das zu sein, was wir sind. Wir verdienen alle die Chance, mit uns selbst und unseren Beziehungen einen neuen Anfang zu machen. Diese Chance ist der Zauber der Vergebung. Sobald wir anderen oder uns selbst vergeben, sind wir wieder im Raum der Gnade. Wie ein gebrochener Knochen nach der Heilung stärker ist als vor dem Bruch, können unsere Beziehungen und unser Leben stärker sein, wenn die Vergebung unsere Wunden heilt.

Sterbende können uns eine Menge über wahre Vergebung lehren. Sie denken nicht: »Ich habe Recht gehabt, und da ich so Recht habe, sehe ich, wie sehr du im Unrecht warst. Ich habe die Größe, dir zu vergeben.« Sie denken vielmehr: »Du hast Fehler gemacht und ich auch. Wer hätte keine gemacht? Aber ich will dich nicht länger durch deine Fehler definieren oder durch meine definiert werden.«

Vergebung kann durch viele Dinge blockiert werden. An erster Stelle steht dabei das Gefühl, dass wir durch unsere Vergebung das Verhalten, das uns verletzt hat, gutheißen.

Doch zu vergeben heißt nicht: »Es ist in Ordnung, dass du mich verletzt hast.« Es bedeutet, dass wir die Verletzung um unserer selbst willen loslassen, da wir erkennen, dass wir gezwungen sind, im Unglück zu leben, wenn wir an unserem Groll festhalten. Menschen, die nur schwer vergeben können, müssen daran erinnert werden, dass sie damit nur sich selbst bestrafen.

Vergebung heißt nicht, dass wir anderen erlauben, auf uns herumzutrampeln. Es handelt sich vielmehr um Nächstenliebe im besten Sinn des Wortes. Wenn wir vergeben, denken wir daran, dass die anderen nicht in bester Form waren, als sie uns verletzten. Wir denken daran, dass sie mehr sind als ihr Fehlverhalten. Sie sind Menschen, sie haben Fehler gemacht, und sie sind verletzt worden wie wir. Letztlich findet Vergebung in unserem Inneren statt. Wir vergeben, um uns selbst zu heilen. Das Verhalten eines anderen ist das Verhalten eines anderen. Wir müssen nicht das Verhalten vergeben, sondern nur der Person.

Das Verlangen nach Rache ist ein weiterer Grund, der Vergebung blockiert. Vergeltung zu üben gibt uns, wenn überhaupt, nur ein vorübergehendes Gefühl der Erleichterung oder Befriedigung. Dann fühlen wir uns schuldig, weil wir uns zu dem selben Verhalten erniedrigt haben, das wir als falsch erkennen. Wir wollen dem, der uns verletzt hat, zur Kenntnis bringen, wie sehr wir verletzt sind, und so schlagen wir um uns – und sind dann umso tiefer verwundet. Es ist in Ordnung, unsere Verletzung kundzutun; wenn wir jedoch daran festhalten, wird sie, wie gesagt, zu einer Selbstbestrafung.

Vergeben kann schwer sein. Manchmal ist es einfacher, die Sache auf sich beruhen zu lassen. Oft empfinden wir den Drang zu vergeben, schieben es jedoch auf und nehmen passiv hin, dass ein Strom des Unglücklichseins sich durch unser ganzes Leben zieht. Möglicherweise erkennen wir erst, wenn unser Leben bedroht ist, dass wir nicht so leben wollen und dass wir nicht unbegrenzt Zeit haben, die Trübung aufzuklären.

Wenn wir nicht vergeben können, bleiben wir stecken. Dieses Territorium ist uns wohlbekannt, und wir haben es uns darin so bequem gemacht, dass Vergebung sich anfühlt, als würden wir uns ins Unbekannte wagen. Es ist oft leichter, jemandem Vorwürfe zu machen, als eine Beziehung zu reparieren. Wenn wir nur die Fehler der anderen im Blick haben, brauchen wir uns selbst und unsere Probleme nicht anzuschauen. Wenn wir vergeben, erhalten wir unsere Macht zurück, über einen kränkenden Vorfall hinaus zu leben und zu gedeihen. In Verletzung zu leben, das hält uns in der Opferrolle fest; in Vergebung überschreiten wir die Verletzung. Wir brauchen von niemandem und durch nichts ständig verletzt zu sein. In dieser Erkenntnis liegt eine große Macht.

Ihnen zu sagen, wie man in einigen leichten Schritten vergeben kann, wäre ein genau so schwieriges Unterfangen, als wollten wir Ihnen sagen, wie Sie die Welt erlösen können. Vergebung kann Knochenarbeit sein. Deshalb fühlt sie sich manchmal an, als wollte man die Welt erlösen. Im Übrigen ist es tatsächlich der Weg, die Welt zu erlösen.

Wenn wir als Kinder verletzt wurden oder andere verletzten, sagte meistens jemand: »Bitte um Entschuldigung.« Jetzt, da wir Erwachsene sind, kommen solche Entschuldigungen uns nicht mehr so oft über die Lippen. Auch wenn wir sie von anderen hören, finden wir manchmal, dass das nicht genügt. Wenn Kinder Unrecht tun, sehen wir ihre Angst, ihre Verwirrung, ihre Unwissenheit. Das heißt, wir sehen sie menschlich. Doch als Erwachsene neigen wir dazu, diejenigen, die uns verletzt haben, nur im Licht des Unrechts zu sehen, das sie uns zugefügt haben. Sie werden für uns zu eindimensionalen Wesen, die nur durch den Schmerz definiert sind, den sie uns zugefügt haben. Der erste Schritt zur Vergebung besteht darin, sie wieder als Menschen zu sehen. Sie machen Fehler, manchmal sind sie schwach, unsensibel, verwirrt und haben Schmerzen. Sie sind mit Mängeln behaftet, zerbrechlich, einsam, bedürftig und emotional unvollkommen. Mit anderen Worten, sie sind genau wie wir. Sie sind Seelen auf einer Reise voller Höhen und Tiefen.

Wenn wir zugeben können, dass sie menschlich sind, können wir beginnen zu vergeben, indem wir unseren Zorn bewusst wahrnehmen. Wir müssen diese blockierte Energie herauslassen, indem wir in ein Kissen brüllen, einem Freund mitteilen, wie zornig wir sind, indem wir schreien oder sonst etwas tun, das ihn herauslässt. Dann finden wir oft die Traurigkeit, den Schmerz, den Hass und die Wunde, die hinter dem Zorn liegt. Wenn wir das tun, müssen wir diese Gefühle an uns heranlassen. Dann kommt das Schwerste: diese Gefühle loszulassen. In der Vergebung geht es nicht um die Menschen, die Sie verletzt haben. Um die brauchen Sie sich keine Sorgen zu machen. Was sie getan haben, hatte vermutlich mehr mit ihnen selbst, ihrer Welt und ihren Problemen zu tun als mit uns. Wenn wir sie freigeben, werden wir Freiheit finden. Jeder hat seine eigenen Probleme, und die der anderen gehen uns nichts an. Was uns etwas angeht, das ist unser eigener Seelenfrieden, unser Glück.

DK

Manchmal scheint Vergebung unmöglich zu sein, wenn die an uns begangene Untat zu schwerwiegend war. Hier können wir eine Menge über Toleranz, Liebe, Zorn und Vergebung von Elisabeth Mann lernen.

Elisabeth hat allen Grund, nachtragend zu sein. Als

junges Mädchen wurde sie mit ihrer Familie von den Nazis in das Konzentrationslager von Auschwitz verschleppt, wo die durchschnittliche Lebenserwartung sehr niedrig war. Kurz nachdem sie angekommen war, fragte sie einen Aufseher, wo die übrigen Mitglieder ihrer Familie seien. Der Mann deutete auf den Rauch, der aus einem massiven Schornstein aufstieg, und sagte: »Dort.«

Nachdem das Lager von Soldaten der Alliierten befreit worden war, landete Elisabeth in Dänemark und wartete gerade auf einen Transport nach Schweden. Es waren noch andere Überlebende da, aber ihre Familie gab es nicht mehr. »Ich bekam eine Tasse Kaffee, die so gut schmeckte, wie ich noch nie etwas gekostet hatte«, erklärte sie. Eine Krankenschwester führte zwei Frauen und einen Mann herein und sagte, sie seien auch Überlebende eines KZs. »Ich hatte den Verdacht, dass das nicht stimmte, weil sie Reisekoffer bei sich hatten. Niemand aus einem Lager besaß Gepäck, wir hatten nicht einmal ein eigenes Kleidungsstück. Diese beiden Frauen und der Mann fingen an, uns auszufragen, in welchem Lager wir gewesen und wie wir hierher gekommen seien. Meine Mitüberlebenden erzählten ihnen ihre Geschichte.

Am nächsten Morgen kam der Zug an, der uns nach Schweden bringen sollte. Ich saß mit den beiden Frauen, die uns ausgefragt hatten, und drei anderen im Abteil. Wir hatten nicht viel Platz in dem Waggon, vor allem wegen der Koffer, die diese beiden Frauen mitgebracht hatten. Sie setzten sich auf den Boden, die drei anderen belegten eine Bank, und ich kletterte nach oben auf das Brett, wo normalerweise das Gepäck verstaut wird. In dieser Nacht, als die zwei Frauen dachten, dass alle schliefen, hörte ich ein Geräusch. Ich blickte hinunter und sah, dass sie einen ihrer Koffer aufgemacht hatten, in dem Fotos von Männern in SS-Uniform waren. Die

Frauen zerrissen die Bilder und warfen sie aus dem Fenster. Selbstverständlich hätte niemand im Lager jemals Fotos von den Aufsehern gehabt oder welche haben wollen.

Während eines Aufenthalts stiegen einige Beamten in den Zug und stellten uns Fragen. Als die beiden Frauen und der Mann befragt wurden, wo sie gewesen waren, gaben sie die Geschichten wieder, die sie von meinen Gefährten am Abend vorher gehört hatten. Ich hätte etwas sagen können, aber ich war so von Glück erfüllt, dass der Krieg vorbei war. Ich dachte, es stehe mir nicht zu, diese Leute zu bestrafen. Wenn Gott sie bestrafen will, wird er es tun. Wir kamen in Schweden an, und ich sah sie nie wieder.

Es war nicht so, dass ich vergab, was diese Leute verbrochen hatten. Ich vertraute darauf, dass die Vergebung in Gottes Händen war, nicht in den meinigen. Es stand mir nicht zu, über ihr Schicksal zu bestimmen. In Anbetracht all der Menschen, die umgekommen waren – mein kleiner Bruder, meine Eltern –, wie hätte ich sagen können: ›Schon gut, es macht nichts‹?

Aber es war mir wichtig, dass ich nie das Verlangen nach Rache in meinem Herzen spürte. Ich weiß noch, wie wir im Lager jeden Tag an einer Bäckerei vorbei kamen, wenn wir zur Straßenreinigung antreten mussten. Wir hatten immer Hunger, und der Duft des frischgebackenen Brotes überwältigte uns. Dann sagten wir: ›Wenn wir frei sind, werden wir in die Bäckerei laufen und alles Brot aufessen.‹ Wir sagten nie, dass wir in die Bäckerei laufen und den Bäcker umbringen würden.«

Die meisten Dinge in unserem Leben sind nicht so entsetzlich wie das, was im Holocaust geschehen ist. Trotzdem gibt es Dinge, die wir unserer Ansicht nach nicht vergeben sollten. Wenn so etwas vorkommt, können wir das tun, was Elisabeth Mann tat: die Situation Gott übergeben. Obgleich sie jung, alleine und schrecklich verwundbar war, erkannte sie, dass es Gott zustand zu richten, wenn es Sein Wille war. In anderen Fällen möchten wir wirklich vergeben, sind aber nicht imstande dazu. Dann ist es gut, um Hilfe zu bitten: »Lieber Gott, ich möchte vergeben, aber ich kann es nicht. Bitte, hilf mir.«

EKR

Auch wenn wir alle immer Vergebung üben möchten, ist die Aufgabe entmutigend schwer. Und solange wir menschlich sind, ist es vielleicht unmöglich, jedem Menschen alles zu vergeben. Mir ist klar, dass es in meinem eigenen Leben Dinge gibt, die ich nur schwer vergeben kann, und wenn ich nicht jede einzelne Kleinigkeit vergebe, wenn ich sterbe – na schön, ich will ja nicht als Heilige sterben.

Als ich noch sehr krank und auf Hilfe angewiesen war, kamen Pflegehelferinnen und versorgten mich. Ich bemerkte, dass sie offenbar riesige Mengen Müll wegtrugen, jeden Tag große Plastiksäcke voll. Damals war ich ans Bett gefesselt und dachte: »Aber ich habe doch gar nicht so viel Müll!«

Als ich sie zur Rede stellte, sagten sie, dass sie nur Müll hinaus brächten. Erst später, als ich beweglicher war, merkte ich, dass sie mich jeden Tag bestahlen. Sie nahmen nicht nur Gegenstände von materiellem Wert, sie stahlen mir auch die wenigen persönlichen Erinnerungen, die ich noch besaß, nachdem mein letztes Haus niedergebrannt war. Bilder, Diplome und Urkunden waren verschwunden. Ich habe ein robustes Herz, daher erlitt ich keinen Herzinfarkt.

Ich sollte verzeihen, aber ich will nicht. Noch nicht. Ich bemühe mich nicht einmal darum. Offensichtlich bin ich noch nicht bereit dazu.

VERGEBUNG

Bezeichnenderweise sind wir selbst die Person, der wir am öftesten etwas verzeihen müssen. Wir müssen uns verzeihen, was wir getan und was wir unterlassen haben. Jedesmal, wenn wir denken, dass wir etwas falsch gemacht haben, müssen wir uns vergeben. Wenn wir spüren, dass wir eine Lektion nicht beherzigt haben, müssen wir uns dafür vergeben, dass wir sie nicht gelernt haben.

Was wir uns vergeben müssen, ist nicht immer einleuchtend – es war vielleicht nicht einmal ein wirklicher Fehler. Oft, besonders wenn wir jung sind, fühlen wir uns für Dinge verantwortlich, die in unserer Umgebung geschehen – meist noch mehr verantwortlich, als angemessen ist.

DK

Noch immer muss Elisabeth Mann sich jeden Tag eine tragische Situation vergeben, in die sie hineingestoßen wurde, als sie noch so jung war, und die ganz anders hätte ausgehen können.

Als sie mit ihrer Familie in Auschwitz angekommen war, standen bewaffnete Aufseher vor ihnen, die sie fragten, wie alt ihr Bruder sei. Dreizehn Jahre, sagte sie. Sie berichtete mit Stolz, dass er nach jüdischer Tradition jetzt »Bar-Mizwa« sei, ein Mann.

Nachdem sie bemerkte, dass die Männer sofort in die Gaskammer geschickt wurden, während Kinder verschont blieben, fürchtete sie, dass ihre Bemerkung den Tod ihres Bruders herbeigeführt hatte.

»Ich wünschte, es wäre mir eingefallen, ihn als jünger auszugeben«, gesteht sie. »Vielleicht wäre er noch am Leben, wenn ich sein richtiges Alter verschwiegen hätte. Ich empfinde oft, dass ich ihn in den Tod geschickt habe.«

Bis auf den heutigen Tag vermisst Elisabeth ihren kleinen Bruder und fragt sich, was gewesen wäre, wenn ...

Vergebung

Sie muss weiterhin für dieses fehlgeleitete Verantwortungsgefühl in ihrem Herzen Vergebung finden.

Die meisten von uns haben es nicht mit so großen Problemen zu tun wie Elisabeth Mann. Aber wir beurteilen uns, manchmal täglich, als unzulänglich oder geradezu schlecht. Ein Schlüssel dazu, uns selbst zu vergeben, ist die Erkenntnis, dass wir anders gehandelt hätten, hätten wir einen besseren Weg gewusst. Niemand trifft die Entscheidung: »Aha, das ist ein guter Fehler, den ich machen könnte«, oder: »Ich tue das, damit ich wirklich traurig bin, dass ich jemand anderen verletzt habe.« Wir dachten, dass wir das Richtige tun, und deshalb müssen wir uns verzeihen, dass wir nicht alles wissen. Und selbst dann, wenn wir jemanden absichtlich verletzt haben, haben wir es vermutlich getan, weil wir gelitten haben. Hätten wir eine bessere Wahl treffen können, hätten wir wahrscheinlich anders gehandelt.

Wir sind in diesem Leben, um Fehler zu machen. Wir verletzen uns gegenseitig aus Zufall, und von Zeit zu Zeit gehen wir in die Irre. Wenn wir vollkommen wären, dann wären wir nicht hier. Der einzige Weg, wie wir lernen können, uns selbst zu verzeihen, besteht darin, einige Fehler zu machen. Wir haben so gehandelt, weil wir menschlich sind. Wenn wir etwas so Schreckliches getan haben, dass wir uns nicht vergeben können, dann können wir es Gott übergeben. Wir können sagen: »Lieber Gott, ich kann mir das noch nicht verzeihen. Kannst Du mir vergeben und mir helfen, in meinem Inneren Vergebung zu finden?«

Bedenken Sie, dass Vergebung keine Aufgabe ist, die uns nur einmal im Leben gestellt wird, sondern fortwährend. Durch sie erhalten wir unsere Spiritualität. Vergebung hilft uns, den Frieden zu bewahren und mit der Liebe in Berührung zu bleiben. Unsere einzige Aufgabe besteht in dem Bemühen, unser Herz wieder zu öffnen.

Die Lektion des Glücks

EKR

Terry, ein fünfundvierzigjähriger Mann, der die Diagnose bekommen hatte, dass er todkrank war, verbrachte seine letzten Tage in einem Hospiz. Als ich ihn kennen lernte, sagte er mir, dass es ihm recht gut gehe. Sein sonniges Gemüt reizte mich, ihn nach seiner Krankheit zu befragen. Er leugnete seinen Zustand nicht. Seine Antwort war klar und der Realität entsprechend. So fragte ich: »Wie geht es Ihnen mit dem Wissen um Ihren bevorstehenden Tod? Wir alle wissen im Kopf, dass wir eines Tages sterben müssen, aber Sie leben mit dem wirklichen Wissen, dass Sie vielleicht sehr bald sterben werden.«

Terry antwortete: »Ich lebe sehr gut damit. Ja, ich bin jetzt glücklicher, als ich es je für möglich gehalten hätte. So seltsam es klingen mag, aber die meiste Zeit meines Lebens war ich unglücklich. Ich fand mich einfach damit ab, dass es eben nicht besser sein konnte. Aber jetzt, da meine Zeit begrenzt ist, habe ich mir das Leben wirklich angeschaut und den Entschluss gefasst, solange ich noch am Leben bin, möchte ich wirklich lebendig sein. Und wenn ich tot bin, möchte ich wirklich tot sein. Ich habe außerdem darüber nachgedacht, was ich tun möchte, bevor ich gehe. Und inmitten von all dem bin ich glücklicher, als ich es je war.«

GLÜCK

Das Leben gewinnt eine andere Bedeutung, wenn man in der Tiefe begreift, dass es nicht ewig währt. Auch das Umgekehrte ist richtig: Es ist nichts Ungewöhnliches, von Menschen zu hören, deren Krankheit zum Stillstand kam und die tatsächlich glücklicher waren, als sie meinten, ihre Tage seien gezählt. Wir fühlen uns dem Glück tiefer verpflichtet, wenn wir wie Terry ganz verstehen, dass wir nur noch eine begrenzte Zeit zur Verfügung haben und alles tun müssen, damit sie wirklich zählt.

Die meisten von uns meinen, das Glück sei eine Reaktion auf ein Ereignis, aber in Wirklichkeit ist es ein Gemütszustand, der nur wenig mit dem zu tun hat, was um uns vorgeht. Zahlreiche Menschen waren überzeugt, dass sie vollkommen glücklich sein würden, wenn sie etwas Bestimmtes bekämen oder täten, und wurden dennoch unglücklich, als das große Ereignis eintraf. Wir haben immer wieder gesehen, dass dauerhaftes Glück nicht zu haben ist, indem man in der Lotterie gewinnt, einen schönen Körper besitzt oder sich Falten wegmachen lässt. Alle diese Dinge heben vorübergehend unsere Stimmung, aber ihr Reiz verblasst schnell, und wir sind bald wieder so glücklich oder unglücklich wie zuvor.

Die gute Nachricht lautet, dass wir alles mitbekommen haben, was wir brauchen, um glücklich zu sein. Die schlechte Nachricht lautet, dass wir das, was wir mitbekommen haben, oft nicht zu gebrauchen wissen. Unser Verstand, unser Herz und unsere Seele sind wie durch einen Code mit eingebautem Leitungsnetz ganz auf Glück eingestellt. Jeder ist imstande, das Glück zu finden. Er oder sie muss lediglich am rechten Ort danach suchen.

Obwohl es unser natürlicher Zustand ist, glücklich zu sein, sind wir dazu erzogen worden, uns wohler zu fühlen, wenn wir unglücklich sind. Auf seltsame Weise sind wir das Glück nicht gewöhnt: Mitunter kommt es uns nicht nur unnatürlich, sondern auch unverdient vor. Aus diesem Grund denken wir über jemanden oder über eine Situation oft das Schlechteste. Das ist auch der Grund, warum wir daran arbeiten müssen, dass wir uns gut fühlen, wenn wir glücklich sind, und warum wir uns zum Glück verpflichten müssen.

Die Arbeit besteht zum Teil darin, dass wir akzeptieren und daran glauben, dass es der Sinn unseres Lebens ist, das Glück zu finden. Viele Menschen schrecken vor einem solchen Gedanken zurück und meinen, eine solche Haltung sei selbstsüchtig und lieblos. Warum aber widerstrebt uns die Vorstellung, dass der Sinn unseres Lebens darin besteht, glücklich zu sein?

Wir haben Schuldgefühle, wenn wir glücklich sind, und Hemmungen, nach Glück zu streben, da es so viele Menschen gibt, die weniger begünstigt sind als wir. Oder, wie es jemand einmal kurz und bündig ausdrückte: »Wer sagt, dass man glücklich sein soll?«

Die Antwort lautet, weil Sie ein kostbares Kind Gottes sind. Es ist Ihre Bestimmung, sich an all dem Wunderbaren, das Sie umgibt, zu erfreuen. Und denken Sie daran, dass Sie anderen, den Leidenden, mehr zu geben haben, wenn Sie glücklich sind. Wenn Sie genug besitzen und zufrieden sind, werden Sie nicht aus einem Bedürfnis oder einem Mangel heraus handeln. Sie werden denken, dass Sie einen gewissen Überfluss besitzen, von dem Sie anderen abgeben können, dass Sie es sich leisten können, mehr von Ihrer Zeit, von sich selbst, Ihrem Geld und Ihrem Glück mit anderen zu teilen.

In Wirklichkeit sind glückliche Menschen diejenigen von uns, die am wenigsten mit sich selbst beschäftigt und am wenigsten selbstsüchtig sind. Sie stellen oft ihre Zeit zur Verfügung und leisten anderen Dienste, sie sind oft freundlicher, liebevoller, eher bereit, zu vergeben, und teilnehmender als ihre unglücklichen Mitmenschen. Unglück führt zu selbstsüchtigem Verhalten, während Glück unsere Fähigkeit zu geben steigert.

Wahres Glück ist nicht das Resultat eines Ereignisses und hängt nicht von Umständen ab. Sie selbst bestimmen Ihr Glück, nicht das, was um Sie her geschieht.

Eine Frau namens Audrey kam zu dieser Erkenntnis, als sie sich für eine wohltätige Veranstaltung zugunsten von »ALS« einsetzte. Sie sorgte nicht nur dafür, dass Geld zusammenkam, sie litt auch selbst an der Krankheit.

Das war das zweite Mal, dass sie ehrenamtlich eine solche Tätigkeit ausübte. Das erste Mal, zehn Jahre davor, hatte sie gerade die Diagnose bekommen und wusste, dass sie noch viele Jahre vor sich hatte. Jetzt nahm ihre Krankheit einen dramatischen Verlauf, und sie wusste, dass sie zum letzten Mal eine solche Aufgabe übernehmen konnte.

»Ich wollte es noch einmal machen«, sagte Audrey. »Ich habe in den vergangenen zehn Jahren so viel gelernt. Als ich es zum ersten Mal machte, kam ich mir ausgenützt vor. Ich hatte keine Lust, das Mädchen auf dem ALS-Poster zu sein. Diesmal war ich älter und weiser. Beim ersten Mal war ich sehr naiv gewesen. Es gab Unstimmigkeiten, da war etwa unser Ego und ein ganzer Haufen Mist. Jetzt wollte ich es besser machen. Ich freute mich schon darauf. Doch als die Planung erst einige Wochen im Gange war, begann alles von vorn. Ich konnte es nicht begreifen. Ich war in Tränen. Ich war nicht imstande, es besser zu machen als vor zehn Jahren!

Ich machte mir schwere Vorwürfe. Ich war so sicher, dass ich innerlich gewachsen war und mich verändert hatte. Dann kam mir schlagartig zu Bewusstsein: Ich hatte mich zwar verändert, aber nicht die Begleitumstände. Warum hatte ich erwartet, dass es keine Probleme geben würde? Das war unrealistisch. Die Probleme waren nicht verschwunden, aber jetzt konnte ich anders damit umgehen. Das war die Herausforderung. Das war ein Riesenunterschied. Als ich aufhörte, die Umstände verändern zu wollen, wurde alles besser. Ich wurde glücklicher. Die Veranstaltung wurde ein glänzender Erfolg.«

Das Glück hängt nicht davon ab, was geschieht, sondern wie wir mit dem Geschehen umgehen. Unser Glück wird davon bestimmt, wie wir das, was geschieht, interpretieren, wahrnehmen und in unseren Gemütszustand integrieren. Und auf welche Weise wir die Dinge wahrnehmen, das wird von unserem Engagement bestimmt. Hier spielt Gleichgewicht eine Rolle, wie wir unsere Lektionen lernen und ob wir uns an das erinnern, was wir wahrhaft sind. Wollen wir das Schlechteste in den Menschen in einer gegebenen Situation sehen oder das Beste?

Das, worauf wir uns einstellen, worauf wir unsere Aufmerksamkeit richten, nimmt zu. Daher nimmt auch das Beste oder das Schlechteste in unseren Interpretationen und in uns selbst zu. Wenn wir die Vergangenheit in einem schlechten Licht, als zwecklos und sinnlos betrachten, legen wir die Keime der Saat, aus der eine ähnliche Zukunft hervorgehen wird. Daher bezeichnen wir die Vergangenheit als Ballast – etwas Schweres, das wir mit uns herumschleppen. Wie immer wir es nennen, es ist der Teil von uns, der uns weiterhin nach unten zieht und unseren Fortschritt zum Glück behindert.

Glück ist unser natürlicher Zustand, aber wir haben verlernt, wie man glücklich ist, weil wir uns in Vorstellungen verstrickt haben, wie die Dinge sein sollten.

Denken wir an den Ratschlag, den wir alle schon einmal gehört haben: »*Bemühe* dich doch, glücklich zu sein.« Das Bemühen steht dem Fühlen im Weg. Wir werden nach und nach glücklich, nicht indem wir bestimmte

Techniken erlernen oder eine Veranstaltung »zur Erzeugung von Glück« besuchen. Glück kommt daher, dass man glückliche Augenblicke erlebt – hoffentlich immer mehr. Eines Tages bemerken Sie, dass Sie fünf Minuten des Glücks verbracht haben, dann einen Abend und später einen ganzen Tag.

Vergleiche anzustellen ist vermutlich der kürzeste Weg, um unglücklich zu werden. Wir können nie glücklich sein, wenn wir uns mit anderen vergleichen. Egal was wir tun, was wir besitzen oder können, es wird auf die eine oder andere Weise immer hinter einem anderen zurückbleiben. Der reichste Mensch der Welt ist nicht der, der am besten aussieht. Wer am besten aussieht, hat nicht die stärksten Muskeln. Der mit den stärksten Muskeln hat nicht die beste Ehefrau. Der Mann der besten Ehefrau hat keinen Nobelpreis, und so fort. Wenn wir solche Vergleiche anstellen, können wir uns problemlos ins Elend manövrieren. Für diese selbstzerstörerischen Vergleiche brauchen wir nicht einmal andere Menschen. Wir erreichen dasselbe, wenn wir uns mit unserer Vergangenheit oder Zukunft vergleichen. Glück kommt daher, dass wir uns selbst in Ordnung finden, wie wir sind, ohne uns mit anderen zu vergleichen, ohne uns darauf zu beziehen, wie wir einmal waren oder wie wir fürchten, dereinst zu werden.

Durch dieses Gefühl »Warum ich?«, das daher kommt, dass wir uns als Opfer der Umstände betrachten, bleiben wir im Unglück stecken, weil es uns nahelegt, alles als persönliche Kränkung zu empfinden. Das Gefühl, Opfer zu sein, kommt daher, dass wir meinen, alles geschehe uns persönlich. Es gibt ein Verlieren und ein Wiederfinden, Regen und Sonnenschein – das richtet sich nicht gegen uns persönlich. Auch wenn uns jemand verletzt, geht es oft gar nicht um uns. Wenn wir das einsehen, können wir uns leichter von der Opferhaltung lösen. Denken Sie daran, dass Ihre Emotionen und Ihre Wirklichkeit von Ihren Gedanken bestimmt werden, nicht umgekehrt. Sie sind kein Opfer dieser Welt.

Wir leben und bewegen uns in der Region des »Wenn«, indem wir uns einreden, dass wir glücklich wären, wenn dies oder jenes geschähe: wenn ich den neuen Job antrete, wenn ich den richtigen Partner finde, wenn die Kinder groß sind. Wir sind normalerweise sehr enttäuscht, wenn wir entdecken, dass die Dinge, auf die wir gewartet haben, uns gar nicht glücklich machen. Daher suchen wir uns neue »Wenn's«: wenn ich ein höheres Alter erreiche, wenn wir unser erstes Kind bekommen, wenn die Kinder auf ein gutes College gehen. Wenn unsere »Wenn's« sich erfüllen, haben wir nie lange Freude daran. Wir müssen Glücklichsein wählen statt des »Wenn«. Das »Wenn« findet in Wirklichkeit jetzt statt. Glück ist ebenso gut unter den gegenwärtigen Umständen möglich wie zu einem späteren Zeitpunkt.

Oft nehmen wir eine Situation nicht wahr, wie sie wirklich ist. Statt dessen haben wir ein Bild im Auge, wie sie aussehen oder sein »sollte«. Indem wir dieses »Sollte« auf die Umstände projizieren, leugnen wir die Wahrheit und sehen nur Illusionen. Die Wahrheit sehen heißt, zu wissen, dass das Universum sich in die vorgesehene Richtung bewegt, was immer geschehen mag. Deshalb können wir zwar Überlegungen anstellen und reden, aber unsere Bestimmung weicht nie von ihrem Kurs ab. Ob die Ereignisse in unserem eigenen Leben die besten oder die schlechtesten sind, die Welt ist so eingerichtet, so programmiert, dass wir zu unseren Lektionen hingeführt werden. Sie ist so entworfen, dass wir uns zur Freude hin, nicht von ihr fort bewegen, selbst dann, wenn wir meinen, dass die Dinge verkehrt laufen. Es gibt kein Problem und keine Situation, mit der Gott nicht fertig wird. Gleiches gilt für uns.

Das Leben veranlasst uns, mit allen möglichen Widersprüchen zu ringen. Der einunddreißigjährige Mike besuchte seinen neunundsechzigjährigen Vater, Howard, der an Darmkrebs litt. Die Ärzte waren nicht sicher, was die Zukunft bringen würde, während die Krankheit sich hinschleppte. Mikes Besuche waren kurz und selten. Obwohl er ein liebevoller Mensch war, hatte er doch viele Probleme mit seinem Vater und mochte die Frau nicht, die während der vergangenen fünf Jahre seine Stiefmutter gewesen war.

Eines Tages fuhr Mike nach der Arbeit zu seinem Vater, traf diesen jedoch nicht zu Hause an. Aber sein Onkel Walter, Howards Bruder, war da. »Komm doch rein und warte ein bisschen«, sagte Walter. »Er wird bald vom Arzt heimkommen.«

Mike saß im Wohnzimmer im Haus seines Vaters, rutschte unruhig hin und her und sah immer nach der Uhr. Fünf Minuten vergingen, zehn, zwanzig Minuten. Schließlich rief er einen Freund an und sagte zu ihm: »Ich gebe meinem Vater noch zehn Minuten, dann hinterlasse ich ihm eine Nachricht. Schließlich habe ich meinen Teil getan, ich bin zu Besuch gekommen. Ich kann nichts dafür, wenn er nicht da ist.«

Onkel Walter, der sich in der Küche etwas zu essen gemacht hatte, konnte nicht umhin, den Anruf mitzuhören. Er entschuldigte sich bei seinem Neffen, dass er zugehört hatte, und fragte Mike dann, ob er einen unerbetenen Rat von ihm haben wollte.

»Klar«, sagte Mike, »warum nicht?«

»Mein Vater – dein Großvater – starb, als ich in den Dreißigern war, ungefähr so alt wie du. Jetzt bin ich siebenundsiebzig, es ist also über vierzig Jahre her, als er starb. Die Wahrheit ist, dass er ein mieser Kerl war. Meine Gefühle für ihn, als er starb, waren zwiespältig. Nun blicke ich zurück und begreife ein Paradox des Lebens: Das Leben ist lang, aber die Zeit ist kurz. Als er zehn, zwanzig, dreißig Jahre tot war, erkannte ich allmählich, wie wenig Zeit ich mit meinem Vater wirklich verbracht hatte, und wünschte mir, es wäre mehr gewesen. Ich verstand nicht, dass mein Leben lang, aber seine Zeit kurz war.

Ich weiß, was du für deinen Vater empfindest. Er ist mein Bruder, ich weiß, dass es nicht gerade leicht ist, mit ihm auszukommen. Auch nicht mit deiner Stiefmutter. Ich weiß, dass du deine Probleme mit ihm vielleicht bereinigen kannst oder auch nicht. Aber mach dir einfach klar, dass du denkst, du hättest noch Zeit, sie auszuräumen, weil du noch lange hier sein wirst. Dein Vater hat Krebs, und er wird nicht mehr lange hier sein.«

Mike hörte zu, und die Worte setzten ihm den Kopf zurecht. Er sah ein, dass er an dem Zorn auf seinen Vater noch die nächsten fünfzig Jahre festhalten konnte, aber er würde seinen Vater nicht so lange bei sich haben. Er beschloss, mehr Zeit mit seinem Vater zu verbringen – nicht unbedingt, um alles zwischen ihnen bis ins Letzte zu bereinigen, sondern um diese Zeit nicht ungenützt verstreichen zu lassen.

Wir meinen, dass wir glücklich sein werden, wenn wir Probleme loswerden oder die unbequemen Zeiten des Lebens hinter uns bringen. Wir möchten im Gleichgewicht leben, doch was wir für Gleichgewicht halten, das ist es oft gar nicht. Es ist sogar ganz aus dem Gleichgewicht. Es gibt kein Gutes ohne ein Böses, kein Licht ohne Dunkel, keinen Tag ohne Nacht, keine Morgen- ohne Abenddämmerung, keine Vollkommenheit ohne Unvollkommenheit. Und wir leben inmitten dieser Gegensätze, dieser Widersprüche und Paradoxe.

Wir sind ein Bündel von Widersprüchen. Immer versuchen wir, mehr zu sein und uns trotzdem anzunehmen und zu lieben, wie wir sind. Wir bemühen uns, die Wirklichkeit menschlicher Erfahrung anzunehmen, und gleichzeitig wissen wir, dass wir spirituelle Wesen sind. Wir leiden, aber wir können uns über unser Leiden erheben. Wir trauern um einen Verlust, und doch empfinden wir, dass die Liebe ewig währt. Wir betrachten das Leben als eine Gegebenheit und wissen doch, dass es nicht von Dauer ist. Wir leben in einer Welt, die voll ist von Weniger und Mehr, von wechselnder Knappheit und Fülle, von Groß und Klein. Wenn wir diese Gegensätze anzuerkennen vermögen, werden wir glücklicher sein. Unser Anteil an diesem Universum ist stets im Gleichgewicht, auch wenn es uns nicht so erscheint.

Mit diesem Gleichgewicht umzugehen heißt auch zu verstehen, dass das Leben sich nicht um unsere großen Augenblicke dreht: die Beförderung, die Hochzeit, den Eintritt in den Ruhestand, den Kuraufenthalt. Das Leben findet ja auch zwischen diesen Höhepunkten statt. Viel von dem, was wir lernen müssen, steckt in den kleinen Augenblicken des Lebens.

EKR

Den Großteil meiner Zeit fülle ich damit aus, einfach zu existieren. Wenn das so bleibt, dann hoffe ich, dass ich bald sterben werde. Wie bereits erwähnt, komme ich mir oft vor wie ein Flugzeug, das auf der Startbahn hängen geblieben ist. Es wäre mir lieber, wenn ich entweder zurück zur Rampe, also mich erholen, oder endlich abheben könnte. Wenn ich die Wahl hätte, möchte ich leben, doch das würde bedeuten, dass ich wieder gehen, in meinem Garten werkeln und all die Dinge tun könnte, die ich liebe. Wenn ich am Leben bleibe, dann möchte ich wirklich leben.

Jetzt existiere ich nur, ich lebe nicht. Doch selbst in dieser nackten Existenz gibt es kleine Augenblicke des Glücks. Ich bin glücklich, wenn meine Kinder mich besuchen kommen, und insbesondere, wenn ich mit meiner erst kürzlich geborenen Enkelin Sylvia spielen kann. Und Ana, die Frau, die mich jetzt betreut, macht mich ebenfalls glücklich, weil sie mich zum Lachen bringt. Diese kleinen Augenblicke machen es erträglich, nur zu existieren.

DK

Als Jonas Salk in den 50er Jahren den Impfstoff gegen Polio fand, war dies unbestreitbar ein großer historischer Augenblick. Er wurde gefragt, ob er sein Heilmittel patentieren lassen wollte. Hätte er das getan, wäre er einer der reichsten Männer der Welt geworden. Er antwortete jedoch: »Ich kann darauf ebenso wenig ein Patent anmelden wie für die Sonne, weil sie mir nicht gehört.«

Die meisten denken wohl: »O welches Opfer, welch großer Augenblick! Das ist es, worauf wir im Leben warten. Wenn ich nur einen solchen Augenblick hätte, eine Gelegenheit, so edel und weise zu sein, wäre ich mitten im wirklichen, bedeutenden Leben. Ich könnte so mächtig und glücklich sein.«

Wir neigen dazu, auf diesen großen Augenblick zu warten, um »wirklich zu leben«. In den 80er Jahren nahm ich einmal zusammen mit Jonas Salk an einer Podiumsdiskussion teil, und als wir uns durch kleine Entscheidungen hindurchkämpften, beobachtete ich, wie er auch dem kleinsten Umstand Bedeutung zumaß und welch große Liebe, Sorgfalt und Kraft er darauf verwandte. In dem kleinsten Aspekt des Lebens fand er den größten. Im Gewöhnlichen fand er das Besondere.

Eines der größten Paradoxe, mit denen wir zu kämpfen haben, sind unsere eigenen dunklen Seiten oder die Schattenseiten unseres Wesens. Wir versuchen oft, sie loszuwerden, aber der Glaube, dass wir unsere »dunklen Seiten« verbannen können, ist unrealistisch und unecht. Wir müssen zwischen den widerstreitenden Kräften in uns ein Gleichgewicht finden. Dieser Balanceakt ist schwierig, aber er gehört zum Leben. Wenn wir dies als eine Erfahrung betrachten können, die so natürlich ist, wie die Nacht dem Tage folgt, dann werden wir zufriedener sein, als wenn wir so tun, als würde die Nacht niemals kommen.

Das Leben hat seine Stürme, und Stürme gehen immer vorüber. So wie es nie einen Tag gegeben hat, der nicht der Nacht weichen musste, oder einen Sturm, der ewig währte, bewegen wir uns mit diesem Pendelschlag des Lebens hin und her. Wir erleben das Gute und das Schlimme, den Tag und die Nacht, Yin und Yang. Wir lehren oft das, was wir selbst erst lernen müssen.

Wir leben in diesen Paradoxen, werden oft hierhin gestoßen und dorthin gezogen. Es stimmt zwar, dass unser Glück nicht von äußeren Umständen abhängt, aber wir müssen zwischen dieser Wahrheit und der Realität dieser Welt einen Ausgleich schaffen. Wir sind betroffen von dem, was um uns geschieht. Es wäre unrealistisch, einem Menschen, der etwas Tragisches durchmacht, zu sagen: »Das soll dich nicht berühren.« Es wird sich auf ihn auswirken. Gleichzeitig finden wir oft das Beste in uns, wenn wir am schlimmsten dran sind. Denn es ist so, dass wir über Tragödien hinwegkommen, dass wir weiter gehen und das Glück finden. Es ist so, dass die Sonne durch die

Dunkelheit bricht. Und mitten im Tod finden wir manchmal das Leben.

Wir müssen etwas lernen, wenn wir das Glück finden wollen – und auch etwas verlernen. Wir müssen uns dazu erziehen, auf eine völlig andere Weise zu denken, als die Welt uns gelehrt hat. Wir müssen die negativen Denkgewohnheiten verlernen. Wir müssen dieses Verlernen üben. Unter Übung verstehe ich nicht, dass Sie sich im Glücklichsein üben, wenn Sie an einem angenehm kühlen, klaren Tag in der Natur spazierengehen. Üben Sie vielmehr, immer glücklich zu sein, besonders dann, wenn die Umstände demnächst nicht dazu angetan sind, Freude hervorzurufen. Wenn jemand Sie das nächste Mal aufregt, üben Sie, glücklich zu sein. Bleiben Sie im Augenblick dabei, hören Sie an, was der andere zu sagen hat, und achten Sie darauf, ob es eine wertvolle Information enthält. Doch üben Sie, sich dadurch nicht aus dem Gleichgewicht bringen zu lassen.

Betrachten Sie Ihre Verhaltensmuster und fragen Sie sich, welches Verhalten Ihnen Glück bringt und welches Sie in die Verzweiflung führt. Verändern Sie etwas, innerlich und äußerlich. Bringen Gefühle der Eifersucht Ihnen Glück? Fühlen Sie sich langfristig wohl, wenn Sie jemanden anschnauzen und so richtig fertig machen? Wie fühlen Sie sich, wenn Sie dankbar sind? Wenn Sie jemandem mit einer Geste der Freundlichkeit entgegenkommen, fühlen Sie sich dann glücklich?

Wenn Sie in einen Verkehrsstau geraten, schauen Sie sich um und nehmen Sie wahr, dass alle anderen genau so betroffen sind, statt dass Sie fluchen. Denken Sie daran, was andere empfinden. Üben Sie Freundlichkeit gegenüber anderen. Diejenigen, die einen Kurs für Fortgeschrittene absolvieren wollen, mögen anonyme Freundlichkeit üben. Tun Sie etwas Liebevolles oder Barmherziges für einen Mitmenschen, ohne dass Sie jemals einem anderen etwas davon erzählen.

DK

Auf einer Reise nach Ägypten saß ich einmal vor einem alten, der Heilkunst geweihten Tempel. Als ich feststellte, dass ich noch eine Stunde Zeit hatte, bevor ich einen Freund treffen sollte, ärgerte ich mich. Da ich nirgends hingehen konnte, setzte ich mich vor den Tempel und beobachtete die Leute, die herkamen, um ihn zu besichtigen. Ich betrachtete ihre Gesichter und beobachtete, wie sie ein Schild lasen, das den Tempel und seine Heilkraft beschrieb. Ich machte mir Gedanken, um welche Art von Heilung diese Menschen wohl bitten würden. Dann dachte ich: »Statt wegen dieser vergeudeten Stunde verdrossen zu sein, könnte ich doch für jeden Menschen, der hier hereinkommt, beten.« Und so betete ich und versuchte zu erraten, was diese Leute als Heilung erbitten würden. Ich betete, dass sie ihrer Ganzheit, ihrer Liebe und Weisheit gedenken mögen. Ich betete um Heilung der Vergangenheit, um die Hoffnung und Öffnung ihrer Zukunft. Ich erkannte, dass ich eine Heilung derselben Dinge in meinem Inneren ersehnte. Ehe ich es mir versah, kam schon mein Freund des Weges. Die Stunde war wie im Flug vergangen, und ich war betroffen von dem Gefühl des Wunderbaren und des Glücks, das ich empfand.

Wir alle finden auf je eigene Weise und durch unterschiedliche Lektionen zum Glück. Das Leben gibt uns gewöhnlich eine einfache Antwort. Eine gütige Frau Mitte achtzig, die Patricia hieß, fand den besten Ausdruck dafür. Sie schien mit dem Leben zufrieden zu sein, ja sie war der Inbegriff eines glücklichen Menschen. Eines Tages fragte sie jemand: »Sind Sie wirklich so glücklich, wie Sie scheinen?«

Sie lächelte und sagte: »Ich hatte ein gutes Leben, und das macht mich glücklich. Vor Jahren habe ich gelernt, mich für die Dinge im Leben zu entscheiden, bei denen ich mich wohl fühle und die von Dauer sind. Ich weiß, das klingt sehr einfach, aber so ist das Leben. So viele Situationen kommen an einen heran. Wenn ich sie schon einmal erlebt hatte, erinnerte ich mich, wie mir danach zumute war, gut oder schlecht. Ich lernte, das Gute zu wählen. Wenn ich etwas noch nicht erlebt hatte, versuchte ich mir vorzustellen, wie ich mich fühlen würde, nachdem ich eine Wahl getroffen hatte. Erst am Schluss lernte ich, das zu wählen, was mir ein gutes Lebensgefühl vermittelte. Wählen Sie das, was Ihnen ein gutes Selbstwertgefühl gibt, womit andere sich wohl fühlen, auf das Sie stolz sein können und das von Dauer sein wird. Dann haben Sie die Liebe gewählt, das Leben, das Glück. So einfach ist das.«

Die letzte Lektion

Vor nicht allzu langer Zeit sprachen wir mit einer alten Freundin. Zu unserem Erstaunen klagte diese erfolgreiche und schöne dreiundvierzigjährige Ärztin darüber, dass sie unglücklich sei.

Sie teilte uns mit, dass sie ihre Arbeit nicht mochte, was uns verblüffte. Wir wussten, dass sie eine erfolgreiche Ärztin und Professorin der Medizin an einer bedeutenden Universität war – aber sie wollte noch mehr. »Aber du hast doch eine großartige Karriere«, bemerkten wir. »Ist irgend etwas los?«

»Ich bin nicht glücklich in meinem Beruf.«

Als sie uns sagte, dass sie das Gefühl habe, nichts Nennenswertes zur Gesellschaft beizutragen, fragten wir sie: »Arbeitest du nicht immer jeden Freitag ehrenamtlich an der Freien Klinik? Hältst du nicht immer gratis Vorträge und unterrichtest ohne Bezahlung, sooft du nur kannst? Außerdem spendest du einer Reihe von Wohltätigkeitsorganisationen Geld, stimmt's?«

»Ja«, antwortete sie, »aber das genügt nicht.«

Als sie anfing, uns zu berichten, dass sie sich einer kosmetischen Operation unterziehen wollte, fielen wir aus allen Wolken. »Nur ein kleiner Face-lift«, sagte sie, »eine Kinnimplantation und ein bisschen Kollagen.«

Gegen plastische Chirurgie ist nichts einzuwenden, aber hier saßen wir mit einer schönen Frau zusammen, die nicht hilfsbedürftig war und scheinbar ohne ein Fältchen alterte.

Schließlich bat sie um unsere Meinung. Wir warfen uns einen Blick zu und fragten uns, wer unserer Freundin wohl einen solchen Blödsinn eingeredet hatte. Diese Frau – glücklich verheiratet, klug, erfolgreich, schön, wohlhabend, hoch angesehen – war über alle Maßen reich und empfand dennoch, dass sie nicht genug leistete, dass sie nichts für andere tat und schlecht aussah. Vielleicht sollte sie lieber an ihrem Inneren arbeiten als an äußeren Dingen. Wenn sie den Erfolg, den sie hatte, nicht empfinden konnte, wie könnte sie mehr davon empfinden? Wenn sie ihre Schönheit jetzt nicht würdigen konnte, wie sollte sie sich dann mit plastischer Chirurgie anders fühlen? Wenn das, was sie anderen schenkte, ihr jetzt kein Wohlgefühl vermittelte, wäre es anders, wenn sie noch mehr Zeit und Geld spendete? Am Äußeren zu arbeiten, würde ihr nicht helfen: Sie musste einsehen, wie wunderbar und freigebig sie bereits war.

Wie diese Frau haben die meisten Menschen heutzutage alles mitbekommen, was sie brauchen, um ihr Leben zu meistern. Nicht jeder ist so tüchtig und so schön wie sie. Sie ist nur deshalb ein gutes Beispiel, weil ihr Fall so eindeutig ist. Die meisten Menschen besitzen alles, was sie brauchen, um glücklich zu sein – und sind es doch nicht. Wir sind nicht glücklich mit unseren Leistungen, seien sie groß oder klein. Wir sind nicht zufrieden mit unserem Aussehen. Aber in Wahrheit sind wir nie so unansehnlich, wie wir uns fühlen. Der Mangel steckt in unserem inneren Erleben. Wir haben alles bekommen, was wir für eine erfüllte, sinnvolle und glückliche Lebenserfahrung brauchen. Wir erkennen einfach nicht unsere eigenen Gaben oder unsere Güte.

In der Beratung kommt es häufig vor, dass Menschen ihre Güte herabsetzen oder leugnen. Einige der engagiertesten, freigebigsten und liebevollsten Menschen scheinen nicht wahrzunehmen, welche Wirkung sie auf die Welt haben. Von Vorsitzenden wohltätiger Vereine über Geistliche bis zu denen, die sich unermüdlich für die Verhinderung von Intoleranz einsetzen, scheinen sie sich ihrer eigenen Güte gänzlich unbewusst zu sein. Es scheint ihnen die Fähigkeit abzugehen, sich selbst so zu sehen, wie sie wirklich sind.

Solchen Menschen erzählen wir oft die folgende Geschichte: Es war einmal ein Mann, der ein reines Herz hatte und gute Werke tat. Er beging auch Fehler, aber das machte nichts, nicht nur, weil er so viele wunderbare Dinge tat, sondern weil er aus seinen Fehlern lernte. Leider war er sich seiner guten Taten so sehr bewusst, dass er übermäßig eingenommen von sich war.

Gott erkannte, dass ein guter Mensch, der Fehler beging, aber sich weiter entwickelte, seinen Weg machen würde, während einer, der stolz auf sich war, das Glück nie finden würde. Daher entzog er diesem Menschen die Fähigkeit, seine guten Taten zu sehen, und sparte dieses Wissen auf, bis sein irdisches Werk getan war. Der Mann tat weiterhin Gutes, und seine ganze Umgebung würdigte dies, doch er selbst konnte es nicht empfinden und war sich nicht bewusst, wie viel Gutes er tat. Am Ende seines Lebens zeigte Gott ihm schließlich all die guten Werke, die er vollbracht hatte.

Oft erkennen wir unsere Güte erst am Ende unseres Lebens. Denken wir daran, dass wir hier sind, um unserer Güte eingedenk zu sein und uns gegenseitig daran zu erinnern, wie kostbar wir sind und was für ein Wunder einer für den anderen.

Das Leben ist vom Anfang bis zum Ende eine Schule persönlicher Prüfungen und Herausforderungen. Wenn wir alles gelernt haben, was wir nur lernen können, und alles gelehrt haben, was wir andere nur lehren können, kehren wir in unsere Heimat zurück.

Die letzte Lektion

Manchmal ist es schwer zu erkennen, um welche Lektion es sich handelt. So ist es zum Beispiel schwer zu verstehen, dass Kinder, die im Alter von zwei Jahren sterben, vielleicht hierher gekommen sind, um ihren Eltern eine Lektion in Mitgefühl und Liebe zu erteilen. Es mag nicht nur schwer sein zu begreifen, worum es in der Lektion geht, vielleicht wissen wir nicht einmal, welche Lektionen wir bewältigen sollen. Es wäre unmöglich, sie alle vollkommen zu beherrschen, und es gibt unzweifelhaft einige Drachen, die wir in diesem Leben nicht zur Strecke bringen müssen. Manchmal besagt die Lektion, dass wir sie *nicht* zur Strecke bringen sollen. Es ist leicht, über jemanden zu sagen: »Wie traurig, dass er die Lektion der Vergebung nicht gepackt hat, bevor er starb.« Aber vielleicht hat er trotzdem gelernt, was ihm aufgegeben war. Oder vielleicht bekam er zwar die Gelegenheit, etwas zu lernen, entschied aber, es nicht zu tun. Und wer weiß? Vielleicht war nicht er es, der die Lektion beherzigen sollte, indem er Vergebung übte. Vielleicht wurde *Ihnen* die Gelegenheit geboten, die Lektion der Vergebung zu lernen, indem Sie ihn beobachteten. Wir alle lernen, und gleichzeitig sind wir auch Lehrer.

Menschen, die durch scheinbar endlose Stürme herumgestoßen werden und deren Leben wie eine Katastrophe aussieht, fragen sich vielleicht, warum ihnen so viele Prüfungen auferlegt wurden und warum Gott scheinbar so gnadenlos ist. Durch Nöte hindurchzugehen ist so, wie wenn man ein Stein in einer Scheuertrommel wäre. Man wird hin- und hergeschleudert und dabei verletzt, aber man geht mit feinerem Schliff daraus hervor und wertvoller denn je. Jetzt sind Sie vorbereitet für noch größere Lektionen, noch größere Herausforderungen und ein größeres Leben. Alle Alpträume verwandeln sich in einen Segen, der zu einem Teil des Lebens wird. Wenn wir den

Grand Canyon vor den Stürmen hätten bewahren wollen, die ihn erschufen, könnten wir seine wie gemeißelte Schönheit nicht sehen. Das mag der Grund sein, warum viele Patienten uns gesagt haben, wenn sie durch Zauberkraft an den Punkt zurückversetzt werden könnten, bevor sie ihren Krebs oder eine andere lebensbedrohende Krankheit bekamen, und auslöschen könnten, was ihnen bevorstand, würden sie dies nicht wollen.

Ein Verlust zeigt uns auf so vielfältige Weise, was kostbar ist, während die Liebe uns lehrt, wer wir sind. Beziehungen verweisen uns auf uns selbst und bieten uns eine wunderbare Gelegenheit, innerlich zu wachsen. Angst, Zorn, Schuld, Geduld und selbst die Zeit werden zu unseren größten Lehrmeistern. Auch in unseren dunkelsten Stunden wachsen wir. Es ist wichtig, dass Sie wissen, wer Sie in diesem Leben sind. Während wir wachsen, wird auch unsere größte Angst, nämlich die Angst vor dem Tod, immer kleiner. Denken Sie an den Ausspruch Michelangelos: »Wenn das Leben für angenehm befunden wurde, sollte es auch der Tod sein. Denn er kommt aus der Hand desselben Meisters.« Mit anderen Worten, die selbe Hand, die uns Leben, Glück, Liebe und noch mehr schenkte, wird den Tod nicht zu einem schauerlichen Erlebnis machen. Wie jemand einmal sagte: Das Ende ist nur wie ein Anfang von rückwärts.

Zu Beginn dieses Buches hörten wir von Michelangelo, dass die herrlichen Skulpturen, die er schuf, im Inneren des Steins bereits vorhanden gewesen seien. Er habe lediglich den Überschuss entfernt, um das kostbare Wesen zu enthüllen, das schon immer da war. Wenn Sie im Leben Lektionen lernen, tun Sie Gleiches: Sie meißeln das Überschüssige weg, um Ihr wunderbares inneres Selbst zu enthüllen.

Einige der größten Geschenke Gottes mögen Gebete sein, die erhört wurden, aber es ist ebenso gut möglich, dass auch die nicht erhörten Gebete Gaben enthalten. Wenn wir den Lektionen vom Rande des Lebens aus nachgehen, fühlen wir uns allmählich wohler in dem Wissen, dass das Leben eines Tages zu Ende geht. Und wir werden mehr gewahr, dass das Leben jetzt stattfindet. Während wir dieses Buch schrieben, haben auch wir diese Lektionen weiter gelernt. Niemand hat alle von ihnen verinnerlicht. Wenn es so wäre, dann wären wir nicht mehr hier. So wie wir alle noch Lehrer sind, so lernen wir auch noch.

Es ist schwer, sich mit dem Tod auseinanderzusetzen, bevor wir gezwungen sind, dies zu tun, aber er gehört wesentlich zum Leben. Wir haben Sterbende gebeten, unsere Lehrer zu sein, weil wir mit dem Tod nicht experimentieren oder ihn im Voraus erleben können. Wir sind darauf angewiesen, dass Menschen, die mit lebensbedrohenden Krankheiten konfrontiert waren, unsere Lehrer sind.

Menschen können am Ende ihres Lebens enorme Wandlungen durchmachen. Wir haben dieses Buch geschrieben, um uns vom Rande des Lebens aus belehren zu lassen und diese Lektionen an Menschen weiterzugeben, die noch viel Zeit haben, Veränderungen vorzunehmen und die Ergebnisse zu genießen.

Eine der erstaunlichsten Lektionen unserer Lehrmeister ist die, dass das Leben mit der Diagnose einer lebensbedrohenden Krankheit nicht zu Ende ist – ja, dass es dann erst eigentlich beginnt. Es beginnt an diesem Punkt, denn wenn Sie die Realität Ihres Todes anerkennen, müssen Sie auch die Realität Ihres Lebens anerkennen. Sie begreifen, dass Sie noch leben, dass Sie Ihr Leben jetzt leben müssen und dass Sie dieses Leben nur jetzt haben. Die wichtigste Lektion, die sterbende Menschen us erteilen, lautet, dass wir jeden Tag möglichst aus dem Vollen leben sollen.

Wann haben Sie zum letzten Mal wirklich das Meer betrachtet? Oder den Duft des Morgens wahrgenommen? Die zarten Haare eines Babys berührt? Eine Mahlzeit wirklich geschmeckt und genossen? Wann sind Sie zum letzten Mal barfuß über das Gras gelaufen oder haben in den blauen Himmel geschaut? All dies sind Erfahrungen, die wir vielleicht nie wieder machen werden. Es öffnet einem wirklich die Augen, wenn man Sterbende sagen hört, dass sie nur noch ein einziges Mal die Sterne sehen oder auf das Meer hinausblicken möchten. Viele von uns leben in der Nähe des Meeres, aber wir nehmen uns nie die Zeit, es zu betrachten. Wir alle leben unter den Sternen, doch blicken wir zum Himmel empor? Berühren wir und schmecken wir wirklich das Leben, sehen und spüren wir das Außergewöhnliche, insbesondere im Gewöhnlichen?

Ein Sprichwort besagt, dass jedesmal, wenn ein Kind geboren wird, Gott beschlossen hat, die Welt noch weiter bestehen zu lassen. In gleicher Weise haben Sie, wenn Sie jeden Morgen erwachen, einen neuen Tag geschenkt bekommen, um das Leben zu erfahren. Wann haben Sie diesen Tag zum letzten Mal voll erlebt?

Sie werden kein zweites Leben wie dieses bekommen. Sie werden nie mehr die Rolle spielen und dieses Leben erfahren, so wie es Ihnen geschenkt wurde. Sie werden die Welt nie wieder so erfahren wie in diesem Leben, nie wieder genau unter den gleichen Umständen, mit diesen Eltern, Kindern und Familien. Sie werden nie wieder genau den gleichen Freundeskreis haben. Sie werden die Erde mit all ihren Wundern in dieser Zeit nie wieder erleben. Warten Sie nicht, bis Sie einen letzten Blick auf das Meer, den Himmel, die Sterne, einen geliebten Menschen werfen. Gehen Sie jetzt hin und schauen Sie ihn an.

13 14 15 16   06 05 04 03

LIFE LESSONS © 2001
By The Elisabeth Kübler-Ross Family Limited Partnership
and David Kessler, Inc.
© 2001 Kreuz Verlag GmbH & Co. KG Stuttgart, Zürich
Ein Unternehmen der Verlagsgruppe Dornier
Postfach 80 06 69, 70506 Stuttgart, Tel.: 0711/78 80 30
Sie erreichen uns rund um die Uhr unter www.kreuzverlag.de
Umschlagbild: © Steven Rothfeld, USA
Autorenfoto: © Ken Ross, USA
Umschlaggestaltung: Atelier Reichert, Stuttgart
Satz: de·te·pe, Aalen
Druck und Bindung: GGP Media, Pößneck

Die Schreibweise entspricht den Regeln
der neuen Rechtschreibung.

ISBN 3 7831 2016 0